MES SOUVENIRS

DE BONHEUR.

Imprimerie de POUSSIN.

MES SOUVENIRS
DE BONHEUR,

OU

NEUF MOIS EN ITALIE;

PAR

Paul de Julvécourt.

C'est là qu'il y a des fêtes pour l'imagination,
des fêtes pour le cœur; c'est là qu'il y a des
illusions, de la poésie, de la féerie !...

Paris,

SILVESTRE F^{ils}, LIBRAIRE-ÉDITEUR,
rue Thirous, n. 5.

DELAUNAY,
DENTU,   } Libraires au Palais-Royal.
LEVAVASSEUR,
LECOINTE ET POUGIN, QUAI DES AUGUSTINS.

1832.

A M. Charles Nodier.

Monsieur,

Ces Lettres, écrites à Jules dans l'intimité, ne va
dédi ace, et en cédant au caprice de les publier, mon in
été d'abord de les abandonner au hasard, heureuses si d
min elles avaient pu trouver des protecteurs; mais je ne
ment de comparaître en présence du public, la peur m'
coup, et je n'ai plus osé arriver devant mes juges sans av
pour me défendre : je me suis rappelé votre bonne e

amitié, et, plein de confiance en votre indulgence, je viens me réfugier près de vous.

Daignez donc accepter l'hommage des premiers essais de votre jeune ami, et le conduire par la main dans cette route difficile qu'il a la folie de vouloir parcourir. Guidé par les lauriers que vous y avez plantés, vous ne pouvez jamais vous y égarer, et c'est sous votre patronage seul qu'il se sent le courage de ne pas rétrograder. — Le précipice borde la route, et j'ai besoin d'un compagnon de voyage pour me soutenir au moment du danger : Télémaque avait un dieu pour mentor; si vous consentez à être le mien, ne serai-je pas presque aussi heureux que lui ?

Votre tout dévoué,

Paul de Julvécourt.

AVERTISSEMENT
DE L'ÉDITEUR.

Il faut bien un peu compter sur la lassitude du public à l'égard des *nouveautés* dont on le gorge depuis plusieurs années, pour lui offrir, avec quelque espérance de succès, une chose aussi usée qu'un voyage en Italie; mais, si nous ne nous trompons pas, une réaction se prépare et s'est peut-être déjà opérée dans le goût du petit nombre de ceux qui lisent encore. L'âme, comme épuisée par toutes les poignantes émotions que lui jettent à l'envi la littérature et la vie réelle de l'époque, semble chercher une atmosphère plus calme et des plaisirs moins douloureux; et, si nous ne craignions de faire une application trop directe à l'ouvrage que nous annonçons, nous dirions encore que la vue, fatiguée à son tour du spectacle des sublimes horreurs de cette nature septentrionale dont la jeune école a fait sa terre d'élection, a besoin de se reposer dans la contemplation d'objets moins terribles : or, les classiques beautés de la patrie d'Arioste et de Boccace ont peut-être seules le privilége de réunir tout le grandiose nécessaire pour ne pas rendre la transition trop brusque, à ces formes pures, à cet éclat doux et brillant que l'œil retrouve avec tant de délices après des jours d'orage et un spectacle de bouleversement.

Ce n'est cependant pas à dire que nous ayons la prétention de présenter ceci comme un nouveau point de départ, d'en parler comme d'un modèle résumant, dans ses quatre cents pages, assez d'émotions vives et charmantes, assez de tableaux riants et pittoresques pour lutter contre tant d'œuvres de génie inspirées sous un autre ciel; notre préoccupation d'éditeur ne va pas jusque-là. — Nous espérons seulement que dans ce simple récit des sensations d'un très-jeune homme, dont l'âme s'ouvre pour la première fois aux enchantemens d'un climat délicieux, d'une admirable nature et de mœurs toutes nouvelles, aux prestiges indicibles de l'art dans sa plus resplendissante clarté, il doit se trouver quelque fraîcheur, quelque charme et un peu de cette *disinvoltura* italienne, dont la grâce fait oublier tant de défauts, corrige tant de travers; nous espérons que si ces pages ne sont pas de celles qui ont droit d'occuper un rang honorable dans la bibliothèque du savant, du moraliste ou de l'artiste, elles ne sont du moins pas indignes de prendre place sur la tablette de citronnier d'une femme ou sur le bureau d'érable marqueté du fashionable. Notre ambition pour elles ne va pas plus loin.

Ce livre n'est donc pas un livre, et nous savons que nulle prétention n'est plus loin de la pensée de l'auteur que celle d'en avoir fait un; ce sont des souvenirs jetés à la hâte, et quelquefois avec un peu de désordre, sur un morceau de papier, le soir en revenant de l'opéra ou en descendant du vetturino; ils étaient adressés à quelques amis beaucoup plus curieux des impressions personnelles et de la vie intime du jeune voyageur, que de descriptions soigneusement travaillées; et nulle autre publicité ne leur était destinée que celle du coin de leur feu, ou tout au plus d'un petit salon de campagne bien loin de Paris; une circonstance, fort peu intéressante pour le public, mais beaucoup pour l'auteur, en a décidé autrement. Ces feuilles volantes, rapprochées et recousues le moins mal possible, sont devenues un manuscrit, et elles ont passé entre nos mains. —Voilà leur histoire, qui est aussi celle de bien d'autres, mais qui a peut-être de plus que ces autres, un mérite, une excuse, c'est d'être vraie.

Depuis quelques années, plusieurs voyages en Italie ont été publiés; deux d'entre eux ont quelque affinité de forme avec celui que nous donnons, mais en diffèrent singulièrement pour le fond; nous voulons parler de ceux de MM. Bayle de Stendall et de Custine. —Il siérait mal à notre rôle d'éditeur d'en faire l'éloge ou le blâme, et nous ne les citons que comme point de comparaison, comme preuve de la dissemblance complète qui peut exister entre le jugement et les sensations de trois hommes d'esprit sur les mêmes objets, sur le retour presque des mêmes événemens. Chaque récit les colore d'un reflet différent et les présente sous un jour absolument nouveau. Il ne peut y avoir sur un pays qu'un bon voyage scientifique et pittoresque, mais il peut y avoir beaucoup d'excellens voyages d'observations. — Les yeux n'ont qu'une seule manière de bien voir, l'âme en a mille.

L'auteur des *Souvenirs* a aussi beaucoup vu le monde en Italie et surtout à Naples; il ne l'a jugé ni avec le dandysme écrasant de M. de Stendall, ni au travers de la préoccupation misanthropique et un peu amère de M. de Custines. — Nous croyons qu'il se trouve dans cette partie de son voyage quelques détails piquans et neufs. — Mais voici un Avant-Propos qui, poussé plus loin, pourrait bien prendre l'allure d'un article de journal, et même d'un article élogieux, la plus sotte de toutes les manières, à notre avis, d'annoncer un ouvrage. Il nous parait donc convenable de le terminer ici. — La fortune du livre nous dira, bien mieux que toutes les raisons que nous pourrions donner au public, si nous ne nous sommes pas trompés sur son mérite.

MES

SOUVENIRS DE BONHEUR,

ou

NEUF MOIS

EN ITALIE.

―――

Lundi 23 août 1830. — LE premier jour d'un voyage. [Que] de sentimens divers se disputent votre cœur! Combien de [fo]is, dans une heure, les larmes succèdent aux rires, et la joie [à] la tristesse! Combien de fois votre âme, triste de ce qu'elle [vi]ent de quitter, retourne en arrière, tandis que votre ima[gi]nation, s'élançant dans l'avenir, cherche à se créer d'avance [ce] qui doit l'émouvoir! Ces adieux que l'on fait à sa ville [na]tale, à ses amis, qui vous envient, qui vous souhaitent l[e] [p]laisir; ces derniers embrassemens d'une mère qui cache se[s la]rmes, ses inquiétudes, pour donner moins de peine à so[n fi]ls, qui lui parle de ses plaisirs futurs pour le rassurer contr[e la] solitude où il la laisse; ces derniers regards, qui vous sui[ve]nt le plus loin qu'ils peuvent, pour vous dire encore

Pense à moi, et sois heureux : voilà mille idées de regrets que toutes les illusions réunies ne peuvent vous faire oublier ; et ce désir que l'on a de s'éloigner, cette soif de voir du nouveau, est toujours, dans le premier moment, un effort pénible à remplir. — Oui, de l'enthousiasme sans regrets, en quittant le toit paternel, c'est pour un orphelin qui ne laisse rien après lui !

Mais je suis arrivé à Nancy, et cette ville magnifique, naguère superbe résidence des ducs de Lorraine, n'a pu dissiper ce nuage de tristesse d'un premier jour d'absence. Les beautés trop connues n'ont plus autant d'attraits : on veut du neuf, de l'extraordinaire, et je sens qu'il me faut sortir de France pour respirer le bonheur de voyager ; car voyager en France, c'est se promener chez ses amis, c'est faire un tour autour de sa chambre. — Et cependant, ce besoin de courir, de respirer un air étranger, cette soif d'admirer la nature dans ses miracles, et les beaux-arts dans ce qu'ils ont de plus parfait, mes excellens compatriotes ne veulent pas le comprendre ! « Il ne faut pas partir ; on vous arrêtera en route ; « dans un moment de révolution, peut-on s'éloigner ainsi de « sa patrie ? » Et tant d'autres conseils, que mon peu d'expérience a dédaignés ! — Aussi jeune, aussi fou que moi, Raimond ***, mon ami, vient partager mes bonnes et mauvaises aventures. Tous deux nous rions des obstacles qu'on nous promet, et bravant les présages, pleins de confiance, nous nous abandonnons à notre étoile..... Qu'elle nous conduise à Rome !....

COLMAR, *mercredi, 25 août 1830.* — Me voilà presque heureux ; j'ai changé de nature : plus de plaines arides et désertes, plus de cette monotonie qui fatigue, tout est riant, tout est animé. — Le commencement de la route de Nancy à Colmar s'était un peu ressenti de mes deux derniers jours d'ennui; j'attendais avec impatience quelque chose de neuf, je voulais pouvoir me dire : Je voyage, je ne suis plus chez moi, et l'aspect des Vosges est venu m'annoncer la réalité de mes rêves. Si jeune, si novice, tout m'enchante, tout me séduit; je ne sais comment exprimer ce que je ressens, et à la vue de cette belle nature, je ne peux que m'écrier : Que c'est beau! que c'est admirable! — Figurez-vous des montagnes toutes couvertes de forêts de sapins formant des masses noires immenses, et entourant toute une plaine délicieuse coupée par des ruisseaux, des cascades et des ponts, quelques chalets épars, que l'on dirait toujours placés pour embellir la nature et vivifier le tableau. Le ciel même vient ajouter à l'effet de ces sites, et semble se plaire à venir orner d'aussi beaux lieux. Ce n'est plus, comme dans nos campagnes, un ciel gris, sans couleur; tantôt pur, tantôt nuageux, il change à chaque instant comme pour augmenter l'effet, et variant les ombres qu'il jette sur ces immenses chaînes de montagnes, il produit par son irrégularité un coup d'œil enchanteur. — Nous avons dîné à Saint-Dié, et en sortant de cette petite ville, la côte Sainte-Marie acheva de mettre le comble à mon admiration. — Cette côte est très-longue : nous l'avons montée à pied avec Raimond, et son enthousiasme est venu lutter avec le mien. D'un côté, toujours ces forêts de sapins, si belles, si hautes, si majestueuses; de l'autre, des blocs énormes de granit, des rochers immenses couverts de verdure. — Parvenus au haut de la côte, qui a une lieue de long, nous avons joui d'une vue magnifique. Une vallée délicieuse, au milieu de laquelle se trouve le joli petit village de Sainte-Marie, entouré d'une multitude de montagnes qui se prolongent à l'infini, offre un ravissant paysage. Le soleil, qui commençait à se coucher, laissait apercevoir le Rhin dans un lointain immense, et ce vague, qui confondait, à mes yeux, les monts, le fleuve et les nuages, avait je ne sais quel charme, qui plaisait à mon âme et qui faisait errer mon imagination au milieu des sensations les plus douces. — Arrivé à Sainte-Marie, malgré les ombres de la nuit, mes yeux perçans surent distinguer que la beauté des femmes augmentait avec celle du pays; et, l'âme remplie du bonheur du présent et des douces espérances de l'avenir, je m'enfonçai dans le fond de la diligence, et m'endormis jusqu'à Colmar, où nous arrivâmes à une heure du matin.

BALE, *jeudi*, 26 *août* 1830. — Colmar, m'a-t-on dit, n'a rien de remarquable ; et, mettant de côté toute curiosité, j'ai pris, sans m'arrêter, la route de la Suisse. — Mais la scène a changé tout à coup, je suis revenu à des plaines immenses, à un paysage nu et uniforme ; et, sans cette infinité de montagnes, que l'on aperçoit dans un vague lointain, je me croirais retourné dans ma chère province. Du reste, je n'en veux pas trop au pays pour cette ressemblance ; il me rappelle les lieux que j'avais oubliés un instant, et je ne sais pas pourquoi les souvenirs que j'y ai laissés ne viendraient pas disputer quelquefois avec les délices de la vie présente. Le contraste double les jouissances, et en revenant de temps en temps à son ancienne nature, on ressaisit le plaisir avec bien plus de douceur.

Je n'ai fait que traverser Mulhausen, et depuis une heure j'avais quitté sa belle place, ses superbes arcades rivoliennes, que son souvenir m'agitait encore. Cette ville, si renommée par ses manufactures, et qui semblait promettre à la France, par son industrie, un avenir si beau, souffre déjà de la secousse nationale : le commerce commence à languir; l'on craint l'anarchie, et, dans l'incertitude, tout reste en stagnation. Un bouleversement quelconque dans un état, recule toujours de quelques années les progrès de l'industrie. — La justice du peuple inspire la terreur. — Mais Raimond m'a crié : la Suisse; et de même que le matelot, après un long naufrage, oublie tous ses maux en apercevant la terre, de même mon âme, bondissant de plaisir, oublie tous les chagrins de sa patrie. Politique, révolution, j'ai tout laissé loin de moi, et, saluant ce délicieux pays par mes acclamations de bonheur, je suis entré à Bâle ivre de joie. Nous voilà logés à l'auberge de la Cigogne. — Nous devons souper à huit heures et demie, et, en attendant, nous confions au hasard le soin de nous guider. — Un fleuve majestueux s'offre bientôt à nos regards : c'est le Rhin; il n'est pas d'une largeur remarquable, mais il coule avec une rapidité extraordinaire. Ses eaux sont d'un vert bleuâtre qui séduit l'œil, et ses deux rives sont garnies des maisons blanches de Bâle, que le fleuve sépare en deux parties; seulement des tours, des terrasses, des masses d'arbres, viennent augmenter la variété du paysage, et pour le compléter on voit dans le lointain une riante vallée entourée de ces chaînes de montagnes, qui sont, à la vue, d'un effet si grand et si sublime. — Nous avons changé de place, nous l'avons regardé dans tous les sens, et toujours en le revoyant nous avons tressailli de plaisir. — La nuit commençait à tomber, nous errâmes long-temps, et, après avoir beaucoup vu sans rien voir, je suis venu faire un excellent souper digne du café de Paris. Demain donc seulement le récit de ma première excursion.

LETTRE PREMIÈRE.

À M. Jules Mennessier.

Bâle, vendredi 27 août 1830.

Nous sommes à Bâle, mon ami, et dès aujourd'hui vous êtes condamné à l'ennui de m'écouter. Mon peu d'éloquence n'a pu réussir à vous entraîner avec nous; aussi l'amitié vous a-t-elle promis, en revanche, de longs bavardages, qu'il vous faudra subir bon gré mal gré. Mes faibles et incomplètes descriptions nous feront suivre sans doute de bien loin, mais du moins vous forceront à ne pas nous perdre de vue. Mon récit est un fil que je vous mets dans la main : je le remuerai de temps en temps pour vous dire si je suis heureux; et, sans avoir la prétention de vous mettre de moitié dans mes jouissances, je veux que chacune de mes lettres soit une légère secousse qui vous indiquera nos plaisirs. — C'est m'aventurer beaucoup, peut-être, que de chercher à vous peindre le beau pays que je vais parcourir; vous le verrez bien mal en le voyant par mes yeux, mais de l'indulgence pour un ami. Je n'ai pris que le simple engagement de vous faire part de mes impressions, de vous dire tout ce que j'éprouve, mais non de vous associer entièrement à mon bonheur. — Pourquoi n'êtes-vous pas du voyage? — La Suisse, vous le savez, n'est point notre but principal, et nous ne devons la regarder que comme la route qui doit nous conduire à cette belle Italie, l'objet de tous nos vœux. Ne vous étonnez donc pas si je la traverse en courant, et presque sans oser ouvrir les yeux. La nature est ici avec tous ses prodiges, se plaçant devant moi comme une toile magnifique, pour me cacher la scène que je cherche, et ce rideau magique, tout chargé de miracles, si je le contemplais trop long-temps, me ferait peut-être oublier que derrière elle m'attend une décoration brillante avec ce que l'art a de plus pompeux. — Le détail exact de ma première journée hors de France m'embarrasse; depuis deux jours tout est si nouveau pour moi, que ma tête a peine à classer ce qu'elle voit, et je ne sais plus comment me retrouver. Il faut donc vous résigner à tout voir au hasard.

Bâle est ville frontière de la Suisse, touche la France, et ne tient rien de la France. — Voyez toutes les maisons; quelle simplicité! mais aussi quelle propreté! Elles sont peintes en dehors; les portes sont cirées, garnies en cuivre poli, tout respire l'aisance, sans cependant annoncer le luxe. — Par un usage, dit-on, très-antique, chaque fenêtre est pourvue d'un miroir destiné à réfléchir les objets. — De son salon on voit ainsi ce qui se passe dans la rue. — Il paraît que de tout temps on fut curieux à Bâle. — L'Hôtel-de-Ville est dans un style gothique, barbouillé en gris et noir, et orné d'une multitude de festons et de chevaliers en bois peints de même couleur; c'est la décoration du château d'Avenel dans *la Dame blanche*. — La cathédrale, bâtie en pierre rouge et dans le même genre, nous a paru aussi bizarre.

En sortant, nous nous sommes trouvés dans une sombre galerie dont les murs et le pavé étaient chargés d'écussons et de caractères antiques. Le silence qui y régnait, et que nos pas seuls venaient interrompre, ce demi-jour obscur qui suffisait à peine pour distinguer les objets, nous a frappés d'une terreur religieuse, et mon cœur, avide d'émotions, n'a pas dédaigné de sentir qu'il marchait sur des tombeaux. — Une inscription doit frapper. — Ammerbach fait l'éloge de son ami. d'Erasme!!!

Je n'ai rien à vous dire d'un petit musée, d'un arsenal dont quelques vieilles armures du temps de Jacques II, la cotte de mailles de Charles-le-Téméraire, et des drapeaux en lambeaux font le seul mérite, et je m'empresse de vous transporter aux lieux qui ont terminé notre journée. Ce sont deux jardins délicieux qui rivalisent de beauté et d'enchantement. Je ne sais, en vérité, auquel des deux donner la pomme. Pourquoi n'êtes-vous pas là? vous les apprécieriez si bien! — Tous deux ont leurs bosquets, leurs grottes, leurs ruisseaux. L'un a pour lui seul la vue superbe du Rhin, de ce beau fleuve qui roule à ses pieds; mais l'autre vient aussi racheter sa défaite par la possession de nombreuses antiquités romaines. Les propriétaires de ces deux Eden semblent rivaliser et vouloir se faire juger: ils ont tout laissé à la curiosité des étrangers; tout est mis sous la sauve-garde de la bonne foi publique, et ils sont sûrs qu'on n'abusera pas de leur touchante hospitalité. Une inscription: *Ayez mille yeux, mais n'ayez pas de mains*, est le seul signe qui vous rappelle que vous n'êtes pas le propriétaire. Raimond n'a pas été moins enchanté que moi, et son talent est venu le servir pour les immortaliser dans son souvenir. J'aurais voulu l'imiter, mais mon crayon est impuissant, et mon imagination est venue se briser sur l'envie de devenir poëte pour un instant. Je me suis rappelé l'inscription : *Ayez mille yeux, mais n'ayez pas de mains*, et j'ai tracé au-dessous les vers que je transmets ici :

« J'aurai, je le promets, mille yeux pour admirer,
« Mais pourquoi m'empêcher d'utiliser ma main ?
« Puis-je voir ce séjour sans désirer tracer
« Ce que m'inspire ici ce ravissant jardin ?

« O vous, de ces beaux lieux heureux propriétaire,
« Laissez à l'étranger le soin de vous bénir :
« Vous l'accablez de biens, pourra-t-il donc se taire ?
« N'est-ce pas son devoir de vous désoler ?

Voyez mon étourderie : j'allais oublier, sur Bâle, la chose la plus essentielle, ses antiquités!!! Dans une lourde muraille noircie par le temps, au-dessus de la porte qui donne sur le pont, une vieille figure, toute satanique, avec un œil étincelant, tirant sans cesse une longue langue rouge!!! Serais-je de Bâle? Ce monument national m'a charmé; comme les Bâlois, j'y tiens.

Je suis, etc.

LETTRE II.

Au Même.

Soleure, samedi 28 août 1830.

Je vous ai quitté, hier, heureux et content; eh bien! me voilà maussade. Il pleut, et je ne puis arrêter la pluie : de même qu'un enfant qui s'irrite contre l'impossible, de même je pleure de rage en voyant qu'il me faudra céder. Plus de paysages animés, de riantes vallées : tout sera triste, brumeux. Le temps, loin de s'améliorer, devient toujours plus sombre. Journée perdue pour admirer! — Nous quittons les rives du Rhin; et la campagne, qui n'a plus ce beau fleuve pour l'embellir, ne nous semble pas moins digne de regrets. — Nous commencions à nous résigner à notre malheureux sort, quand, en sortant du petit village de Wallenburg, la nature vint à nous si belle qu'il ne nous fut plus possible de résister : nous mîmes pied à terre pour gravir la montagne, et nous oubliâmes la pluie et les vents. — Jusqu'ici tout ce que j'ai parcouru m'a paru admirable : mais mon imagination pouvait se le créer d'avance. Cette route magnifique, il faut l'avoir vue pour la concevoir. — Qu'ils sont immenses, ces rochers jaunes et bleuâtres! Combien leurs masses sont imposantes! — A leurs pieds, des précipices où l'on entend mugir l'eau qui s'y brise avec fracas; et à leur sommet, de vieilles ruines, des tourelles qui tombent, qui viennent ajouter à leur majesté. — Du haut de ces remparts, formés par la nature, restes d'une antique puissance, ils semblent encore tout défier; et cependant peu à peu ils s'écroulent, et la modeste chapelle qui s'abrite sous leur sublime piédestal vivra plus long-temps qu'eux.

Je ne sais pourquoi alors le temps, que nous avions tant maudit, nous parut moins désagréable. En harmonie avec cette effrayante nature, il vint, au contraire, doubler nos émotions; et si nous avons perdu les effets de lumière qu'un beau soleil doit répandre sur toutes ces merveilles, nous avons retrouvé des effets plus sombres, plus en rapport avec un tableau aussi sévère, et je suis encore à hésiter si je ne dois pas remercier le ciel d'être venu se mettre d'accord avec le pays pour m'en donner une idée plus terrible et plus sublime. — Nous sommes arrivés à Soleure à sept heures du soir; et quoique avant de nous coucher nous ayons déjà fait une petite excursion dans la ville, je préfère remettre à demain le plaisir de vous en parler.

LETTRE III.

Au Même.

Berne, dimanche 29 août 1835.

Il vous étonnera peut-être, mon ami, que je vous laisse si peu de temps à Soleure : c'est, à la vérité, une jolie petite ville, propre comme tout ce qui est en Suisse, qui possède une église dont la façade, avec ses statues et ses fontaines, est assez remarquable; mais je ne puis m'arrêter, j'ai vu Berne, et tout autre souvenir sort de ma mémoire, pour faire place aux nouvelles jouissances que ce petit Paris procure. — La pluie, les vents, que j'ai tant maudits, peuvent accourir, je ne les crains plus, je suis sous des arcades, et leur présence ne peut que me faire du bien : ils feront refluer vers moi les plus jolis minois du monde; et vous savez, mon ami, que mon ardente sagesse ne les dédaigna jamais. — A Bâle, je ne vous ai rien dit des femmes; je ne vous ai pas parlé de leur costume national, parce qu'il ne me semblait pas assez universel; mais ici je ne puis les oublier : c'est la première chose qui frappe en arrivant à Berne. En voyant toutes ces robes noires, ces corsages de même couleur, brodés en velours, ces bonnets garnis d'une large ruche de tulle gommé, et qui forme la fraise autour de la tête, on croirait d'abord se trouver au milieu d'un couvent de religieuses. — En avançant davantage, l'illusion disparaît.

Il est deux heures; la foule se presse sous ces arcades qui garnissent toutes les rues : les uns se rendent à la promenade, les autres causent tranquillement, assis devant leurs maisons. — « Mais pourquoi donc retournez-vous la « tête à chaque instant? Pourquoi cet air distrait quand je « vous parle? Serait-il possible qu'arrivé avec moi, vous « connaissiez déjà du monde? — Je viens de vous voir rire « avec une jolie femme. Et ce petit chapeau de paille cou- « vert de roses, sur la tête de cette belle Bernoise, qu'a-t-il « donc de si séduisant? — Vous me quittez sans me répondre. « — Le voilà causant avec elle, comme avec une vieille con- « naissance. Diable! qui s'en serait douté? — Ah! vous « voilà revenu, et, pour toute réponse, vous me dites que « c'est l'air du pays. — Déjà des rendez-vous, des promesses « d'amour! Ne deviez-vous pas être constant? vous l'aviez « tant promis! — Ah! que voulez-vous? c'est l'air du pays. » — Mais le soir a ramené le chapeau couvert de roses, et la journée s'est passée sans que nous ayons rien admiré. — Les promenades, il est vrai, ont frappé nos regards, et nous ont paru magnifiques. Pourquoi? parce qu'il y avait des femmes et bien jolies et bien agaçantes. — Ah! les femmes! Plus tard, sans doute, mon compagnon rejettera sur moi ce que j'ai mis sur son compte. En bon ami, je le prendrai sur ma conscience, et je répéterai aux âmes trop sévères : c'est l'air du pays.

Je suis, etc.

Berne, *lundi* 30 *août* 1830. — J'ai rêvé Paris, et je me suis réveillé à Berne. Le rêve vaut-il mieux que le réveil? J'en doute encore; mais à quoi me sert de juger? je suis heureux, et je ne vois pas ce qui m'oblige à faire rivaliser mes émotions. — Je les aime toutes. — Berne, aujourd'hui, est encore plus attrayant qu'hier, tous les magasins sont ouverts, et ces boutiques de toute espèce me rappellent beaucoup le Palais-Royal. L'or y est peut-être moins prodigué; mais ces charmans petits ouvrages en bois, travaillés avec tant de délicatesse, ont bien aussi leur mérite. — J'ai repris mes anciennes habitudes, je suis redevenu flâneur, et ce si doux et ancien métier m'a offert de nouveaux plaisirs. L'agaçante Bernoise m'a rappelé mes beaux jours d'étudiant, et je sens que l'école de droit serait aussi déserte dans ce pays que, de mon temps, l'était la grande salle à colonnes de Sainte-Geneviève. — Nous n'avons cependant pas négligé nos affaires. — On nous a trop effrayés pour ne pas chercher à lever ces immenses difficultés qui doivent nous fermer les portes de l'Italie; et le secrétaire de l'ambassade de France, de rire de notre peur. — Il a fait viser nos passeports, et, avec une complaisance infinie, il nous a mis au courant de tout ce qu'il fallait faire; il nous a même chargés d'une lettre pour le consul de France à Milan. — Même facilité pour la légation de Sardaigne, de Piémont et d'Autriche. — Ils nous ont prévenus que nous trouverions chez eux beaucoup de nos compatriotes.

LETTRE IV.

Au Même.

Berne, mardi 31 août 1830.

Si je vous demandais aujourd'hui ce que j'ai fait, vous trouveriez la réponse embarrassante. Eh bien ! je suis encore plus embarrassé que vous. Je ne sais pourquoi, au milieu de l'oisiveté, la vie s'écoule ici avec tant de vitesse. Autre Capoue, on s'y amollit peu à peu ; on néglige les arts, la belle nature perd à vos yeux tous ses charmes ; et, semblable aux Carthaginois, comme eux, j'oublie, dans la mollesse où je suis plongé, que Rome m'attend. — O riante Italie ! venez à mon secours, que votre souvenir me tire de ce dangereux séjour ; l'air voluptueux que je respire pèse sur moi, et je ne puis m'en détacher : hâtez-vous ! — Demain je pars pour aller retrouver, au milieu des glaciers, ce que cette brûlante atmosphère m'a ravi de courage ; et cette excursion, que l'on dit être au-dessus de toute croyance, suffira pour me rendre le goût d'une nature que quelques goûts plus légers m'ont fait négliger un instant. — Berne excite mon enthousiasme, me direz-vous ; mais, à part ses habitans, qu'a-t-il donc par lui-même de si attrayant? — Tout ce qu'on peut désirer pour rendre une ville charmante. — Ce sont de larges rues garnies d'arcades, coupées dans toute leur longueur, par un ruisseau d'une eau rapide; des fontaines d'une forme élégante, placées de distance en distance, et autour desquelles sont toujours groupées quelques piquantes Bernoises; près d'une cathédrale à portail gothique, c'est une plate-forme plantée d'arbres, et d'où l'on découvre le vallon le plus magnifique et le paysage le plus séduisant; autour de la ville, ce sont de jolis boulevarts entourés de profonds fossés où se jouent, comme dans un parc, une multitude de cerfs et de chevreuils bondissans; c'est un air, enfin, qui vous subjugue et qui vous tient. — Je devrais, peut-être, par prudence, ne pas vous parler des fameux bains d'Arzili, mais leur célébrité me force d'en dire quelques mots. — Voyez ces cabinets charmans : tout y respire la volupté; des rideaux de couleur n'y laissent pénétrer que le peu de jour nécessaire pour donner à ce lieu d'amour une teinte presque obscure, douce et agréable. C'est avec délice que l'on descend dans une espèce de bassin rempli d'eau, où du linge fin et blanc vous enveloppe de toutes parts. La solitude alors vous paraît insipide; on tire malgré soi la sonnette du désir; un petit chapeau de paille couvert de roses s'offre à vos yeux; le plaisir triomphe et la sagesse s'enfuit. Ah! quel séjour dangereux! Faites comme moi, cher ami, et si jamais la curiosité vous poussait aux bains d'Arzili, ne touchez pas la sonnette. — Usage assez singulier en Suisse : à Bâle, l'enseigne de la Cigogne se promenait en personne au milieu de l'hôtel; les armes de Berne se promènent vivantes, sous la forme d'un ours, dans les fossés de la ville.

LETTRE V.

Au Même.

Mercredi 1ᵉʳ septembre 1830.

Assis dans une jolie barque sur le lac de Thun, environné d'un paysage aussi étendu que varié, et plus admirable encore par les énormes montagnes qui l'entourent, je pense à vous, et mon cœur ne veut pas vous oublier quand il éprouve tant de ravissement. Mes espérances sont déjà plus que comblées, et je ne sais ce que je deviendrai, si, dans cette excursion, mon admiration augmente à mesure que j'avancerai. Ce que j'ai vu de la petite ville de Thun est charmant : situation délicieuse, vue magnifique, l'Aare la traverse, et l'on aperçoit, à peu de distance, le lac dans lequel il va se jeter. La vue d'un lac a produit sur moi un effet magique. Mon pays n'avait jamais offert à mes yeux que des rivières, des fleuves ; et cette immense masse d'eau, qui m'a paru se prolonger à l'infini, a surpassé toutes mes idées. J'ai hésité un instant à savoir si elle ne devait pas l'emporter sur le sublime de la mer, puisqu'elle présente à la fois et devant elle ur espace sans fin, et, qu'à ses côtés, elle laisse apercevoir une nature merveilleuse. — Notre traversée a duré trois heures, et chaque minute est venue, en changeant le paysage, faire accroître notre extase. — Un brouillard épais, comme s'il voulait nous ménager, et ne nous élever que par gradation au comble de l'étonnement, nous a caché pendant quelque temps les cimes des plus hautes montagnes, et ne nous a offert qu'une belle plage garnie de sapins, et ornée d'une multitude de chaumières qui venaient se mirer aux eaux bleues et transparentes du lac; mais ces vapeurs, devenues plus claires, se dissipèrent peu à peu, remontèrent vers le ciel, et le grandiose des rochers gigantesques, luttant tout à coup avec la simplicité d'une riante nature, nous a apparu avec majesté. — Mais j'ai quitté ma nacelle, et, traversant rapidement Unterseen, je suis venu m'établir à Interlaken, comme le quartier-général de mon expédition. — J'y ai passé le reste de ma journée. — Unterseen et Interlaken sont deux jolis petits villages presque unis, qui semblent n'en faire qu'un, et situés dans une position charmante. Les deux lacs de Thun et de Brientz, si pittoresques, si gracieux par leur situation; la Jungfrau, cette haute montagne, toujours couverte d'une éclatante robe de neige, vierge immortelle, toujours éblouissante par sa nette blancheur; voilà les superbes alentours qui forment leur parure, et qui font de cette petite contrée un séjour délicieux. Les étrangers y accourent de toutes parts et viennent y passer la belle saison. — Cette année, on compte déjà six cents personnes établies. — On a fait de ces deux villages une petite capitale, et, dans toutes ces maisons, dont l'intérieur en bois est si simple et si rustique, on est surpris d'y trouver des tentures de soie et les salons dorés. Les sons mélodieux de la harpe ont remplacé ceux du chalumeau, et au lieu de chansons pastorales, c'est la cavatine du *Barbier de Séville*. — Ce bizarre contraste de la nature la plus agreste avec ce que l'art, le luxe offrent de plus nouveau, m'a étonné au dernier point ; je ne dirai pas cependant qu'il m'a séduit. Pourquoi la mode vient-elle tout envahir ? C'est exercer trop loin son empire ! — L'on ne peut venir admirer la Jungfrau à son aise ; à peine s'il y a eu moyen de trouver place dans l'hôtel où nous sommes descendus. Je croyais venir, au milieu des montagnes, goûter la vie champêtre, et je me trouve dans une société d'élégans, d'élégantes, causant, riant, parlant politique, Paris et plaisirs. Une cohue de fashionnables avec la magnifique nature de l'Oberland ! elle me plairait davantage au bois de Boulogne. — Nous nous sommes trouvés, à dîner, placés à côté de la belle-mère du prince de Metternich, madame la baronne de Leikam, qui voyage avec ses enfans, et qui est arrivée ici en même temps que nous : elle nous a fait beaucoup d'accueil. Une promenade à un pavillon d'où l'on découvre les deux lacs de Thun et de Brientz, a rendu plus intimes nos rapports avec cette aimable famille. Nous voilà donc associés à la petite caravane, et c'est avec eux que demain nous devons ressentir les premières impressions des neiges et des glaciers.

Je suis, etc.

LETTRE VI.

Au Même

Interlaken, jeudi 2 septembre 1830.

Il fait un temps superbe, tout se prépare à nous seconder. Deux chars nous attendent; Raimond, comme l'ancien, monte dans le premier et se place à côté de la maman, et moi, comme le plus jeune, je me trouve dans le second à côté de la fille. Je le laisse donc dans sa place d'honneur parler politique et traiter des hauts intérêts de la patrie; moi, je préfère causer plaisir, et cette question est la seule qu'il soit permis de traiter ici. — Au milieu des cris et des folies de jeunesse, nous sommes arrivés à notre première station, c'est-à-dire à Lauterbrun. Nous n'étions pas trop en train de juger du sublime, et cependant notre gaîté a su se taire devant la chute magnifique du Staubach. — C'est une cascade qui tombe avec violence du haut d'un rocher de sept cents pieds. Après avoir admiré quelque temps de loin cette étonnante merveille, j'ai cherché à m'en approcher; et laissant la petite caravane, qui restait sous les ailes de leur mère craintive, j'ai été me placer sous la cascade même, m'abritant dans une des cavités du rocher. Là, je voyais l'eau passer au-dessus de ma tête, et venir à mes pieds se briser avec fracas. Le soleil, frappant de ses rayons cette pluie éternelle, la nuançait à mes yeux de mille couleurs, et faisait refléter autour de moi un superbe arc-en-ciel. Resserré dans cette prison diaphane et changeante, enveloppé de toutes parts par cette ceinture de feu, je serais volontiers resté dans des chaînes si douces; mais, à travers ce rempart de verre, j'ai aperçu la charmante Thérésine, qui, pour s'être trop aventurée, avait besoin d'un guide pour redescendre la montagne; et, sortant de ma retraite, j'ai volé à son secours.

J'avais toujours rêvé qu'il devait être bien doux d'admirer les beautés de la nature avec une jolie femme, que la guider au milieu des dangers, la soutenir à chaque pas périlleux, devait avoir bien des charmes, et j'avoue que ce premier essai suffirait pour me donner l'envie d'exécuter un rêve aussi agréable. — Je ramenai donc saine et sauve ma petite étourdie, et, quand nous fûmes tous réunis, la jeunesse, enchantée du commencement de notre tournée, demanda à grands cris d'aller à pied à Griden-Wald par les montagnes; mais l'autorité maternelle s'y opposa, et nous reprîmes nos voitures un peu mécontens. Pour faire cesser nos murmures, la politique autrichienne sut nous laisser l'espérance d'y aller le lendemain, et, cet espoir nous faisant oublier ce nuage de mauvaise humeur, nous reprîmes notre gaîté, et il ne fut plus question de notre petite révolte. — Avec plus de vitesse que nos voitures, car elles montent avec beaucoup de difficultés, je traverse le pays qui nous sépare de notre seconde station, je laisse de côté ces torrens dont le bruit étourdissant nous étonne et nous enchante, ces ponts tremblans, formés d'un seul tronc d'arbre, suspendus au-dessus de ces formidables abîmes, ces rochers escarpés contre lesquels les eaux bondissantes viennent se briser avec violence, et je m'arrête à quelques pas de Griden-Wald. — Mes regards plongent alors avec avidité sur une vallée magnifique, qui réunit à elle seule tous les phénomènes de la Suisse.

Jamais la nature n'a offert à la fois tant de merveilles. Venez à mon aide; les expressions me manquent: j'admire et je ne puis parler. Est-ce bien là de la neige que je vois sur le haut de ces cinq montagnes dont la cime se prolonge à une hauteur infinie, et dont la pointe argentée semble tenir aux cieux? Le feu brûlant du soleil ne peut-il lutter contre ces masses blanches aussi vieilles que le monde? Sur ce miroir poli, ses rayons sont-ils donc pour jamais impuissans? et cette mer de glace, qui s'étend jusqu'à la vallée, comment reste-t-elle solide, inébranlable, tout en vomissant avec violence une eau rapide et blanchâtre? Et c'est à côté de ces beautés terribles que j'aperçois une vallée délicieuse, toute brillante de verdure et de végétation. Tout ici devrait mourir, et je ne vois qu'un paysage plein de vie! Je m'attendais à un désert, et mille châlets se pressent en foule, et se disputent ce terrain enchanté. — Mais, traversant le torrent, qui me sépare du glacier, je veux admirer de plus près cette grotte que la glace, en s'écroulant, a formée par un merveilleux hasard, et, franchissant tout obstacle, je suis les pas du guide qui me fraie un chemin sur ce parquet fragile et chancelant. Un faux pas peut à chaque instant m'entraîner dans le torrent qui roule au bas de la montagne; mais j'arrive au-dessus de ce sublime prodige, je regarde, et je remercie mon courage de m'avoir si bien récompensé. — Oublierai-je cette voûte de cristal, d'une couleur bleuâtre et transparente, ces colonnes de glace suspendues au dôme de ce temple de fée, et, pour base, le torrent s'échappant de son sein avec fureur ! Je me retrouvais dans ces brillantes descriptions d'un palais du dieu des fleuves, et je m'attendais de moment en moment à voir paraître la divinité. — Mais je rejoins mes aimables compagnons de voyage, qui, préférant l'agréable au sublime, cueillent des fraises sur les bords du glacier, et, de retour à Griden-Wald, nous faisons ensemble un dîner, que, sans appétit même, nous aurions trouvé excellent. Ces maudits habitans, qui ne sont pas gastronomes, avaient oublié la glace, et nous avons été obligés de la manger des yeux. — Le retour à Interlaken a été, s'il est possible, encore plus gai que le départ : nous étions heureux, nous avions, dans cette journée, amassé tant de souvenirs !!!

Je suis, etc.

LETTRE VII.

Au Même.

Interlaken, vendredi 3 septembre 1830.

Les guides ne se trompent jamais : voilà le proverbe. Le nôtre nous avait prédit un temps magnifique, et il pleut à verse. Que pourra-t-il donc aujourd'hui nous donner pour excuse ? Ne faut-il pas peut-être soupçonner la diplomatie de la baronne, qui voulait nous laisser nos espérances, et qui aura su lui diriger son baromètre. En tous cas, adieu notre excursion à pied dans les montagnes, adieu notre voyage à Brientz et à Meringhen, il faut y renoncer : cette journée sera donc tout à fait consacrée aux regrets, car il faut aussi quitter ces dames, qui retournent à Berne; et ce n'était pas déjà, chez moi, le moindre de mes attachemens. Heureusement, nos adieux ne sont pas éternels; elles doivent passer l'hiver à Rome, et nous y ont donné rendez-vous : vous devez penser si, sous leurs auspices, nous aurons besoin d'aller chercher des plaisirs. — Me voilà dans ma chambre, tout attristé, et je considère en soupirant la Jungfrau, cette montagne toute couverte d'une neige blanche et luisante comme du satin, que je devais traverser à pied. — Moi, qui ne dois vous parler que de ce que j'éprouve, suis-je donc forcé à vous tracer les émotions des autres? et n'est-ce pas là renouveler mes souffrances par le souvenir de ce dont je suis privé? Cette expédition, qui dure sept heures, offre à celui qui l'entreprend un spectacle unique. Point de végétation, point de verdure : au-dessous de soi des précipices sans fonds, et au-dessus de votre tête le sommet de la montagne tout couvert de neige, et auquel on ne peut atteindre. Trois jeunes Anglais seuls, bravant les frimas, malgré la force du froid qui leur enleva toute la peau du visage, y ont parvenu, et le drapeau qu'ils y ont planté atteste pour jamais leur glorieux triomphe. — A moitié de la course, un canon, placé dans une chaumière, fait entendre à toute la montagne qu'un voyageur la contemple; l'écho répète six fois ce signal avec un bruit terrible, et l'avalanche, se détachant tout à coup, vient rouler près de vous avec un bruit plus terrible encore. Mais ma raison veut oublier toutes ces descriptions qui me font tant souffrir, et je me résigne. — Que faire cependant d'un jour que nous aurions si bien employé? Raimond n'est pas embarrassé; il a déterré une vieille coquette avec ses deux filles, et l'idée originale de faire la cour à une ingénue de cinquante ans l'a séduit; la plaisanterie a réussi on ne peut pas mieux, et c'était pitié que de voir la bonne foi de cette antique, qui, promenant avec un air badin sur les lèvres du séducteur un bouquet de roses, semblait lui demander la permission de garder pour elle ce qu'à peine il adressait à sa famille. Le rôle d'amoureux sentimental m'avait été aussi réservé, par Raimond, près de sa fille aînée, au regard langoureux; mais je n'ai pas gardé long-temps cet emploi fatigant, et la fin de la journée a terminé fort heureusement cette triste comédie.

Je suis, etc.

LETTRE VIII.

Au Même.

Payern, lundi 6 septembre 1830.

Que signifie, me direz-vous, cette transition si brusque, et pourquoi me transporter tout à coup du charmant village d'Interlaken sur la route de Lausanne? Oui, je l'avoue, mon ami, ce serait un crime de ma part si je vous avais privé de quelque plaisir ; mais ne me punissez pas de vous avoir épargné deux mortels jours d'ennui et fort peu intéressans ; l'un, passé en partie sur le lac de Thun par une pluie battante et un froid excessif, pendant lequel le ciel, la terre, le lac ont entendu mes malédictions ; l'autre, dans une ville où je vous ai fait mes adieux, et sur laquelle je n'ose pas revenir : je finirais par aimer mes remords, et je veux être cité pour ma sagesse. Je saute donc à pieds joints sur ce retour dans la nouvelle Sodome, et sans retourner la tête, de peur de devenir statue de sel, je m'arrête, bien fatigué, au bas de la cité des élus; je veux parler de Fribourg. L'accès de ce paradis terrestre me semble aussi difficile que l'accès de celui qu'on nous promet, et en montant avec difficulté ces immenses rochers, qui forment les fondemens de la ville, je réfléchis profondément sur cet amas d'épines qui bordent la route du bonheur éternel. — Mais je suis parvenu dans l'intérieur de cette contrée si sainte, et je suis sur le point de rétrograder. Me serais-je égaré dans mon chemin? Au lieu de voir des hommes pleins de franchise et de loyauté, des hommes que la foi, la religion élèvent à la vertu, je n'aperçois que des figures en dessous, des regards de côté, qui épient toutes mes démarches, tous mes mouvemens : la défiance anime leurs yeux; ils semblent vous soupçonner, comme si vous étiez coupables. Fribourg ne serait-il donc pas dans la Suisse, ou faudrait-il accuser la religion d'avoir dénaturé leur si beau caractère? Oh, non, la vraie religion est grande, belle et sublime, et ma colère ne s'attache qu'à ces hommes qui la dégradent au lieu de la servir. Ici la religion vous effraie. — J'ai donc quitté cette espèce de prison où l'on inspecte même la pensée, et dissimulant jésuitiquement ma mauvaise humeur contre un pays qui ne rachète pas ses défauts par une jolie femme, j'ai été coucher à Payern, convaincu que je m'étais trompé, et que si je voulais monter au ciel il fallait prendre un autre chemin.

Je suis, etc.

LETTRE IX.

Au Même.

Lausanne, mardi 7 septembre 1830.

Ce que c'est que l'inconstance ! J'ai vu le lac de Genève, et je suis étonné de mes élans d'admiration pour le petit lac de Thun ; je ne fais pas même à ce dernier l'honneur de la comparaison, et je ne conçois pas comment j'ai eu l'audace de lui donner quelque ressemblance avec la mer, quand celui-ci réclame, à cet effet, de si justes droits. J'ai toujours vu l'un uni comme une glace, poli comme un miroir, et l'autre se montre ici dans toute sa fureur. Ce sont de fortes vagues qui viennent se briser avec fracas contre les rochers; l'eau jaillit avec violence, et nous enveloppe à chaque instant des effets de sa colère. Au lieu de ces eaux si bleues et si transparentes, il paraît de vingt couleurs différentes, ce qui lui donne encore l'image de la mer. Mais, demain, je dois le traverser, et j'ajourne à cet instant le plaisir de vous peindre la multitude de sensations qu'il ne peut manquer de m'inspirer. — Avant de quitter Lausanne et de m'embarquer, un mot sur sa maison de force, qui est fort remarquable, et par son principe de philanthropie, et par la manière dont elle est dirigée. — C'est une maison où sont réunis tous les condamnés pour quelque crime que ce soit. Ils sont divisés en plusieurs classes, et exercent chacun un métier quelconque, soit de tourneur, tisserand, cordonnier, etc. Ce qu'ils gagnent est à leur profit, et on le leur donne à leur sortie. Pour empêcher qu'ils ne se corrompent les uns les autres, ils ne peuvent jamais communiquer entre eux, ni se parler, que pour ce qui a rapport à leur travail. Ils apprennent à lire et à écrire, et presque toujours, à leur sortie, ils deviennent bons sujets. Tout, dans cette maison, est d'une propreté extraordinaire; on ne pourrait jamais supposer, dans ces salles si aérées, si bien tenues, que l'on se trouve dans un lieu qui ordinairement n'est rempli que de misère et d'une odeur fétide. Quand verrons-nous en France une telle amélioration? Il nous fut assez difficile de visiter cet établissement; l'éloquence seule de Raimond, se pavanant de son titre de conseiller-auditeur, a levé tous les obstacles. — Adieu donc à Lausanne. En y passant, n'oubliez pas l'hôtel du Faucon : quel dîner !....

Je suis, etc.

———

GENÈVE, *mercredi 8 septembre 1830.* — Dieux! que je suis ignorant! Sans l'érudition d'un marchand bonnetier, je n'aurais pas su, en traversant le lac de Genève, que je foulais aux pieds une antique Lausanne qui fut engloutie sous les eaux; et gratifiant celle que je viens de parcourir d'une immense vétusté, grâce à sa saleté et à sa laideur, je ne vous aurais pas dit qu'on devait cette nouvelle cité aux malheureux échappés du naufrage, et que la cathédrale n'était que le premier ermitage qui leur avait servi de refuge.

Mais salut, ô lac majestueux ! Pendant que mon ami, par son talent, cherche à te saisir, appuyé sur le fanal qui rallie les matelots égarés, je te considère dans une ravissante extase, et, laissant errer ma pensée au milieu du désordre que ta vue me cause, je la laisse parler.

Oui, j'admire ta vague et ton onde écumante,
O lac majestueux ! je chéris ta fureur
Et contemplant l'effort de ta rage impuissante,
A mes pieds je te vois reculer de frayeur.

Avance, avance encore, augmente ta colère,
Rassemble tes efforts pour arriver à moi ;
Mais ta révolte est vaine : assis sur cette pierre
Je te vois mon sujet, et te commande en roi.

Par ton bruit mesuré, m'invitant au sommeil,
Tu répands dans mon âme un vague qui m'enchante,
Je laisse à mes pensers ce rêve sans réveil :
Il est si doux d'errer sur ta plage riante !

Dans l'azur de tes eaux se mire la campagne,
Et sa beauté frémit sur tes flots agités ;
Au loin le noir sommet d'une immense montagne
Vient faciner mes yeux dans les airs égarés.

Pour embellir les bords qu'à chaque instant j'admire
Du chalet tu n'as pas emprunté le secours,
La superbe cité plaît seule à ton empire,
Et l'élégant palais charme tes alentours.

> La nature avec toi semble toujours nouvelle,
> Je cherche à peindre en vain tes tableaux ravissans,
> Ta beauté me transporte et je suis rempli d'elle;
> Mais pour lui rendre hommage il faut d'autres accens.

Mais la cloche du bâtiment à vapeur est venue tirer mon âme de sa rêverie, et, chassé par la pluie dans le salon mouvant du navire, j'ai abandonné les beautés du lac pour venir explorer celles qui cherchaient, comme moi, un abri contre le mauvais temps. — Notre matinée s'est passée assez gaîment à faire cet examen. — Nous avons dîné à bord. — Peu à peu les nuages se sont dissipés, et distinguant tout à coup les charmans alentours de Genève, nous sommes entrés dans cette ville au milieu des idées les plus riantes, et des plus douces espérances pour notre avenir. — Que vous dirai-je de l'ensemble de Genève? du bruit, du mouvement, de l'industrie, du commerce, tout ce qu'il faut pour indiquer une capitale, mais rien pour faire reconnaître la première ville de la Suisse. Si l'on pouvait oublier son lac, l'on se croirait en France; et malheureusement cette grande cité, quoique bâtie sur ses bords, ne le laisse apercevoir que rarement. Elle semble avoir dédaigné son plus bel ornement, et je lui en veux d'avoir négligé une parure aussi magnifique. — Errant de tous côtés, nous l'avons cherché long-temps avant de pouvoir le découvrir. — Notre soirée s'est passée à le contempler. — Genève là seulement peut s'appeler la reine de la Suisse.

LETTRE X.

Au Même.

Genève, jeudi 9 septembre 1830.

J'en tremble encore : une maudite lettre, que Raimond vient de recevoir, a failli renverser tout notre voyage. On l'engageait à revenir à Metz pour prêter je ne sais quel serment de conseiller-auditeur. Heureusement que sa sage raison a su tout concilier ; en l'envoyant par écrit, il contente ainsi père, mère, ami, ministre. — Grâce à tous ces contre-temps, et à une fête solennelle qui fait fermer toutes les boutiques, Genève aujourd'hui nous a paru fort triste ; il nous a été impossible d'y trouver à manger, et très-fervens catholiques, nous devons forcément notre premier jeûne à la piété des réformés. Madame Julien, que nous avons connue à Metz, et qui est ici dans sa famille, a bien voulu nous tirer de l'abstinence, et ses jolies et aimables nièces nous ont fait sortir aussi de celle du plaisir où nous avaient jetés toutes nos mystifications. — Demain à midi et demi, rendez-vous avec ces dames pour visiter les beautés de leur république.

Je suis, etc.

LETTRE X.

Au Même.

Genève, vendredi 10 septembre 1830.

La galanterie française se trouve aujourd'hui en défaut ; ces dames nous ont devancés au rendez-vous, et, trop aimables pour être sévères, elles veulent bien rejeter notre faute sur leur trop grande exactitude ; c'est donc sous la protection de guides aussi gracieux que nous allons visiter le musée de peinture et celui d'histoire naturelle. Dans ce dernier, n'étant pas grand admirateur des animaux empaillés, je n'ai été frappé que d'une riche collection de papillons vraiment très-curieuse. La charmante Louisa aurait voulu en faire l'acquisition pour pouvoir les placer dans ses cheveux : j'étais fâché de lui voir désirer cet emblême, j'aime à lui donner toutes les vertus. — Le musée de peinture m'a plu davantage. J'y ai trouvé de jolis paysages, de superbes copies de Raphaël, et quelques portraits surtout qui nous ont paru très-remarquables ; mais, qui ne sait qu'il faut chercher la beauté de Genève dans ses environs? C'est donc sur le clocher de la cathédrale que nos infatigables cicerone nous ont conduits. — Là, on jouit d'un panorama magnifique. D'un côté, le lac se montre dans toute sa splendeur, entouré de campagnes délicieuses; de l'autre, une nature non moins pittoresque et non moins enchantée. Le Mont-Blanc seul se faisait regretter, et nos yeux n'ont jamais pu l'apercevoir à travers cette foule de nuages qui semblaient, pour nous le cacher, s'accumuler à l'envi. — J'ai redescendu facilement le haut clocher de Strasbourg, et la tête a manqué me tourner en descendant cette petite cathédrale : désormais je ne veux plus, pour me guider, un si joli petit pied, une jambe si bien faite, des yeux si noirs et si beaux, on a trop peur de tomber. Mais nous avons reconduit ces dames, obligées de retourner à Plain - Palais (1), et un nouveau rendez-vous nous est assuré pour le lendemain; quelle complaisance, quel aimable accueil ! Ce n'est qu'en Suisse qu'on peut rencontrer une telle obligeance. Je suis un peu amoureux de la jeune Louisa, et, cependant, je ne puis pas ne pas faire mention de notre promenade de ce soir avec la petite comtesse de Zoupoff. Je ne vous en ai pas encore parlé, parce que je ne comptais plus la revoir, et que je n'en finirais pas si je voulais tracer le portrait de toutes les jolies femmes que je rencontre; mais le hasard nous réunit si souvent, qu'elle mérite bien une exception. A Interlacken je l'ai vue plaisanter avec finesse l'antique à rubans roses; à Thun, nous n'avons reçu d'elle qu'un salut gracieux; à Lausanne, ses équipages nous ont fait pressentir sa richesse; et, à Genève, nous avons retrouvé une fière aristocrate, une savante politique, et une femme remplie d'es-

---

(1) Plain Palais est une espèce de faubourg à quelques minutes de Genève, rempli de maisons de campagne.

prit; partout, enfin, nous l'avons trouvée gentille et jolie; et la course que nous ferons demain à Ferney ensemble, et dimanche la traversée du lac, achèveront de nous faire apprécier ses petites perfections.

Je suis, etc.

LETTRE XII.

Au Même.

Genève, samedi 11 septembre 1830.

J'AI mis sur ma tête le bonnet du grand Voltaire; que d'esprit je devrais avoir dans ce chapitre! Toutes mes phrases devraient pétiller de malice et de méchanceté ; je devrais tout voir d'un rire sardonique, et regarder chaque objet avec une expression plaisante. En vérité, ma plume est fort embarrassée pour se mettre à la hauteur du génie satirique; ma matinée s'est passée à visiter des peintres de Genève, où je n'ai vu que des portraits superbes, pleins de force et de caractère, d'un coloris admirable, dignes de nos plus grands maîtres par conséquent, au lieu de critiques, je ne trouve que des éloges. D'un autre côté, nos guides sont si aimables, qu'en cherchant et recherchant le mal, je ne découvre chez elles qu'esprit, gentillesse et bonté. — J'arrive donc naturellement à la terrestre demeure de celui qui doit m'inspirer, et chez lui je commence ma critique. — Je regarde à peine l'extérieur du bâtiment de Ferney; qui me semble mesquin, d'assez mauvais goût: et, me hâtant de pénétrer dans l'intérieur, c'est sur les deux chambres laissées dans le même état que quand il les a quittées, que mon enthousiasme arrête toute son attention. La première est son salon de réception. Une tapisserie de velours cramoisi en lambeaux, quelques meubles antiques, des glaces dont les encadremens et les ornemens diminuent tous les jours, vu le nombre de voleurs que le fanatisme suscite dans ce séjour; voilà ce qui compose le premier salon. — Dans sa chambre à coucher: un bois de lit fort simple, des rideaux que les ciseaux de la ferveur ont réduit considérablement, un mausolée où son cœur fut déposé, et un registre où le voyageur vient avec fierté écrire son nom. Dans l'un, son portrait, avec son regard malicieux, préside à celui de madame Du Châtelet, de son savoyard, de sa blanchisseuse en Madone et du célèbre Lekain; dans l'autre, son apothéose est là pour rappeler l'orgueil démesuré de l'exilé de la cour de Louis XV.— Nous avons ensuite visité le jardin, guidés par le fils de son jardinier qui eut la gloire de faire ses petites commissions. La leçon qu'il répète à chaque étranger inspire dans sa bouche un certain intérêt. — Il est aussi un reste vivant curieux à voir. — Il nous a montré la charmille de madame de Genlis; la place du lieu où son maître se dérobait aux importunités du fâcheux; l'arbre qu'il a planté lui-même. — Du reste, rien de remarquable comme beauté. C'est un jardin à la française, et qui ne rachète sa monotonie que par une assez belle vue du côté de la Suisse. Enfin; ces lieux m'ont rappelé les beaux vers de Zaïre, mais je ne conçois pas qu'ils aient pu les lui inspirer. — Le vieux serviteur nous a montré ensuite les riches trésors qu'il laissera à ses enfans : c'est un cahier que lui a donné Voltaire, où sont renfermés les cachets de toutes ses connaissances, au-dessous desquels il fait en deux mots leurs portraits. Quand il recevait une lettre, au cachet il reconnaissait l'ami ou le déplaisant, et, dans ce dernier cas, il renvoyait sans décacheter. Outre cela, il conserve précieusement une canne, un fauteuil et un bonnet crasseux, derniers présens faits à sa fidélité. L'Anglais et le Russe renchérissent chaque jour sur ce couvre-esprit si précieux ; le Français est moins fou qu'eux, il se contente de le mettre sur sa tête. — Je laisse Voltaire juger lequel a le plus de bon sens. — Je n'ai cependant pas voulu sortir de ces lieux si renommés sans en rapporter quelques souvenirs. J'ai coupé à la tapisserie du salon ; j'ai diminué le trumeau de la glace ; j'ai arraché quelques fils d'or du fameux bonnet, et j'ai pris de l'écorce à l'arbre qu'il a planté. — J'ai revu un instant notre belle France, et je l'ai quittée avec regret. Je n'osais réfléchir sur son avenir de plus en plus incertain : je n'aurais pas continué ma route. — De retour à Genève, la petite comtesse nous a conduits chez Ruegger, bijoutier et mécanicien tout ensemble, qui s'empressa aussitôt, grâce à l'apparence flatteuse du seigneur russe, de nous faire voir ce qu'il avait de plus remarquable, entre autres, une mécanique jouant l'ouverture de Guillaume Tell d'une manière admirable. C'est une fantaisie de mille francs. Le comte est prêt à en faire la folie. — Nous serions restés plus long-temps au milieu de ces objets le luxe de toute espèce ; mais il fallait faire nos adieux à nos aimables guides, et nous nous sommes dirigés sur Plain-Palais. — J'ai souffert de ma soirée ; j'étais obligé à l'inconstance, quand je me trouvais si bien!--Raimond a passé cette soirée à faire le croquis de mademoiselle Louisa ; je n'ai pas, cette fois, besoin de ses crayons pour ne pas l'oublier.

Je suis, etc.

Vevay, *dimanche 13 septembre 1830.* — Pour admirer la cité de Genève, il faut la quitter ; et c'est sur le tillac, à travers une légère gaze de vapeurs, toute brillante des rayons du soleil, avide d'y pénétrer, que l'on reconnaît tous ses charmes et qu'on la trouve belle et majestueuse ; plus l'on s'éloigne du port, plus on la regrette ; et les brillans palais qui, bordant les deux rives, sont, pour ainsi dire, ses élégans faubourgs, peuvent à peine vous faire oublier vos regrets. — Que de fois, ce matin, j'ai maudit le navire qui m'entraînait avec trop de vitesse ! Mon admiration avait à peine commencé qu'elle en était déjà aux souvenirs. Une multitude de petites villes riantes se déroulaient à mes yeux ; un paysage délicieux exposait à mes regards étonnés des charmes tour-à-tour sévères et légers, et cette vue d'optique, toujours nouvelle, me transportait de plaisir. — Mais, dans ces nombreux tableaux du panorama du lac, j'ai retrouvé, malgré moi, celui de Lausanne. Il m'a valu la perte d'une charmante connaissance, et c'est payer bien cher le plaisir de l'admirer. Nous avons fait des adieux, sans doute éternels, à la comtesse de Zoupoff et à son mari. — Brillante étoile qui disparaît tout-à-coup après vous avoir guidé, et que l'on serait tenté d'aller chercher en Russie. — Je n'ai pas vu Lausanne. — Arrivés à Vevay, nous n'y avons pas trouvé, comme nous l'espérions, la comtesse de

Leikam et son aimable fille, et il a fallu se rejeter sur la nature. — Je suis presque consolé ; ici, vraiment, la nature est si belle ! — Pilote d'un frêle esquif, je l'ai conduit au milieu des ondes, ramant avec effort pour gagner l'autre rive qui fuyait toujours devant moi ; j'ai contemplé Meilleraye avec tous ses souvenirs amoureux ; et la montagne qui le domine, couverte de neiges, éclatante des effets sublimes d'un beau soleil couchant, m'a fait jouir, pendant plus d'une heure, de la scène la plus magnifique. La brise du soir nous a ramenés vers la terre, et nous avons regagné le rivage en chantant des baccarolles joyeuses. — J'aime le lac et ses douces rêveries.

Je suis, etc.

Vevay, *lundi 13 septembre 1830.* — Comme le ciel est sombre ! c'est triste. — Il n'y aura plus de nuages en Italie !...

Sion, *mardi 14 septembre 1830.* — Je suis content aujourd'hui : je renais avec le ciel, qui semble nous promettre un beau jour, et voilà ma gaîté retrouvée. Plus de lettres pour nous faire rebrousser chemin : nous toucherons l'Italie, malgré tous les obstacles que nous a suscités notre petite province, et sa diplomatie, mise en défaut, ne saura plus nous atteindre que bien au-delà du Simplon. — Si je suis bien à l'étroit dans la petite cariole qui me mène à Martigny, en revanche, mon âme a une longue étendue de pays à admirer, et je ne me plains pas de cette compensation. — Nous passons devant le château de Chillon, qui mire dans le lac ses larges créneaux et ses vieilles tourelles. Genève dans l'esclavage y vit renfermer pendant vingt ans l'un de ses plus ardens défenseurs, et ce ne fut qu'à la république qu'il dut sa liberté. — Ici lord Byron a chanté.

A Villeneuve, nous quittons le lac pour ne plus le revoir, et, nous enfonçant dans les montagnes, nous changeons de nature sans cesser d'admirer. Nous rencontrons la première fois le Rhône à Saint-Maurice; mais nous le perdons de vue, et la cascade du Pisse-Vache, qui s'offre à nos regards, nous a fait bien vite oublier la petite impétuosité d'un fleuve qui commence à naître. Je ne saurais, en vérité, si je puis mettre en parallèle cette admirable chute avec celle du Staubach : l'une et l'autre ont des beautés qui leur appartiennent seules, et je serais fort embarrassé à laquelle donner la palme. Je vois, dans mon souvenir, l'eau tomber avec fracas d'une hauteur de 700 pieds; mais ici je la vois tomber avec une masse plus énorme, plus imposante. De loin, la première m'a fait plus d'effet, a présenté à mes yeux un spectacle plus pompeux; mais, de près, celle-ci me semble plus pittoresque, plus variée dans ses accidens. J'espère encore les revoir toutes deux, et à ma seconde visite, je me prononcerai peut-être davantage. — Nous remontons en voiture, entièrement trempés, et ce n'est qu'à Martigny, en gravissant une montagne pour atteindre de belles ruines, que nous trouvons moyen de changer le bain de la cascade contre un véritable bain de vapeur. — Mais, du haut de nos vieilles masures, nous avons aperçu notre équipage, et, regagnant Martigny, avec lui nous prenons au petit pas la route de Sion, qui doit cette nuit nous servir de gîte. Je dis la route de Sion, quand je pourrais l'appeler une délicieuse promenade dans un jardin anglais. Seulement, au lieu de la main des hommes, j'y trouve la main du hasard, et le hasard, dans la bizarrerie de ses idées, avec ses torrens et ses cascades, s'est montré un maître inimitable. — L'art ne peut rivaliser avec lui.

———

Brigg, *mercredi 15 septembre 1830.* — Nous quittons Sion à cinq heures du matin, et la cîme des montagnes couvertes de neige, que nous apercevons au loin, nous avertit qu'en continuant notre route nous allons retrouver nos séductions de la veille. — Nous reprenons la vallée, et les charmes du présent nous font oublier ceux que le passé nous a fait éprouver. Nous volons de plaisirs en plaisirs, et la multiplicité des beautés qui se présentent à chaque pas met un frein à ma plume, qui voudrait tout embrasser, et qui ne peut se rassasier. — Ce n'est plus, comme à la vallée de Lauterbrun, tout le magique du spectacle qui nous frappe à la fois : nous errons à travers des montagnes toutes animées par la verdure et les noirs sapins ; au loin, notre horizon est couvert de neige, et à nos côtés sourit la vallée, qui s'étend à l'infini, et présente à chaque instant des sites nouveaux, et maintenant j'admire et je repasse en détail toutes mes premières émotions. — Ah ! quelle est belle et sublime cette nouvelle rivale du Staubach ! La voyez-vous, du haut de son rocher, comme elle s'élance avec fracas ! Ses eaux bondissantes croulent par flocons d'écume, et le bloc de granit sur lequel elle se brise retentit de sa chute effroyable. Le soleil, comme pour augmenter sa grandeur, semble fixé sur son sommet, et s'arrête, comme moi, dans sa contemplation. — Les beautés qui m'attendent sur le Simplon doivent, m'a-t-on dit, effacer tous mes anciens souvenirs. Ah! quelles qu'elles soient, je me rappellerai toujours la chute de Tourtemagne.

Domo-d'Ossola, *jeudi 16 septembre 1830.* — Je suis épuisé, je suis harrassé de fatigue ; je n'ai plus la force de rien voir, de rien sentir : tous mes sens sont encore élevés dans une sphère si haute, que je ne puis respirer. Je veux me recueillir pour pouvoir classer mes impressions, et je me trouve jeté dans un bouleversement dont je ne puis sortir : mon imagination n'a fait que monter et descendre une grande échelle magique sans savoir comment elle l'a fait, et, lorsqu'il lui faut détailler chaque échelon de son bonheur, elle rentre dans un dédale effroyable et bien difficile à surmonter. — Mais pourquoi même essayer de mettre ici de la suite et de l'ordre dans ses descriptions ? Il doit être permis d'avouer le désordre de sa pensée au milieu de tant d'effets sublimes et gigantesques. — C'est donc à cinq heures du matin que nous avons commencé à gravir le Simplon, et c'est à midi que nous en avons atteint le sommet. Dès cette première partie du chemin, il a fallu s'élever à un haut degré d'admiration. Dieu et les hommes ont travaillé en commun, et cet ensemble a produit des phénomènes qui passent toute expression. C'est à travers des montagnes énormes, inaccessibles, malgré des difficultés inouïes, que les Français sont parvenus à créer une route superbe, large, unie, d'une pente douce et commode. — La civilisation est là, qui règne au milieu des rochers. — Placé au-dessus de précipices énormes, l'œil y plonge avec effroi ; du fond de ces abîmes se fait entendre le torrent qui gronde ; la cîme noire des sapins, qu'épargna jusqu'ici sa fureur, présente, avec son vert sombre, une masse imposante ; des arbres blancs et morts, çà et là étendus, déracinés par sa force impétueuse, demeurent, comme pour ajouter à l'effet, et n'attendent qu'un coup de vent pour rouler dans les flots ; de l'autre côté, au-dessus de nos têtes, des rochers à perte de vue, d'où jaillit l'eau, qui se précipite avec violence, et qui va se perdre dans ces ravins profonds. — Mais nous avançons, et la nature ne s'est pas trouvée assez sévère ; elle prend un aspect encore plus effrayant : plus d'arbres, plus de verdure, mais des rochers élevés où tout n'est que sécheresse et arridité, des montagnes où l'on ne voit plus aucune trace de végétation, couvertes seulement d'une neige sale mêlée à un gazon roux et desséché, et, sur leur cime élevée, des glaces éternelles!!!.... Non, rien ne peut imaginer l'espèce d'impression que j'ai reçue quand tout à coup j'ai vu cesser le chemin devant moi : je n'ai plus vu que des masses informes ; alors, au milieu de cette nature morte, j'ai cru mourir avec elle ; j'étais là le seul être animé, et, malgré moi, j'étais accablé ; il me semblait que bientôt je manquerais d'air pour respirer. Enfin, j'ai franchi ces galeries souterraines, creusées dans le roc avec un travail inconcevable, et j'ai revu la nature moins gigantesque et moins terrible. Au sortir d'une de ces voûtes retentissantes, notre admiration n'a fait que changer d'objets, et elle n'a perdu en rien de sa force. — Une cascade d'un immense volume sortait avec furie du creux d'un rocher, et, roulant d'abîmes en abîmes, elle passait sous nos pieds, et allait se perdre dans un large gouffre d'où sortait une vapeur qui inspirait je ne sais quelle crainte et quel effroi. — Ce fut après toutes ces crises morales si violentes que tout à coup nous apparut le beau ciel de l'Italie. — Mais ici je m'arrête : aujourd'hui je ne dois pas avancer davantage. Loin de moi ce mélange d'impressions. Je veux porter encore un regard sur cette belle Suisse, que je viens de quitter : je veux que ma pensée se repose au milieu de ses chalets, de ses chaumières où règne le bonheur ; j'adresse mes adieux à ses rochers, ses cascades, ses montagnes, que j'ai parcourus avec ivresse, et, contemplant à genoux ces admirables chefs-d'œuvres que la divinité a semés à chaque pas dans cette heureuse région, je ne puis que m'écrier, dans mon extase délirante : Dieu est grand !... Dieu est grand !...

———

ARONA, *vendredi 17 septembre 1830.* — Un palais enchanté !... Les arts ici ont fait des miracles, et la nature, avec tous ses prodiges et ses sublimes accidens, ne peut lutter contre tant de richesses. Le Simplon, qui me pétrifia d'étonnement devant ses beautés terribles; le ciel de l'Italie, si vif, si brillant, dont je contemplai la pureté avec tant de bonheur; l'Isola-Madre, si simple, si pittoresque, au milieu de ce beau lac Majeur, entouré de sites ravissans : ce sont des souvenirs qu'il faut oublier en mettant le pied dans l'Isola-Bella. Immobile, ébloui de tant d'éclat, on a peine à se croire éveillé, et l'esprit ne peut concevoir un si grand amas de richesses. Ces salons d'or et de marbre, ces immenses galeries de tableaux, ces bosquets d'orangers, de citronniers, de lilas; ces grottes délicieuses formées de coquillages, tout ornées de statues, toutes parfumées d'amour et de volupté, c'est l'île de Calypso réalisée ! — Un palais enchanté ! — car longtemps, à cette place, il n'y eut rien... que la surface unie des eaux brillantes du lac. La terre, la pierre, le marbre, l'or, tout y fut apporté (1) : c'est l'homme qui a tout fait;

(1) L'Isola-Bella est entièrement bâtie sur pilotis.

— il a créé un séjour de Dieu. — J'ai quitté cette île de féerie, et mes yeux se sont détournés cent fois pour la revoir encore : le soleil couchant, éclairant le plus beau de tous les lacs, et produisant sur tout l'horizon un effet magique, ne put me faire oublier ces terrasses avec leur monstre marin, ces arcades gracieuses qui se réfléchissent dans le bleu des ondes, et je suis arrivé au pied de la statue de saint Charles Borromée, que mon imagination errait encore avec ses descendans (1). — Ah! qu'il est imposant et sublime ce colosse gigantesque (2)! comme il commande le respect, comme il frappe de majesté! Du haut de cette montagne, il domine tout, et, présidant à la contrée, il semble régner sur elle, la protéger, et lui donner des lois. — Nous avions craint un instant que la nuit qui commençait à nous envelopper ne nuisît à l'effet, et je crois, au contraire, qu'elle n'a fait qu'y ajouter. — Sous un ciel azuré et parsemé d'étoiles, ce géant de bronze nous apparaissait plus majestueux. Ce silence profond, qui régnait de toutes parts, semblait convenir à sa grandeur, et, nous frappant d'une terreur religieuse, nous a mieux remplis de sa sublimité.

(1) L'Isola-Bella, l'Isola-Madre et l'Isola du Marinari appartiennent aux Borromées.

(2) La statue de saint Charles-Borromée a soixante-douze pieds de haut et est placée sur un piedestal de trente-six. On monte dans l'intérieur; et pour donner une idée de son immensité, sa tête seule peut contenir quinze personnes (l'on se met assis dans son nez). La statue de saint Charles-Borromée est faite dans les plus justes proportions.

LETTRE XIII.

Au Même

Milan, dimanche 29 septembre 1830.

Je suis sauvé, mon ami, j'ai passé les postes autrichiens, et, déjà établi dans un joli appartement peint et orné à l'italienne, je ne reviens pas encore de ma surprise. Qu'ai-je fait pour vaincre toutes ces grandes difficultés que me présageaient mes compatriotes? Je ne le sais pas plus que vous. J'étais endormi au moment où nous sommes arrivés devant cette terrible inquisition, et ces Cerbères vigilans n'ont pas hurlé assez fort pour me réveiller. — J'ai sans doute bien bonne mine dans mon sommeil.

De loin c'est quelque chose, et de près ce n'est rien.

voilà l'histoire de ma province. Quand bien même l'on me forcerait à quitter Milan ce soir, j'en conserverais déjà les plus agréables souvenirs. J'ai vu le Duôme, et ce sublime édifice m'a rendu stupéfait, immobile d'étonnement et d'admiration; aucun autre monument ne peut en donner l'idée.

Entièrement de marbre, il n'offre plus à l'œil, comme les autres temples, une teinte noire et sombre ; conservant au contraire une blancheur luisante, il brille avec éclat, et ses flèches légères, ses pyramides aériennes, toutes surmontées de statues, se détachent avec grâce en un blanc clair sur un ciel bleu foncé. Quoique la plus grande église, après Saint-Pierre de Rome, elle ne présente pas une masse énorme ; une immense quantité de détails fins et délicats en diminuent la grandeur ; des milliers de statues de toutes les dimensions s'encadrent dans des dessins découpés en festons gracieux, et l'on oublie ce qu'il y a de sévère et d'imposant pour ne voir que délicatesse et élégance. L'intérieur, quoique moins extraodinaire, arrache encore mille exclamations ; j'y retrouve tous ces mêmes détails qui enchantent, cette prodigieuse masse de statues qui se disputent entre elles votre avide curiosité. Mes yeux s'étonnent en voyant les coupoles de chaque chapelle toute chargées de ces images de marbre, et au milieu de cet amas innombrable de chefs-d'œuvres, l'admiration ne se rassasie pas : pendant mon séjour ici j'y reviendrai souvent. — Deux choses frappent en entrant à Milan : la belle Italienne qui, pour la première fois, vous apparaît dans tout son éclat, plus belle encore que sa réputation, et le soldat autrichien, que l'on aperçoit de tous côtés, promenant sa raide et imperturbable personne. — Ces grands yeux noirs, ces longues paupières respirant l'amour et le plaisir, cette taille si voluptueuse de souplesse, cette mantille légère ornant une chevelure d'ébène, ce regard de feu, ces lèvres humides, contrastent singulièrement avec la démarche des Allemands, cet air apathique et lourd qui les caractérise, et le costume serré et étroit des grenadiers hongrois, qui, les tenant en quelque sorte en prison, les empêche de se mou voir. — Les Autrichiens sont à Milan plus nombreux que tous les Milanais ensemble. Pour soumettre le pays, ils l'ont doté d'une nouvelle population. — Les canons sont braqués sur les places; l'Autriche conserve sa conquête !

Je suis. etc.

LETTRE XIV.

Au Même

Milan, vendredi 24 septembre 1830.

Je suis sans doute bien coupable, mon ami, du péché de paresse; mais, depuis quelques jours, il m'a fallu tant courir dans Milan, que, le soir, il ne m'est pas resté le courage de vous écrire, et encore bien moins celui de vous fatiguer par le récit de mes folies. Aujourd'hui, ma journée est plus utile aux beaux-arts, et je m'empresse de vous en faire part. Ayant trouvé deux aimables compagnons de voyage, c'est avec eux que nous avons été voir la porte du Simplon. Elle n'est pas entièrement finie; cependant on peut déjà juger de l'effet. Cet arc de triomphe est, sans contredit, le plus beau qui ait jamais existé. Il est tout en marbre blanc, soutenu par seize colonnes magnifiques, qui seront surmontées d'un char traîné par huit chevaux de bronze. De plus, à chaque angle, quatre autres chevaux porteront des figures allégoriques. Ce monument, orné de bas-reliefs admirables, tous à la gloire de Napoléon, est vraiment digne de lui; et me rappelant le chemin qu'il termine, j'ai retrouvé dans ces deux chefs-d'œuvres l'histoire de sa vie. J'ai comparé cette route extraordinaire, créée par son infatigable audace au milieu d'obstacles inouïs, aux difficultés sans nombre dont il a triomphé pour parvenir au pouvoir, à la carrière toute magique qu'il a parcourue avec tant de rapidité; ce trophée gigantesque m'a semblé sa couronne, et j'ai cru lire, comme sur les colonnes d'Hercule : *Nec plus ultrà*. — Après avoir visité la fonderie, où nous avons vu deux chevaux entièrement finis, et d'une grande beauté, nous nous sommes faits conduire à un bâtiment situé à une demi-lieue de Milan, et qui est excessivement curieux. C'est un écho qui répète trente fois la voix, et soixante un coups de pistolet. Nous en avons recommencé l'expérience à satiété. Nous ne pouvions nous lasser de rire d'une telle bizarrerie, et notre rire, qui se reproduisait toujours, ne mettait pas de fin à notre gaîté. — En partant, j'ai crié : *Vive le roi!* et l'écho séditieux n'a pas eu peur de me répéter. — Revenus à Milan, nous avons été voir l'original de la *Cène* de Léonard de Vinci, qui se trouve dans un ancien couvent. Cette peinture à fresques est entièrement mutilée et à peine reconnaissable. Des Français, dont je pourrais peut-être connaître la province, ennemis jurés des beaux-arts, en avaient fait autrefois une cible pour tirer au pistolet, et ces restes d'un si admirable chef-d'œuvre ne sont plus maintenant qu'un objet de curiosité pour nos souvenirs. — Le reste de notre matinée s'est passé au musée de la Bréra. Nous y avons admiré les jeunes femmes et les vieux tableaux;

car, pour la jeune école qui a exposé ses efforts au public, elle est en général bien faible, et ne peut laisser soupçonner que quelques espérances pour l'avenir. L'ancienne galerie, au contraire, toute remplie de Raphaël, Paul Veronèse, Dominiquin, Titien, Vandick, a de quoi nous dédommager bien amplement, et la plupart de nos journées se passent au milieu de ces grands maîtres. Les Milanaises sont aussi, je l'avoue, un nouvel aimant qui nous attire ; mais elles ne font pas de tort à leurs rivaux, et nous procurent seulement des jouissances de plus. Familiarisées avec ces admirables tableaux, elles s'y arrêtent peu, et semblent préférer la nouvelle exposition. Je ne suis donc pas obligé de faire un choix, qui serait vraiment fort embarrassant, et les cultivant tour à tour, selon la salle où je me trouve, j'admire à loisir, et sans rivalité, et les dieux de la peinture, et les déesses de l'univers.

Je suis, etc.

LETTRE XV.

Au Même.

Milan, samedi 25 septembre 1830.

La grande Chartreuse de Pavie, située à quatre lieues de Milan, n'a pas le sublime et l'imposant du Duôme, mais elle éblouit par des monceaux de richesses, vous séduit par une profusion de chefs-d'œuvre, et vous restez stupéfaits en trouvant réuni dans une si étroite enceinte tout ce que l'art a enfanté de plus merveilleux. L'on ne sait qu'admirer, par le trop grand nombre d'objets dignes d'admiration ; c'est un musée dédié à la divinité, et où chaque grand maître est venu lui offrir sa plus belle création. Je chercherais en vain à détailler cette immense quantité de tableaux, ces superbes bas-reliefs travaillés avec une délicatesse et une légèreté admirables, ces mille colonnes formées des marbres les plus rares. J'ai peine à concevoir ces énormes mosaïques représentant toute espèce de fleurs, et mes yeux sont encore éblouis des pierres précieuses dont sont chargés tous les autels et toutes les statues. — Aux possesseurs de tant de trésors ne doit-on pas s'attendre à trouver des habitations magnifiques? Eh bien! qu'on sorte du temple, et au luxe et à l'éclat des richesses vont succéder pauvreté et simplicité. Une humble cellule, un petit jardin et une chapelle, voilà quel était le mobilier de chaque religieux. A leur corps ils avaient légué la misère et les privations, et les bienfaits des hommes, ils les laissaient à Dieu. Dans cette grande cour, sous ces arcades gothiques, si longues et si silencieuses, je ne sais quel sentiment de terreur m'a frappé; j'ai cru sentir à mes côtés la robe blanche du pénitent, et l'ombre de François Ier, prisonnier dans ces murs, après la bataille de Pavie, a murmuré à mon oreille : *Tout est perdu, fors l'honneur.*

Mais il est temps de me rappeler la promesse que je vous ai faite de vous détailler mes soirées; et quoiqu'il ne soit pas bien de mêler les pompes de l'église aux vanités du monde, je brave les convenances pour vous faire plaisir, et de la grande Chartreuse je vais vous faire voyager dans tous les théâtres de Milan.

Je ne vous parlerai pas du fameux théâtre de la Scala, qui est en ce moment fermé pour des réparations; quoique nous ayons été le voir, son immensité exceptée, il nous a été impossible de juger de sa magnificence. Je passe donc de suite au second théâtre : je veux parler de la Connobiana. Cette salle, qui n'est que la seconde de Milan, est aussi grande que celle de l'Opéra de Paris. On n'y représente que des opéras et des ballets. Les sujets qui composent la troupe ne sont pas de grands maîtres; cependant j'ai trouvé assez d'ensemble, et l'amateur des bouffes de notre capitale ne dédaignerait pas de joindre ses *bravos* aux applaudissemens qu'on leur prodigue. Pour les ballets, je les élève bien haut, puisque je les ai trouvés dignes de rivaliser avec les nôtres. Je n'ai pas trouvé, il est vrai, une danseuse digne d'être comparée à Taglioni, à Montessu; mais j'en ai vu cent charmantes, gracieuses, qui offraient un ensemble ravissant. Je n'ai pas découvert un jarret comme celui de Paul ou d'Albert; mais, pour la pantomime, j'ai rencontré une Conti et un Molinari bien au-dessus de Noblet et de Ferdinand. Enfin, ils ont des décorations magnifiques, qui ne feraient pas honte au pinceau de Ciceri. Je ne ferai pas tant l'éloge des théâtres où l'on joue des comédies italiennes. Je ne sais s'il faut l'attribuer à mon peu de science dans cette langue, mais elles m'ont semblé bien inférieures aux comédies françaises. Ce ne sont, en général, que des traductions; et si l'on s'est emparé des mots, on a laissé l'esprit dans l'original. Une actrice, cependant, m'a fait beaucoup de plaisir dans *l'Ecole des Vieillards :* elle m'a rappelé quelquefois Mlle Mars. — Mais salut, mille fois salut, ô marionnettes sans pareilles! vous m'avez procuré de bien délicieux momens. Vos insolens imitateurs avaient, dans ma province, parodié votre mérite; mais c'est ici, dans votre patrie, que je vous vois avec éclat. Sur un théâtre charmant, vous jouez la comédie de manière à intéresser; parodiant, à votre tour, nos ballets et nos danseurs, vous affichez dans votre mise en scène un luxe effréné, et vos Vestris peuvent dire avec orgueil, que, s'ils touchent quelquefois la terre, c'est pour faire plaisir au public.

A ces détails sur chaque théâtre de Milan, je dois ajouter des particularités attachées seules aux théâtres d'Italie. L'intérieur d'une salle de spectacle n'est jamais éclairé. C'est sur la scène que sont portées toutes les lumières, ce qui, en ajoutant beaucoup à son effet, diminue sensiblement celui de la salle. Le Français préfère à tout le brillant coup d'œil d'une galerie de jolies femmes; l'Italien, au contraire, sacrifie le plaisir de se montrer pour faire valoir l'acteur et la décoration. En France, les loges sont entièrement à découvert et les femmes étalent à nos yeux leurs grâces et leur toilette; ici chaque loge peut se considérer comme un salon particulier; elles sont fermées par des draperies et des rideaux de soie; les femmes y reçoivent comme si elles étaient chez elles; et, sans se faire voir au parterre, elles peuvent juger facilement de la scène au moyen des glaces qui la réfléchissent. Chaque applaudissement demande un salut de l'acteur. Si tôt, et vous quand il se retire, le mot de *fori* se fait entendre, et il vient saluer de nouveau. De plus, ce n'est pas, comme aux Bouffes, un silence complet; chacun cause, rit, se promène, et l'on ne peut entendre la voix de celui qui chante, sans entendre aussi celle de son voisin qui fredonne le même morceau. Je ne sais, en vérité, si c'est là une liberté bien entendue; je ne me permets pas de discuter sur ce sujet. Je ne suis pas encore à la hauteur du siècle.

Je suis, etc.

Milan, *dimanche 26 septembre 1830.* — Aujourd'hui dimanche, je n'ai pas manqué la messe au Duôme. Les anges qui l'habitent généralement ce jour-là, m'ont donné de la ferveur, et, dès neuf heures du matin, ma piété réveillée m'y avait conduit. — Les mortels rappellent quelquefois Dieu. — Toute mon après-dînée s'est passée à me promener dans le Corso. On appelle Corso, en général, dans chaque ville d'Italie, une rue qui sert de promenade publique, et où, à une certaine heure du jour, se rendent tous les équipages pour y étaler le luxe et l'élégance. C'est toujours la rue principale, la plus belle et la plus étendue à laquelle on donne cette destination. Le Corso remplace, ici, les Champs-Elysées. Celui de Milan est très-beau, bordé d'édifices magnifiques, d'une grande largeur et long de près d'une demi-lieue. Je l'ai parcouru deux ou trois fois dans sa longueur, au milieu d'une foule de jolies femmes, et c'est après avoir bien fatigué mes yeux et mes jambes que j'ai été me reposer et terminer ma soirée au grand spectacle qui se donnait à l'Arène. — L'Arène! ce mot seul n'excite-t-il pas déjà l'intérêt? ne s'attend-on pas à voir paraître le gladiateur avec son gantelet de fer, et le lion furieux s'élancer avec des bonds terribles, pour chercher sa victime? Non, le conquérant du monde avait fait bâtir cette enceinte pour y célébrer ses victoires, et si le nom qu'il lui donna rappelle encore aux Italiens leurs jeux nationaux, les fêtes sans nombre qui s'y donnèrent avec tant d'éclat, il rappelle aussi nos trophées. Dans ce vaste amphithéâtre, tantôt on y représentait nos batailles mémorables; tantôt, à l'aide de l'eau qu'on peut y introduire, on y simulait des combats navals; mais à ces fêtes triomphales ont succédé quelques courses de chevaux, et je ne m'étonne pas si cet immense local, qui peut contenir quarante mille personnes, avec ses deux mille m'a paru si désert.

Après ces faibles imitations de nos courses parisiennes, un feu d'artifice a terminé le spectacle ; et, si je n'avais pas vu sur leur temple de feu : *Viva Milano*, j'aurais cru assister au bouquet de Tivoli. — En revenant, chacun se demanda ce qui lui avait plu davantage. L'Anglais s'était intéressé à la course, le Milanais avait crié *bravo* au feu d'artifice, Raimond ne parlait que de son coucher du soleil, et moi, quand vint mon tour de répondre, je ne sus que m'écrier : Napoléon !

Je suis, etc.

LETTRE XVI.

Au Même.

Milan, mardi 28 septembre 1830.

Je vous avais d'abord commencé, mon ami, un bien long chapitre sur les femmes ; je m'étais étendu de nouveau sur leur beauté particulière ; je vous avais parlé de leur caractère, de leurs mœurs ; je vous avais même, à l'appui de mes réflexions, conté une histoire entière, quand un éclair de discrétion est venu me faire tout effacer. J'ai rayé le scandale, et, dans la crainte d'encourir plus tard la haine féminine, j'ai retranché les particularités de ma confession. Je me suis souvenu qu'avec elles il faut du silence. Elles sont toutes craignant Dieu, et, pour trouver avec le ciel des accommodemens, elles ont besoin de mystère à leurs amours. Elles se souviennent de la maxime du Tartuffe, et s'attachent à la mettre en usage :

« Et ce n'est pas pécher que pécher en silence. »

Vous, qui me connaissez si bien, je vous laisserai donc désormais le soin de me deviner. — Aujourd'hui nous avons entendu, à l'Académie de Musique, un concert donné par les élèves du Conservatoire, qui nous a paru, quoique assez remarquable, bien inférieur à ceux de Paris. De là, nous avons complété nos excursions dans la cathédrale, en montant au haut du Duôme et en descendant dans les caveaux de saint Charles-Boromée. C'est en s'approchant de plus près de ces colonnes pyramidales, de ces statues superbes, que l'on doute encore si la main seule de l'homme a travaillé à tant de chefs-d'œuvres ; ce sont des détails qui étonnent et qui passent toute idée ; rien n'a été négligé, et partout l'on admire avec plaisir. Parvenu au faîte, couronné par une statue dorée, la vue se prolonge à une longueur infinie. D'un côté, le Mont-Blanc et toutes les Alpes vous apparaissent avec majesté ; de l'autre, les plaines riantes de la belle Italie se découvrent avec tous leurs charmes et leur fertilité. Du haut de ce temple que l'art a formé tout entier, j'ai contemplé, avec plus d'enthousiasme, les miracles de la nature et ses beautés sublimes. Un seul regard suffisait pour me retracer tous mes souvenirs à la fois. La Suisse, le Simplon, l'Italie, tout était là, et mon imagination avait retrouvé, en un instant toutes les illusions de mon voyage. Après avoir touché le Ciel, c'est dans les tombeaux que nous sommes descendus pour y puiser d'autres émotions. La chapelle de saint Charles-Borromée, formée dans les caveaux de l'église, et toute d'argent massif, nous a étonnés par son luxe et sa richesse ; des bas-reliefs du même métal représentent la vie du saint, et le tombeau dans lequel est enfermé son corps est encore plus riche, plus magnifique. A travers le cristal de roche, on distingue parfaitement sa tête et ses pieds ; et les bagues, les joyaux, les diamans dont il est couvert, contrastent vivement avec ces ossemens, restes affreux de l'homme qui n'est plus. Mais je suis sorti bien vite de ce lieu qui fait réfléchir, et, quand ma conscience est venue me dire avec sentence, lorsque je passais devant une jolie femme : Tous ces charmes passeront, et plus tard il ne restera de tant de beautés que vers et pourriture ; j'ai répondu : C'est possible, mais, en attendant, cela est encore bien joli.

Je suis, etc.

—————

MILAN, *jeudi 30 septembre* 1830. — Me voici arrivé à la veille de mon départ, et je l'ai consacrée en partie à la visite de la bibliothèque ambroisienne. Cet établissement, appartenant à la famille Borromée, m'a paru d'une grande curiosité ; et quoique je ne sois pas très-enthousiaste de la poussière antique des vieux manuscrits, je n'ai pas vu sans intérêt l'ancien Virgile, sur le verso de la couverture duquel Pétrarque écrivit, en peu de lignes, de sa propre main, l'histoire de ses amours avec Laure. Outre ces objets précieux, j'y ai trouvé des tableaux d'un grand prix. Léonard de Vinci, Michel Ange, Luino, Titien, entourent le fameux carton de l'*Ecole d'Athènes* de Raphaël. — Je n'ai plus rien à voir à Milan; il ne me reste donc qu'à lui faire mes adieux. Ah! maudite inconstance, compagne inséparable des voyages, emparez-vous de moi davantage; je ne suis plus digne de vous : déjà je commence à m'attacher ici; et lorsqu'il faut lutter contre ce qu'on aime, on est bien près de chanceler. Venise, Venise! votre nom seul a bien de l'empire et de la puissance, puisque, dans un Français, il peut l'emporter sur ses amours. — Adieu donc, ville charmante, que l'on ne voudrait jamais quitter, séjour de plaisirs, qui n'aura de révolution que lorsqu'il n'aura plus d'opéras. Adieu, pays trop glissant pour la sagesse; avec précipitation je vous fuis, sans regarder derrière moi, et sans oser ramasser les souvenirs que je laisse échapper. J'en veux perdre beaucoup : ne serai-je pas alors obligé de revenir?

Je suis, etc.

LETTRE XVII.

Au Même.

Treviglio, vendredi 1ᵉʳ octobre 1830.

Je suis sorti de Milan, et je n'ai pas le courage de vous écrire; je suis triste, et les récits, dans un voyage, veulent de la gaîté. Je n'ai l'habitude que de parler de jolies femmes, et à côté de moi se trouve une beauté de cinquante ans au moins. La plus jolie danseuse de la Connobiana me consolerait à peine des plaisirs que je laisse, et c'est une antique ballerine de la Scala qui voudrait se charger d'une tâche si difficile. Avec ses pantalons pour cacher ce qu'elle a montré si souvent, et ses pieds toujours placés à la seconde position, je retrouve un vieux original, quand je n'aime que les copies les plus nouvelles ; et au lieu de désirs que je cherche, elle est là, comme un vieil invalide, pour me donner l'idée de son ancienne gloire et du mérite de celles qui lui ont succédé. Cependant notre infortune nous est de quelque utilité. Compagnons d'une aimable Milanaise, il nous aurait fallu nous disputer son cœur, et il lui eût été bien difficile de nous donner à tous trois des leçons de volupté ; mais notre nymphe d'avant la révolution s'est chargée de nous contenter tous ensemble ; et, par l'érudition qu'elle a acquise sans doute chez nos vieux roués à perruque, elle est pour nous un excellent maître d'italien. Pendant les quatre jours de voyage, la vieille bavarde nous donnera une leçon perpétuelle, et nous ne parlerons plus français que dans notre solitude, c'est-à-dire au moment du coucher. Raimond, qui n'est pas encore assez familier dans la langue qui fait notre étude, pour se plaindre à son aise, profite de cette interruption pour jurer contre le mauvais souper que nous venons de faire dans une méchante auberge de Treviglio. J'approuve de grand cœur toutes ses malédictions ; et l'Anglais, avec son horreur pour l'ail, si cher à la cuisine italienne, me rappelle la fameuse ode d'Horace contre ce poison détestable.

Je suis, etc.

LETTRE XVIII.

Au Même.

Brescia, samedi 2 octobre 1830.

En parcourant la Suisse avec moi, chaque jour vous avez trouvé de nouveaux sujets d'admiration ; mais, s'il fallait raconter ce qu'ici m'offre la nature, mon journal changerait de titre, et ne deviendrait plus qu'un traité sur les vignes et la fertilité de la terre. Je passe donc silencieux, et sans y toucher, près de ces berceaux de raisins qui nous ont entourés pendant ces deux jours, et c'est à Brescia que, sortant de mon rôle muet, je trace sur le papier les deux heures d'excursion que m'a laissées le jour, et que n'a pu me ravir la nuit précipitée. — A la suite d'un guide fait pour nous égarer, et qui demandait son chemin pour pouvoir nous conduire, nous sommes parvenus, non sans peine, à nous faire montrer les antiquités : ce sont les superbes débris d'un temple consacré à Hercule, découvert il y a quatre ans. Mais notre imagination, avec son désir de tout voir, ne s'est pas arrêtée long-temps à ces restes de colonnes, à ces statues, à ces bustes de bronze, et, après avoir vu toutes ces raretés que l'on fait remonter à Jules César, nous sommes allés, selon notre coutume à notre arrivée dans une ville, visiter la cathédrale. —

Il faut en croire Raimond sur parole, avec son regard connaisseur, il a découvert des tableaux magnifiques, et je lui laisse la gloire, dans son journal, d'en faire la description. Pour moi, qui n'ai pu distinguer que des masses noires encadrées, je renonce à en faire soit l'éloge, soit la critique. Mais, pour juger de l'ensemble extérieur du bâtiment, je vois encore assez clair, je dirai même trop clair, pour m'apercevoir d'une architecture lourde, sans grâce, et bien loin d'être remarquable pour des yeux qui quittent Milan. Je préfère davantage l'ancienne cathédrale, dont le dôme sert en quelque sorte de piédestal à la nouvelle. Ses formes gothiques, ses coupoles dans chaque chapelle, cette demi-obscurité, m'ont inspiré une impression de respect. Dans cet enfoncement derrière une grille de fer, j'ai trouvé que la politique ecclésiastique ne pouvait placer mieux un des mille et un morceaux de la vraie croix. Un grand nombre de fidèles était agenouillé devant cette précieuse relique; et la lampe qui brûlait devant la grille, en éclairant leurs figures, me laissait voir, dans leurs regards et sur ces lèvres remuant sans cesse, le symbole de l'hypocrisie et de la superstition. — En sortant de là, nous nous mîmes en quête pour faire l'acquisition de poignards antiques. Mais, avec le peu d'intelligence de notre cicerone, au lieu de stilets, nous ne trouvâmes que des couteaux, ce qui ne pouvait arranger nos souvenirs. — Comme la nuit commençait à tomber, et qu'il n'y avait plus que des tableaux à voir, ce qui était impossible à cause de l'obscurité, nous revînmes dîner à la hâte, pour terminer notre journée au spectacle. — La salle, par sa splendeur et sa beauté, nous a remplis d'étonnement. Nous ne nous attendions pas à trouver, dans une si petite ville, un théâtre au moins aussi grand que celui de la Connobiana. Mais j'ai dû m'apercevoir, depuis mon arrivée en ce pays, que les Italiens mettent toute leur ambition à posséder les deux choses les plus opposées, et qu'ils sacrifient tout pour une église et une salle de spectacle. Nous y avons vu représenter une tragédie, *Françoise de Rimini.* D'après, sans doute, leur manière de sentir, qui s'exprime par des gestes et des mouvemens brusques, sans grâce, qui est tout à fait différente de la nôtre, mon jugement s'est trouvé entièrement opposé à celui du parterre : pendant qu'il trépignait d'applaudissemens, j'ai trouvé tout hors nature ; et quand à Francesca on a fait deux fois l'honneur du *fori*, si je n'avais pas été mieux élevé, j'aurais volontiers crié : *à la porte !* Cependant je suis bien aise d'avoir vu une tragédie italienne ; si ce n'est pas admirable, c'est du moins curieux.

Je suis, etc.

LETTRE XIX.

Au Même.

Véronne, dimanche 3 octobre 1820.

Si j'avais passé ce jour-ci, comme les deux derniers dimanches, dans la maison du Seigneur, j'aurais sans doute, mon ami, bien des choses à vous dire : mais, dans la voiture qui m'emporte loin de ce que j'aime, je n'ai qu'une vierge à adorer, et une vierge bien respectable. Pardonnez-moi donc si je suis si bref. Pour vous amuser, je n'ai pas le courage d'entreprendre avec elle une aventure, et ce serait réellement trop de complaisance. Je vais marcher très-vite dans mes récits : suivez-moi, s'il vous est possible, je suis pressé d'arriver à Vérone. — Route insignifiante jusqu'à Deseuzano, où l'aspect du lac de Guarda nous réjouit et nous enchante. En attendant notre déjeuner, Raimond et notre aimable compagnon, assaillis, et portant sur leurs épaules une nuée de curieux, prennent avec leur crayon un de ces points de vue; moi, qui n'ai pas de main pour immortaliser mes souvenirs, je charge mes yeux de les embrasser tous, et je rattrape ainsi, par la quantité, les détails qu'oubliera ma mémoire secourue par rien. — Ma vue s'égare avec complaisance depuis le pied des Alpes jusqu'à Peschiara, et, si elle veut se reposer, c'est près de ces anciens bâtimens, de ces grottes dont Catulle faisait ses délices, qu'elle s'attache le plus volontiers. — Mais il faut laisser les bords d'un des plus beaux lacs, qui présente de tous côtés des points de vue si séduisans, et arriver à la fameuse Vérone, l'une des villes les plus anciennes de l'Italie. Obligés, pour cette soirée, à cause de l'obscurité, de négliger les antiques, nous nous contentons des modernes, et ceux qui ont vu le théâtre où je viens d'entendre un délicieux opéra trouveront qu'avec de telles nouveautés l'on peut être satisfait. — Je dirai donc que la salle est magnifique, la plus belle et la mieux décorée que j'aie vue jusqu'à présent : elle est ornée de statues, mieux éclairée que partout ailleurs, et distribuée de manière à ce qu'on puisse voir partout. Les deux premières chanteuses, sans être *Pasta* ni *Malibran*, m'ont fait beaucoup de plaisir. J'avais maudit Francesca dans sa déclamation outrée, et je me suis senti Italien pour applaudir les *Bacchanales de Rome*. Comme modernes encore, j'ai fixé mon attention sur les beautés véronaises; mais, cette fois, Milan a l'avantage, et si ce nouveau théâtre m'a semblé préférable à la Connobiana, j'ai trouvé le voile noir bien supérieur au voile blanc de mes nouvelles déités. Voilà pour le moderne ; à demain l'antique.

Je suis, etc.

LETTRE XX.

Au Même

Vicence, lundi 4 octobre 1830.

Nous nous sommes levés ce matin à six heures, et avec un guide moins misérable et plus au courant que celui de Brescia, nous avons mis à profit les deux heures que notre vieux voiturier grognon a bien voulu nous laisser. Mais, plus jaloux de vos émotions que mon guide, qui me montre tout sans penser que l'admiration aime à croître par gradation, pour vous séduire davantage, je renverse mon excursion, et je commence par où j'ai fini. Les églises, qui sont en général ce qu'il y a de plus remarquable en Italie, sont ici ce qui nous a le moins frappé. L'église de Zénon, celle de Saint-Anastase et la cathédrale, ne m'ont paru curieuses que par le souvenir qu'inspire leur antiquité. La première a pour elle quelques ornemens de style gothique, un immense vase de porphyre, un autel fait d'un seul morceau de verre antique d'une grandeur surprenante, et le tombeau de Pépin, dont le corps est à Saint-Denis; la seconde s'honore de quelques peintures de Torelli, de François Bernardi; et l'Assomption de la Vierge du Titien, fait toute la gloire de la troisième. Quant à leurs extérieurs, ils semblent avoir été faits tous trois sur le même modèle, et leur façade n'est autre chose que des lions de pierre, mutilés, servant de base à des colonnes sans grâce surmontées d'un frontispice lourd et informe. — Après avoir traversé plusieurs ponts construits par les Romains, nous sommes arrivés à la place *Dei Signori*, entièrement pavée de dalles : d'un côté, le palais du Conseil, avec sa façade ornée de statues de bronze et de marbre, nous a paru assez remarquable; de l'autre, les tombeaux des seigneurs de la Scala, souverains de Vérone, nous ont semblé de bien mauvais goût. — S'ils trouvent une place ici, c'est seulement comme importance historique. — Mais nous touchons au plus bel ornement de Vérone : l'amphithéâtre est là, devant nous, et mille souvenirs se présentent à la fois. — Appuyé sur le balcon où le consul, entouré de ses licteurs, présidait à ces jeux barbares, je préside moi-même aux folies de mon imagination, et, la laissant se couvrir de la toge romaine, dans un instant j'ai traversé les siècles et je suis devenu Romain. Déjà ces immenses gradins de pierre sont couverts de spectateurs, et de ces soixante vomitoires m'apparaît une nuée de têtes de ceux qui se pressent pour entrer. Tous se poussent à l'envi, tous veulent assister à ce sanglant spectacle. Le signal est donné, et de ce passage étroit je vois sortir les malheureux destinés au combat. De cette espèce de caverne s'élance avec fureur le tigre menaçant; l'animal altéré de sang enfonce ses ongles aigus dans la chair de sa victime, et j'entends les applaudissemens du peuple au milieu de cette lutte horrible. — Mon rêve a cessé, et la réalité ne m'a plus offert qu'une affreuse solitude. Aujourd'hui tout se tait, tout est silencieux : je suis seul au milieu de cette triste enceinte, et le soleil, qui se lève derrière les murailles crénelées du temps de la république de Venise, après avoir éclairé ses beaux jours, n'éclaire plus qu'une belle ruine. Où sont-ils ces trépignemens, ces bravos multipliés, ces cris d'enthousiasme? — Seulement quelquefois une voix vient frapper sur ces degrés déserts; le voyageur, en passant, se souvient, et laisse échapper un regret!

Nous avons rejoint notre voiture. Après de telles émotions, la route, entourée de festons de vignes, soutenue par des mûriers, m'a parue bien longue : je ne serai pas si long qu'elle. — Nous voilà à Vicence; il est cinq heures du soir; toujours bien peu de temps pour visiter les curiosités. Il faut voir du moins ce que nous pourrons. Sacrifions les peintures : nous en verrons et tant tant aux monumens! — C'est à Palladio que nous devons ce soir tous nos plaisirs : nous avons marché long-temps, et nous l'avons retrouvé partout. Le palais public, avec ses légères pyramides et ses colonnes; le palais Vecchio, avec son élégante façade; l'arc de triomphe qui conduit au *Campo di Marso*, lui ont valu nos hommages et notre admiration. Le théâtre olympique, construit d'après le dessin donné par Vitruve, est aussi un de ses chefs-d'œuvre. La salle est entourée de statues et de colonnes; les spectateurs sont assis sur des gradins, comme à un amphithéâtre, et les décorations, au lieu d'être une toile, sont construites en bois ; celle que nous avons vue représente la ville de Thèbes, et est d'un effet très-curieux. — Sous des arcades d'une longueur immense, et qui rappellent beaucoup la rue de Rivoli, nous avons monté jusqu'à l'églis e *Della Madona del Monte* ; nous devions y jouir d'une vue magnifique. D'un côté, Vérone, Vicence avec ses charmans alentours ; de l'autre, Venise sortant du sein des flots ; mais il faisait trop nuit, et la main seule du sacristain nous a indiqué le bonheur dont nous étions privés. Pour avoir monté si haut, nous n'avons cependant pas perdu notre temps ; à la lueur des torches, il nous a été permis d'admirer un des plus beaux tableaux de Paul Véronèse, qu'il composa pendant les deux ans qu'il passa dans ce monastère pour éviter les poursuites de la justice. — Pour regagner notre gîte, nous avons repris le même chemin, et, sous ces arcades silencieuses, la nuit, assez obscure, nous fit prendre un instant pour des assassins deux figures qui se cachaient dans l'ombre; mais nous nous sommes approchés, et la conspiration n'était qu'un rendez-vous d'amour.

Je suis, etc.

PADOUE, *mardi 5 octobre* 1830. — C'est faire beaucoup pour vous, ô mes souvenirs, de vous parler de Padoue quand, au milieu de Venise, mon âme est toute à ses émotions : pour vous je regarde en arrière, quand mon imagination insensée s'élance malgré moi et veut vous oublier. Oh! oui, c'est bien vous aimer que de reculer de quelques instants le bonheur de vous raconter une des plus fortes impressions de ma vie. — Arrivés à Padoue, à dix heures du matin, trois heures nous ont suffi pour visiter les principales curiosités. Nous avons traversé l'université la plus ancienne du monde sans beaucoup d'intérêt : une cour chargée de vieilles inscriptions n'a pas grand attrait pour nos regards peu scientifiques, et c'est seulement au palais de justice que nous avons commencé à apprécier le mérite de notre excursion. Nous y avons admiré un salon immense qui a environ trois cents pieds de long sur cent de large. Une longue galerie, entourant cette même salle, a vue sur les deux marchés de la ville ; elle est entièrement ornée de peintures à fresque. Un autre palais renferme un groupe de soixante figures représentant la chute des anges rebelles. Ce groupe nous a étonné comme difficulté vaincue : quoique n'étant pas dans les plus exactes proportions, les poses y sont admirables ; et, tout en sachant que l'auteur, *Favoleto*, y a employé douze ans d'un travail non interrompu, je n'en conçois pas encore l'exécution. — J'arrive ensuite aux deux monumens qui passent pour les deux merveilles de la cité ; c'est l'église de Sainte-Justine et celle de Saint-Antoine. La première ne m'a semblé remarquable que par la beauté de quelques tableaux, et je ne sais pourquoi je ne l'ai pas appréciée ; mais la seconde joint à ce mérite celui de statues et de bas-reliefs admirables ; une chapelle surtout, consacrée au patron de l'église, est d'une magnificence extraordinaire ; enfin je ne crois pas pouvoir mieux faire son éloge qu'en disant qu'elle m'a rappelé la Chartreuse de Pavie. — Un tableau de Tiépolo, représentant le martyre de sainte Agathe, m'a frappé par son admirable vérité. Je me rappellerai toujours la figure angélique, pleine de souffrance et de résignation, de la martyre ; le visage impassible du bourreau, et la tristesse empreinte sur celle qui soutient la patiente. J'ai cru assister réellement à cette sanglante exécution. — En sortant de Padoue, nous avions tant d'impatience d'arriver à Venise que, malgré les palais nombreux, les maisons de campagne délicieuses qui bordent la route, jamais elle ne nous a paru si longue. Enfin nous avons touché Fusine, et, dans une gondole vénitienne, après avoir traversé un canal, nous sommes entrés dans les lagunes. — J'ai aperçu la mer pour la première fois. Ni l'obscurité de la nuit, ni le bavardage de notre vieille ballerine, ni les éternels douaniers qui viennent jusque sur la mer exercer leur inquisition, rien n'a pu diminuer l'impression violente que j'ai reçue. Je ne pouvais parler, tant mes sensations étaient vives et accablantes. Appuyé sur la proue de la nacelle, je considérais, sans penser, cette immense nappe d'eau que je traversais avec rapidité; mon œil, fixé sur une lumière éloignée, la regardait sans la voir; toutes mes idées étaient dans un bouleversement total; et, après une heure, j'étais entré au milieu de Venise que je n'étais pas encore sorti de mon anéantissement. Oui, c'est moi, c'est bien moi qui suis à Venise; c'est moi qui me promène sur cette place Saint-Marc dont le nom seul me rappelle à la fois plusieurs siècles; c'est moi qui, assis au pied de ces colonnes de granit, considère avec enthousiasme cette mer couverte de vaisseaux. Oh, oui! ce jour est le plus beau de mes jours : la moitié de mes vœux est accomplie, et je suis fier de mon bonheur.

LETTRE XXI.

Au Même.

Venise, mercredi 6 octobre 1830.

Je ne sais si je suis resté éveillé, ou si mes sensations ont continué dans mes rêves; mais, depuis hier, je suis avec Venise, et mon âme ne l'a pas quittée un seul instant. J'ai fermé les yeux avec sa pensée, elle m'a suivi dans mes songes, et je la retrouve ce matin toute brillante des rayons du soleil, et plus majestueuse et plus belle. Mes yeux se promènent avec ivresse sur cette mer entrecoupée par une infinité d'îles délicieuses ornées de palais et de temples magnifiques. Une quantité de vaisseaux sont à l'ancre, et je trouve à cette masse de mâts quelque chose d'imposant et de sublime : des milliers de gondoles se croisent dans tous les sens avec une rapidité extraordinaire, et ce grand silence, qu'interrompt seul le bruit des rames, m'inspire je ne sais quelle tristesse qui me plaît et m'enchante. Depuis deux heures je suis là, devant ma fenêtre, qui donne sur le grand canal, et je ne me rassasie pas de regarder ce coup d'œil admirable. Mais Raymond et notre cher compagnon sont pressés d'aller visiter au jour les lieux qui nous ont tant séduits dans l'obscurité; nous partons, et cette journée nous présage les plus douces émotions. Ce que nous avions éprouvé la veille, nous l'avons éprouvé aujourd'hui : enchantement, admiration et souvenirs, tout se réunit à la fois sur cette place magnifique. — Jetez les yeux sur tout ce qui vous entoure, et l'histoire de Venise est là toute entière.

Le palais ducal, avec ses piliers, qui soutiennent ces fortes murailles en mosaïque rosée, terminées par de légers festons; cette église Saint-Marc, avec son architecture extraordinaire et ses superbes chevaux de bronze, ne vous rappellent-ils pas les cent quinze doges et les beaux temps de la république? Ces arcades ornées de milliers de boutiques, ces colonnes de granit venues de Constantinople, ces mâts placés sur un piédestal de bronze, et qui représentent trois îles sujettes, ne sont-ils pas le symbole des richesses, des conquêtes et des victoires de ce peuple déchu? Et tout cela servir d'ornement à un palais neuf, un palais étranger! Ah! mon âme s'est révoltée à cette pensée; et je ne conçois pas encore comment le Vénitien peut regarder sans honte tant de gloire d'un côté, et de l'autre son asservissement. Etre esclave dans une si belle patrie!

Mais nous avons mis le pied dans le palais ducal, et chacun de nos pas a été marqué par des souvenirs ineffaçables. Après avoir passé à côté de deux piliers carrés couverts d'inscriptions syriaques, et qui furent apportés de Saint-Jean-d'Acre, nous sommes arrivés au haut de l'escalier, à la place même où Marino Faliero, doge de Venise, fut décapité au milieu de toute la noblesse, et en présence du peuple. Nous avons tressailli d'une espèce de terreur en marchant sur le pavé qui fut teint de son sang, et, en pénétrant dans la salle du grand conseil, cette émotion pénible durait encore. Cette salle immense, où se rassemblaient tous les nobles et les sénateurs, est d'une grande beauté. Tous les panneaux sont couverts de tableaux représentant pour la plupart les conquêtes que les Vénitiens ont remportées sur Frédéric Barberousse ; au-dessus se remarquent les portraits de tous les doges qui ont gouverné la république ; une seule place est couverte d'un voile noir, et l'on y lit ces seuls mots : *Locus Marini Faliero, decapitati pro criminibus.* Ce voile de deuil, ces mots terribles ont renouvelé ma première émotion de souffrance. Il y a dans ce rideau sombre quelque chose qui fait mal, on croit y voir une tête sanglante avec ses cheveux blancs, et, malgré soi, l'on frémit d'horreur. — En sortant de ce lieu, autrefois si célèbre, et qui sert maintenant de galerie à de nombreuses statues antiques, dont les deux plus magnifiques sont attribuées à Phidias, nous avons parcouru successivement les salles de l'élection du doge, de l'inquisition, du conseil des dix, du sénat et des ambassadeurs. Chacune d'elles a un caractère bien marqué, et présente à celui qui les visite le plus vif intérêt. Dans la première, tous les plus grands maîtres de l'école vénitienne y ont apporté des chefs-d'œuvre, et Paul Véronèse, Tintoretto, Diacomo Palma, ont établi entre eux une lutte difficile à juger. Un tableau de ce dernier (je ne sais si c'est à cause du comique, que je saisis assez volontiers) me revient davantage à l'esprit : c'est le jugement dernier. Diacomo ayant commencé son tableau par le côté des justes, et persuadé de la vertu de sa femme, l'avait placée au milieu des élus; mais sa moitié ne sut pas attendre la fin de son ouvrage pour être vertueuse : elle oublia que le jugement des hommes n'était pas aussi immuable que celui de Dieu, et elle paya son infidélité par un petit voyage au milieu des enfers. On la reconnaît parfaitement parmi cette nuée innombrable de têtes : d'un côté, elle goûte le bonheur des justes ; de l'autre, elle est honteusement poussée au milieu de toute la milice infernale. — La salle d'inquisition, outre les quatre allégories représentant les quatre crimes punis de mort, n'a rien de remarquable par elle-même, et c'est à ce qui s'y est passé qu'il faut demander des émotions. C'est là que comparaissaient les malheureux, victimes de délations inconnues et déposées dans la fameuse gueule de lion : ils étaient interrogés au milieu des tortures, et quand les souffrances leur arrachaient l'aveu d'un crime qu'ils n'avaient pas commis, ils ne repassaient plus la porte par laquelle ils étaient entrés, et, par un escalier dérobé, ils descendaient dans les prisons du palais. — J'ai vraiment peur des ombres inquisitoriales, et, avant qu'elles ne m'arrêtent, je m'empresse de retourner sur mes pas, et je vais me réfugier au milieu de la salle du sénat, dans l'ancien fauteuil du doge : là, j'accorde la parole au sénateur Raimond, qui est monté à la tribune. Il me conseille d'être plus bref dans mes descriptions, et, malgré la haute dignité dont je suis revêtu, je profite de sa leçon. Je passe donc les salles du conseil des dix et des ambassadeurs, qui n'ont rien de curieux que leur nom, et je descends dans les prisons, creusées presque toutes au-dessous du niveau de la mer, et où furent renfermées tant de misérables victimes. En y pénétrant, je suis resté effrayé, anéanti : je n'avais pas conçu les hommes aussi cruels. — Voyez cet espace de quatre pieds carrés, entouré de murs énormes et qui ne laissent pénétrer l'air que par une petite ouverture qui donne sur un corridor sombre et humide : c'était là que le malheureux condamné à vivre passait le reste de ses jours. Plus loin, d'autres cachots ont une fenêtre avec des barreaux de fer, et c'étaient ceux-là qui servaient de tombeau au patient dont le tribunal voulait trancher la vie : on lui attachait une corde au cou, et, à travers les barreaux, au moyen d'un tourniquet fixé dans la muraille, on l'étranglait, et on lui broyait les membres. Dans ces repaires horribles, les Français les premiers sont parvenus, et ont retrouvé encore quelques-unes de ces victimes. Un d'entre eux, qui y était renfermé depuis vingt-deux ans, parut effrayé lorsqu'on vint pour le tirer de son cachot : il avait pris pour lui une espèce d'attachement, et, après avoir résisté à vingt-deux années de désespoir, il ne put survivre à quatre jours de joie et de bonheur. Napoléon permit au peuple de Venise de pénétrer dans ces lieux, qui lui étaient inconnus jusqu'alors, et c'est à sa fureur que je dois de posséder un petit morceau du bois des portes, qu'il a livrées aux flammes. — Mais j'ai quitté ce palais, dernier reste d'une si grande puissance, et, après avoir jeté un regard sur le *ponte Dei sospiri*, que traversait l'accusé au moment de paraître devant le terrible tribunal, nous sommes montés au haut de l'immense tour pyramidale qui est au milieu de la place Saint-Marc. J'ai alors découvert la mer avec son grandiose, son étendue infinie, et j'ai vu Venise dans tout son éclat. Des îles charmantes, des promenades délicieuses entourent cette cité extraordinaire, et la mer, avec de tels ornemens, en perdant de sa sévérité, y gagne plus de charmes et d'attraits. — Ce que nos yeux avaient admiré de loin, nous avons voulu le saisir, et, bercés par une gondole légère qui vacillait au milieu des vagues agitées, nous avons gagné le large, et sommes allés aborder à la petite île Saint-George. L'église du patron, que sa seule position rend remarquable, ne nous a pas retenus long-temps, et, remontés dans notre barque, bientôt nous nous sommes trouvés devant le pont Rialto. Il est formé d'une seule arche, et, au milieu, bordé de chaque côté par une rangée de boutiques, il présente, avec ses trois rues, un aspect assez extraordinaire. — En gagnant notre hôtel par le grand canal, nous avons aperçu sur ses bords une grande quantité de palais d'une architecture extrêmement gothique ; mais je réserve à une autre promenade mes remarques en gondoles. Je suis sur la terre ferme de Venise, et il faut avoir tout vu avant de s'aventurer au gré des vents.

J'ai passé ma soirée au théâtre de la Comédie, et si j'ai trouvé la salle jolie et dans le genre de toutes celles que j'ai vues jusqu'ici, les acteurs m'ont parus encore plus détestables que partout ailleurs. Lassé de regarder ces pantomimes extravagans, je me suis rappelé qu'à Venise on disait qu'il y avait de jolies femmes ; au milieu de mon admiration, je les avais totalement oubliées. — Je rattrape le temps perdu, et pour moi ce soir Venise augmente ses attraits. — C'est plus qu'un beau désert, il est bien habité.

Je suis, etc.

LETTRE XXII.

Au Même.

Venise, jeudi 7 octobre 1830.

L'ENSEMBLE de l'église Saint-Marc m'avait frappé par sa composition bisarrre et son architecture extraordinaire. Nous l'avons jugé aujourd'hui en détail, et nous avons été étonnés de trouver tant de beautés qui passent inaperçues au milieu de sa bizarrerie et de son originalité. Sa façade longue et basse, présente d'abord cinq grandes arcades en ligne, fermées par des portes de bronze. Chacune d'elles est soutenue par vingt-quatre colonnes de marbres orientaux. Au-dessus de ces arcades est un balcon qui règne sur toute la largeur de l'église, et l'on y voit, sur un piédestal en marbre, les quatre célèbres coursiers grecs qui se reposent, depuis quinze ans, de leurs fatigans voyages. Attelés au char des vainqueurs, leur patrie fut toujours celle de la victoire, et Athènes, Rome, Bysance, Venise, Paris, les possédèrent tour à tour comme de glorieux trophées. — Sur la balustrade de cette même galerie, l'on voit encore les espèces de piques où étaient accrochées les têtes que faisait tomber la terrible inquisition. C'est là que la tête de Marino Faliero fut exposée aux regards du peuple. Je suis parvenu à détacher un petit morceau de fer qui a peut-être été teint de son sang. — Une tête de porphyre rouge, qui a été substituée, on ne sait pourquoi, à celle d'une de ces victimes, ajoute encore à ces souvenirs effrayans. En levant les yeux, on remarque le faîte de l'édifice entièrement hérissé de pyramides et de statues informes. Dans plusieurs endroits, par une espèce de tour de force, quatre colonnes groupées reposent sur une seule et rappellent tout à fait l'architecture du neuvième siècle. — L'intérieur me paraît encore plus bizarre. On dirait que les inquisiteurs ont guidé les architectes. Dieu semble enfermé dans une prison toute dorée, et l'on est au milieu des richesses les plus rares, qu'on n'a remarqué qu'un ensemble d'assez mauvais goût. Toutes les parois sont en mosaïque, représentant, sur un fond d'or, des figures de saints. Les énormes piliers carrés qui soutiennent la voûte, sont des assemblages des marbres les plus rares, et le pavé, aussi en mosaïque, a l'air d'un riche tapis. — Le grand autel est celui même de Sainte-Sophie qui, avec ses colonnes de marbre, fut apporté de Constantinople. Tout, dans cette église, rappelle enfin les époques glorieuses de la république; chacune de ses victoires avait fourni quelques colonnes, quelques statues; et ce temple, semblable à notre immortelle colonne, n'est, pour ainsi dire, qu'un immense trophée. — Voilà l'inspection de la grande place à peu près terminée. En quittant son antique voisin, je n'ose pas regarder le Palais-Royal; car, avec son air neuf, il ressemble à un petit gentilhomme au milieu de la plus haute noblesse, et ses salons dorés, avec son trône impérial, me sembleraient bien mesquins auprès de la salle du sénat et du fauteuil du doge. — Mes promenades sur l'eau vont maintenant remplir une partie de mon séjour, et c'est de ma gondole que je recevrai impressions et plaisirs. — Mais je vous parle de gondoles depuis mon arrivée à Venise, et j'ai oublié de vous faire la description de cette voiture si douce. Les gondoles, presque semblables aux canots des sauvages de l'Amérique, sont d'une forme gracieuse et légère. Leurs bords sont relevés à l'avant et à l'arrière, et la prouc est armée, je ne sais à quel usage, d'un grand fer de hache et de six pointes d'acier. Le milieu de la gondole, qui est entièrement peinte en noir, est occupé par une espèce de petite cahutte toute couverte de drap noir, et dans laquelle quatre personnes peuvent s'asseoir sur des coussins d'une mollesse extraordinaire. Voilà tout ce qui reste des riches gondoles des nobles Vénitiens. Au superbe Bucentaure, éclatant d'or et de velours cramoisi, célèbre lit nuptial du doge et de la mer Adriatique, a succédé la simple gondole noire : le dais d'honneur a fait place à une espèce de tombeau, et le gondolier, qui charmait autrefois le passager par ses barcarolles nationales, semble, avec son silence et ses sombres couleurs, porter le deuil de sa liberté. — Ne pouvant pas, cependant, regretter ce que nous n'avons pas vu, couchés d'ailleurs fort mollement, nous sommes d'une grande philosophie, et nous nous contentons facilement de restes aussi agréables. Par eux, cet après-midi, nous nous sommes fait conduire aux jardins publics, qui ne sont curieux que par leur position au milieu de la mer, et, avec eux, nous avons abordé à l'arsenal. — Cet arsenal, autrefois si célèbre, et le plus ancien de toute l'Europe, n'offre plus aucun intérêt. La façade est la seule chose antique qui soit conservée; le reste a été entièrement renouvelé, et ce n'est pas à son avantage. La petite marine de l'empereur d'Autriche ne peut remplir ses immenses ateliers, et les railleries de notre Auglais connaisseur, nous ont assez prouvé que ce n'était plus là cette marine qui a rivalisé avec les plus puissans états de l'univers. — Après notre dîner, nous avons été sur la place Saint-Marc, et nous avons passé notre soirée à la manière vénitienne. Sous ces arcades, tout éblouissantes de lumières, nous nous sommes promenés long-temps, devant les portes des cafés nous nous sommes assis, et, en prenant des glaces excellentes, nous avons vu avec nonchalance passer une foule de jolies femmes. Je ne leur ai trouvé qu'un défaut, et il est bien grand pour moi qui aime à les approcher ; elles ne sont jamais seules, et si leurs yeux vous appelaient, d'autres yeux vous éloigneraient aussitôt. Malheur à la première qui ne sera pas gardée.

Je suis, etc.

LETTRE XXIII.

Au Même.

Venise, vendredi 8 octobre 1830.

Se fatiguer à Venise semble bien difficile à concevoir, et c'est cependant ce qui nous est arrivé ce matin. Pour parvenir à l'Académie des Beaux-Arts, que, de notre fenêtre, nous pouvions apercevoir, et que, dans une gondole, nous aurions atteint en quelques minutes, nous avons mis deux heures entières. Il fallait éviter l'eau, et ce terrible élément se trouve malheureusement bien commun dans ce pays. Cependant je ne regrette pas notre longue promenade ; elle nous a servi à faire connaissance avec les rues de terre, et, dans cette cité de la mer, c'est une chose rare et curieuse. Toutes les rues sont pavées de larges dalles, et font un parquet très-doux et très-agréable. Quelques-unes sont d'une dimension ordinaire et sont garnies de jolies boutiques ; mais la plupart des autres ont quatre à cinq pieds de largeur au plus, et, le soir, sont vraiment effrayantes à traverser. — On avait besoin de ménager le terrain et on y a bien réussi. — A chaque instant il faut traverser une multitude de petits ponts à escalier, et leur parfaite ressemblance augmente la facilité de s'égarer. — Après mille détours, nous sommes donc arrivés au Musée, et la grande quantité de tableaux et d'admirables statues dont s'enrichit l'école vénitienne, nous a dédommagé de toutes nos fatigues. Nous avons vu d'abord une riche collection des œuvres de Canova. Il est né à Venise ; sa patrie, reconnaissante, s'est plu à rassembler tous ses chefs-d'œuvre, et expose avec orgueil tout ce que ce génie a produit. Au-dessus de la porte de la salle, qui lui est entièrement consacrée, j'ai remarqué le Ganimède de Phidias. On ne pouvait pas donner à Canova une plus belle devise. — Les salles des tableaux sont aussi d'une beauté remarquable ; rien de faible comme dans la plupart des galeries : tous demandent l'admiration. Mon œil, qui commence à se faire au pinceau de chaque grand maître, a reconnu facilement la main du Titien, de Paul Véronèse, du Tintoret et de Diacomo Palma. Notre guide nous a montré le premier et le dernier ouvrage du Titien, placés à côté l'un de l'autre. Depuis long-temps je ne pouvais m'expliquer l'immense quantité de ses productions, et j'ai trouvé là la solution de cette énigme. L'un a été fait à quatorze ans, l'autre à quatre-vingt-dix-neuf. Quelle énorme distance! Il voulait, à toute force, être immortel, et il a bien gagné son immortalité. J'ai appris aussi, par notre savant cicerone, que Paul Veronèse était mort à cinquante-six ans, et il m'étonne bien plus que son sublime collègue, de lui voir attribuer tant de compositions. En vérité, sans son nain, son chat et son chien, que je retrouve toujours dans ses premiers plans, je serais très-incrédule ; mais personne n'oserait le copier si servilement : la loi punit le faussaire, et ce serait là prendre sa signature. Son fils seul, dont on nous a montré quelques ouvrages, signait comme lui, parce qu'il avait droit de se le permettre. — En quittant le Musée, pour ne pas risquer de nous perdre une seconde fois, nous avons pris une gondole, et, après avoir visité l'église qui se trouve vis-à-vis de notre fenêtre, et dont je ne me rappelle déjà qu'un autel magnifique en bronze et en marbre, nous som-retournés à notre hôtel extrêmement fatigués. Dans la soirée nous devions partir pour Trieste ; mais, par, je ne sais quel motif, nous avons tout à coup changé d'avis. Nous renonçons pour le moment au plaisir de faire un voyage en pleine mer, et c'est de Naples à Palerme que nous nous réservons cette douce jouissance. J'ai fait cependant, pour compenser le sacrifice que le temps m'impose, un petit essai de mon bonheur à venir, et j'ai été plus que content de mes épreuves. La mer ne m'a pas fait mal, et je me suis trouvé sur les eaux aussi bien que dans mon lit, seulement j'y fus bercé avec plus de mollesse. Le ciel pur et tout parsemé d'étoiles, le silence profond qu'interrompaient seules, de temps en temps, mes expressions de bonheur ; autour de moi, les vagues qui, venant se briser contre ma nacelle, la faisaient chanceler mollement ; tout enfin s'était réuni pour me rendre heureux, et je ne sais vraiment pas encore si je ne suis pas mort de mes sensations. Cette délicieuse promenade eut le tort d'être trop courte, et, après trois heures d'extase, il fallut mettre un terme à mon charmant voyage. Mais je n'ai pas encore quitté Venise, et j'espère bien en recommencer un, si cela est possible. Le mot de possible vous étonne, cher ami, et vous ne concevez pas qui pourrait m'en empêcher. Cela est cependant ainsi; tout ce que je puis vous dire pour satisfaire votre curiosité, c'est que, sur cette gondole, où tout ce qui m'entourait me paraissait enchanteur, je n'étais pas seul, et cependant nous n'étions pas deux.

Je suis, etc.

LETTRE XXIV.

Au Même.

Venise, samedi 9 octobre 1830.

Le conseil des trois vient de décider, à la majorité de deux voix contre une, que l'on quitterait lundi l'Adriatique. Forcé d'obéir à une telle décision, je m'empresse de mettre à profit les deux jours qui me restent. Louant une gondole pour toute la journée, mon itinéraire à la main, je sers de pilote à mon gondolier, et ne laisse rien échapper à mon avide curiosité. Cependant, sur l'immense quantité d'églises que l'on m'indique, je veux faire un choix des plus remarquables, et ne pas m'astreindre à les voir toutes, quand ici l'on en rencontre aussi souvent que le canal. Les églises Saint-Sébastien, le Rédemptor et Saint-Paul sont les trois favorisées, et je ne me repens pas de les avoir choisies. Les murs de Saint-Sébastien sont couverts de fresques de Paul Véronèse; le Rédemptor possède de belles peintures de Tintoretto, et de fort beaux capucins; et Saint-Paul, plus remarquable encore, avec des bas-reliefs de Bannazzo admirables et des mausolés magnifiques, peut se mettre sur le même rang que Saint-Antoine de Padoue. — Nous avons ensuite, dans une petite île voisine, visité une verrerie qui m'a semblé très-curieuse. Mais comme vous connaissez sans doute celle de Saint-Louis, près de Sarreguemines, je ne veux pas en faire la description, et je vous ramène au plus vite à Venise, dans le palais Grimani, bien intéressant par son antiquité et les souvenirs qu'il rappelle.

Le seul descendant qui reste de cette famille si ancienne a conservé la demeure de ses pères intacte et sans y rien changer. Tout est resté à la même place : les doges, les cardinaux, les généraux qu'il compte parmi ses ancêtres sont encore là qui président à ces salons magnifiques, à ces belles galeries toutes ornées de statues grecques, et qui ont quelque chose de royal. Pour lui, esclave d'une puissance étrangère, il semble ne plus se trouver digne d'habiter le séjour des rois de la liberté, et le fuyant le jour, en le laissant exposé aux regards des curieux, ce n'est plus que la nuit que ce rejeton illustre de l'aristocratie républicaine ose venir invoquer sa patrie sur le tombeau de ses défenseurs. Jeune encore, possesseur de richesses immenses, il rejette avec horreur toute idée de mariage, et n'oublie pas qu'au lieu du fauteuil du doge, ce ne sont plus que des chaînes qu'il léguerait à ses enfans ; et si honteusement il a courbé la tête, il est trop fier encore de son nom pour ne pas sentir qu'en lui sa famille doit s'éteindre. Libre, elle devait durer toujours ; esclave, elle a déjà trop vécu.

Notre soirée s'est passée à l'Opéra. La *Semiramide* de Rossini a été exécutée assez faiblement pour des acteurs italiens, et je me suis couché en murmurant, pour la première fois, contre les dieux de la musique.—Demain dimanche ! heureuse idée qu'un dimanche ! Le Duôme et le Corso de Milan me plaisaient singulièrement ce jour-là. Nous verrons si Saint-Marc et la place peuvent lutter avec ces agréables souvenirs.

Je suis, etc.

VENISE, *dimanche* 10 *octobre* 1830.—Milan, dans mes souvenirs d'amour, vous avez jusqu'ici gouverné ma pensée ; mais c'en est fait, il faut aujourd'hui céder votre couronne : Venise triomphe et l'emporte sur vous. Depuis ce matin jusqu'à six heures du soir, j'étais en suspens, la pomme avait failli s'échapper de mes mains et tomber de votre côté ; mais tout à coup vous avez faibli, l'éclat de votre rivale a éclipsé tous vos charmes, et elle vous a laissé bien loin derrière elle. A Saint-Marc j'avais déjà remarqué beaucoup de jolies femmes ; mais je ne sais, renfermées dans ce temple si obscur, elles me paraissaient moins charmantes, et le Duôme me plaisait davantage avec son grandiose et sa sublimité. Les grands yeux noirs me semblaient encore plus grands, et je me rappelais avoir éprouvé plus d'amour et d'admiration. Au Corso, les élégans voiles noirs, les brillans équipages, les palais magni-

6.

fiques m'avaient enchanté ; et, en me promenant à quatre heures sous les arcades de la grande place, si j'avais trouvé autant de beautés séduisantes, j'éprouvais moins d'impression, et le présent était, pour mon cœur, bien éloigné du passé. Mais la nuit est arrivée, et tout a changé en un instant. Il n'est plus de passé, et je ne crains plus que l'avenir, puisqu'il faudra quitter un plaisir et des sensations que je ne retrouverai jamais. Non, rien ne m'a frappé comme cette soirée, et tout ce que j'ai pu voir à Paris, dans ses beaux jours de fête, n'est pas digne d'être comparé à ce coup d'œil enchanteur. Toutes les arcades étaient illuminées ; mille femmes plus belles les unes que les autres, rangées sur deux files de chaque côté, se disputaient l'enthousiasme et l'admiration. Les unes, mises avec une élégance toute parisienne, ajoutaient à la grâce de leur modèle des têtes raphaëliques; les autres, avec leur voile gracieux, invitaient peut-être encore plus à la mollesse et à la volupté ; toutes, enfin, dans leurs regards lascifs et amoureux, semblaient vous dévorer de plaisir ; et au milieu de ces nymphes divines, nos yeux ne se rassasiaient pas. A six heures du soir, j'avais envié d'être le sultan d'un si charmant et si nombreux sérail ; à minuit, aucune de ces superbes odalisques ne m'avait quitté, et la fête durait encore.

Cependant, je l'avoue, parmi toutes mes jouissances, une triste idée m'a souvent poursuivi. A tous ces plaisirs, mon âme était ulcérée d'y voir présider une nation étrangère. Le noble Vénitien n'est plus là avec sa fierté : c'est l'aigle noir que je rencontre partout ; et au lieu de fanfares nationales, ce sont des chants allemands qu'il me faut entendre. Ah! Venise! si même les mains chargées de chaînes vous jetez encore tant d'éclat, que deviez-vous être au temps de votre gloire et de votre liberté! Adieu donc, belle cité, à qui je dois les plus fortes impressions de ma vie ; je vous quitte avec amertume. Adieu, sublime palais ducal ; je n'irai plus aux pieds de tes colonnes contempler ta masse imposante, et chercher des souvenirs; gondoles voluptueuses, je ne sentirai plus votre doux balancement ; Vénitiennes charmantes, je ne verrai plus vos doux regards. Oh! qu'il est triste de m'éloigner de vous!! Chaque instant qui amène mon départ m'arrache un regret. Adieu, mille fois adieu, ne me retenez pas. Votre tête est courbée sous le joug, et ne tient plus à rien. Mais moi, j'ai encore une patrie!...

PADOUE, *lundi* 11 *octobre* 1830. — J'ai quitté Venise : que m'importe Padoue et son université!

LETTRE XXV.

A ma Mère.

Bologne. mercredi 16 octobre 1830.

J'AI été hier si fatigué, qu'il m'a été impossible de vous écrire ; et le plaisir de visiter, à Ferrare, la prison du Tasse a été, pour vous, retardé d'un jour. Cette nuit, j'ai rêvé ce grand homme, et vous pensiez encore à Venise. Allons, je ne vous plaing pas, vous n'étiez pas si mal partagée. Grâce à ma paresse, vous avez gagné deux jours, et deux jours avec ce qu'on aime, c'est beaucoup. — La prison du Tasse, qui me semblait devoir être une petite cellule, n'était, au contraire, qu'un horrible caveau où le jour ne pénétrait jamais. Point de meubles, rien qu'une planche qui lui servait de lit, et une lampe pour l'éclairer. C'est dans cet affreux séjour que ce sublime poète a passé les sept dernières années de sa vie, victime des intrigues de la cour. C'est là qu'il puisa ses sublimes inspirations, c'est là qu'il rêva Éléonore, et c'est là, enfin, qu'on vint le prendre pour le conduire au Capitole. Justice était rendue au grand homme malheureux; mais il n'était plus temps : les chaînes avaient été trop pesantes, et il ne put atteindre sa couronne. La veille, il était près de la toucher, le jour même, il ne la voyait plus, et le lendemain sur son tombeau, elle lui fermait les yeux. — Le guide, en nous faisant remarquer les noms de lord Byron, de Casimir Delavigne et de Delphine Gay sur les murs de la prison, nous a raconté que le premier y passa deux heures entières dans la plus profonde méditation, et qu'en sortant il lui mit deux pièces d'or dans la main, et s'écria avec feu et enthousiasme : « Je le comprends. » Pour moi, je ne comprends pas lord Byron, de l'avoir compris dans cet horrible séjour. Son génie était dans sa tête, et sa prison ne pouvait le contenir. Je viens de relire une page de sa *Jérusalem délivrée*, et je dis à mon tour : Je le comprends. — Nous avons déjeuné à Rovigo. — Nous sommes arrivés à Bologne à quatre heures du soir, et c'est avec un plaisir d'autant plus grand qu'il était inespéré, que nous avons appris le séjour de Rubini dans cette ville. Je l'avais autrefois entendu à Paris; mais depuis ce temps, sa réputation est devenue tellement colossale, qu'il me tardait de l'apprécier de nouveau. — Je suis revenu dans un enthousiasme au moins aussi grand que celui que j'éprouvais en venant d'entendre madame Malibran. C'est une méthode, une flexibilité, une expression, un sentiment au-dessus de toute idée, et il n'est sans doute que Nourrit, dans toute l'Europe, qui puisse lui être comparé. Sa femme, qui le secondait, n'était pas déplacée à côté de lui, et l'on sentait que s'il avait reçu d'elle des leçons d'amour, il l'avait payée en une monnaie bien équivalente. C'est tout à fait la même méthode; mais il n'a pu lui donner d'expression : cela ne se donne pas plus que le génie. La musique du *Pirate*, que j'entendais pour la première fois, m'a fait aussi beaucoup de plaisir. Du reste, Bellini s'est bien adressé pour se faire valoir : avec un tel talent, il était sûr de réussir. — Il n'y aura pas d'opéra d'ici à samedi; pour l'entendre, nous allons prolonger notre séjour, et ce n'est plus que lundi que nous nous mettrons en route pour Florence. Quant à la salle même du spectacle, elle n'a rien de remarquable, et ne diffère de toutes les salles d'Italie que par une espèce de balcon placé en avant de chaque loge, et qui laisse mieux apercevoir les femmes qu'elle renferme. C'est une innovation ordonnée par le saint cardinal, qui veut tout voir à découvert, et qui désire fortement qu'il n'y ait rien de caché dans ses états. De sa place royale, il plane sur toutes ses sujettes, et semble prendre plaisir à admirer les belles formes de son gouvernement. J'ai dit sa place royale : et votre dévotion, ma chère mère, soupçonne ma bonne foi, et refuse de voir un cardinal à l'Opéra. Eh bien! cependant, je l'ai vu avec sa calotte rouge, et dans une loge superbe, tapissée en velours cramoisi. C'est là la véritable manière de veiller sur ses ouailles ; un bon pasteur ne quitte jamais son troupeau.

Le cardinal est bien bon pasteur. — On le dit passionné pour ses brebis.

———

Bologne, *jeudi 14 octobre 1830*. — Le Campo-Santo de Bologne, qui passe pour un des plus beaux de l'Italie, est loin de m'avoir fait l'impression à laquelle je m'attendais; je l'ai trouvé bien inférieur au cimetière du Père Lachaise. Je croyais trouver des tombes superbes, et je n'ai vu que d'immenses galeries à arcades remplies de monumens incrustés dans le mur, ou des peintures à fresque. Dans ces champs, remplis de cyprès, le pauvre seul repose, et le triste saule n'ombrage pas le tombeau du riche. Des fleurs ne croissent pas à travers les fentes du marbre, et, au lieu d'inscriptions touchantes, on n'y lit qu'un vain nom. Cette longue suite de mausolées que l'on aperçoit au premier coup d'œil, fait l'effet d'une décoration et est d'une monotonie fatigante. J'aime, dans ces lieux de tristesse, à méditer en admirant, à rêver la mort au pied d'un tombeau: mais, loin de là, j'ai cru parcourir un musée, et je n'ai pas trouvé une croix pour appuyer ma tête. En traversant tous ces riches palais des morts, j'ai pensé plusieurs fois à Napoléon, qui en est le fondateur; au cimetière du Père Lachaise, j'aurais pensé à Dieu.

L'église de la Madona della Guarda, dite de Saint-Luc, située sur une montagne à laquelle on parvient par de longues arcades, est, à ce qu'on prétend, assez remarquable. La paresse nous a fait renoncer à cette course de trois heures. Nous avons vu les arcades, nous nous sommes rappelés Vicence, notre corps est revenu déjeuner, et notre imagination, après s'être fatiguée pour lui, ne nous a pas donné de regrets. — Au musée de peinture, la palme de la journée. Il est d'une grande beauté, et l'école bolonaise est au moins équivalente à l'école vénitienne. Les Dominiquin, les Gindoreni, les Guerquins, les Carache, entourent la fameuse sainte Cécile de Raphaël.

....

Bologne, *samedi* 16 *octobre* 1830. — Aujourd'hui j'ai beaucoup couru pour voir peu de choses, et, malgré le plaisir qu'il y a d'errer dans des rues formées par des arcades soutenues par de belles colonnes de différente architecture, je n'en ai pas moins éprouvé bien de la fatigue. J'ai visité une grande quantité d'églises et de chapelles, et, dans le royaume du pape, ce sont des curiosités fatigantes ; on en rencontre à chaque pas. A force d'en parcourir, mon imagination les confond toutes l'une avec l'autre, de manière que je ne pourrais en citer aucune. Il n'en est pas de même des tours nombreuses qui s'élèvent au milieu de la ville. Deux d'entre elles sont si remarquables par leur hauteur et leur position surprenantes, que je ne puis m'empêcher d'en faire mention. L'une, haute de trois cent cinquante pieds, l'autre de cent trente, sont tellement penchées, qu'entre elles deux elles forment une espèce de V. On croirait à chaque instant qu'elles vont tomber, et cependant, depuis des siècles, elles résistent, et des tremblemens de terre ne les ont pas même ébranlées. Nous avons monté par un escalier obscur au haut de la plus petite, et, arrivés au sommet, en nous penchant en avant, il était impossible d'en apercevoir la base. De ce point élevé, nous avons joui d'une vue magnifique. Ferrare, Modène et les Appenins, présentent de tous côtés un paysage délicieux. La rue même de Bologne est d'un très-bel effet, et les nombreuses tours que l'on y aperçoit lui donnent l'air de vieilles ruines habitées. — On doit toutes ces tours aux seigneurs bolonais, qui avaient établi entre eux une espèce de lutte à celui qui bâtirait le plus haut. C'était là, en quelque sorte, une marque de leur puissance, et toutes les pierres qu'ils amassaient étaient autant de représentans de leur force et de leur noblesse. Ces tours sont l'emblème des grands conquérans. Celle qui s'est élevée le plus haut est celle qui est le plus près de sa chûte.

Nous avons visité aussi une galerie de tableaux particulière, et pour la première fois, depuis notre entrée en Italie, nous avons trouvé de la variété dans les sujets. Jusqu'à ce jour je n'avais vu que des descentes de croix, des saints, des martyres, et c'est pour moi pénible d'amirer toujours des souffrances. Là, du moins, nous nous sommes réjouis d'une riche collection de l'école flamande. Il y avait long-temps que, grâce sans doute au clergé, le seul protecteur des beaux-arts en Italie, je n'avais souri devant un tableau.

LETTRE XXVI.

À M. Jules Mennessier.

Bologne, dimanche 27 octobre 1830.

Il faudrait en Italie, dans chaque ville où l'on veut juger des mœurs et des usages, y passer un dimanche. Ce jour consacré à Dieu est aussi consacré aux divertissemens, et le temple dédié à la divinité est le lieu de rendez-vous où se rassemblent tous les habitans, pour passer ensuite tout le reste du jour à la promenade à la mode. Aujourd'hui je suis devenu Bolonais, et après avoir assisté à la messe de midi j'ai pris la route du Corso avec tous les élégans et les élégantes de Bologne. Enfin, pour la première fois depuis huit jours, ces arcades n'étaient plus désertes. Ce n'étaient plus des mendians en guenilles et dégouttans qui peuplaient ces belles galeries. Des milliers de jolies femmes se pressaient en foule, et le gouvernement papal rachetait sa misère accoutumée par des formes plus agréables. En vérité, j'en veux au pape de renfermer pendant six jours de la semaine d'aussi charmans trésors.

Il aurait dû me les laisser admirer, je ne penserais pas aujourd'hui à faire la critique de ses états.

Le pays de l'église est encore dans une espèce de barbarie, et, comme civilisation, est en retard de plusieurs siècles sur les autres parties de l'Europe. Point de commerce, point d'industrie, une population immense, et aucune exploitation ni aucune entreprise pour l'employer; quelques riches seigneurs, et le reste des habitans dans la misère. Chaque jour des meurtres, des assassinats et point de justice assez forte pour les réprimer. Personne n'est à l'abri de la vengeance ou du brigandage. Le stylet est la dot qu'un père italien apporte à ses enfans, et c'est avec elle qu'ils s'enrichissent. D'un autre côté, un espionnage affreux et une police qui, sans s'inquiéter de la sûreté publique, ne s'inquiète que des conspirations contre sa sainteté. Un mot qui vous échappe par hasard suffit pour vous faire exiler et vous priver de vos biens. Ce peuple, autrefois si fier, vit dans une sorte de stupidité, voit son esclavage et son oppression sans la moindre pensée de s'en affranchir, et voleur de naissance il aime son métier. Malgré l'impulsion que vient de donner la France à presque toute l'Europe, il est, je crois, peu de mouvement à craindre, ou du moins il serait facile à réprimer. Ce peuple est trop indolent et trop lâche pour se révolter. Une révolution chez lui pourrait se faire par l'argent : mais aussi, par l'argent, le gouvernement pourrait fort bien le corrompre. Édouard manifestant hier à la belle-mère du prince Hercolani ses craintes sur une révolution dans ce pays, celle-ci se prit à sourire en haussant les épaules, et lui répondit : Vous leur faites trop d'honneur ! — Ainsi, qu'on laisse aux hommes leur brigandage, et aux femmes leurs amans, ils ne penseront pas à faire du pape un roi spirituel. Voilà ce qu'a compris sa sainteté, et, pourvu qu'elle conserve sa couronne. elle ne regarde pas aux moyens. Elle est représentée à Bologne par deux légats cardinaux, l'un chargé du temporel, l'autre du spirituel, — On parle de leur sensualité et de leur amour pour les spectacles.

En tout cas, il est assez bizarre que le centre de la religion soit aussi celui de la dépravation la plus corrompue. La licence des mœurs rappelle beaucoup le règne de Louis XV. Dans la haute société, c'est à qui luttera de légèreté et de dissolution, et la possession d'une duchesse est aussi facile que celle de nos petites grisettes parisiennes. Dirai-je aussi un mot sur la vie indolente des Bolonais? Trop paresseux pour jamais s'occuper de rien, ils sont d'une ignorance complète, et, dans l'emploi de leur journée, ils ne sauront jamais s'occuper un moment à la lecture. Ils se lèvent très-tard, vont à la messe, puis montent à cheval ou vont en voiture au Corso, jusqu'à l'heure de leur dîner. Ils dînent, dorment, et finissent leur journée par aller au spectacle. Le lendemain ils recommencent la même vie, et toujours de même. Ces seigneurs dégénérés n'étant plus assez riches pour continuer le luxe, le faste de leurs ancêtres, ne reçoivent plus chez eux, crainte d'entraîner trop de frais. Dans l'ancien salon de réception, dans les belles galeries de tableaux, se trouve étendu sur le marbre, sur les mosaïques, le blé qu'ils vendent eux-mêmes et qui fait leurs revenus (nous l'avons vu de nos propres yeux dans la galerie Marescalchi) et leur loge au théâtre est le salon économique où ils reçoivent tous les soirs.—Le peuple Romain fut un instant le plus civilisé de la terre; mais tout à coup sa grandeur est tombée, et, pendant que la civilisation fait partout des progrès rapides, près de lui elle semble n'avoir plus de sève, elle ne marche plus.

C'est un peuple mort, il ne se relèvera jamais. Des brigands et des jolies femmes, voilà l'Italie. Français, je ne crains pas les uns, et j'aime les autres à la folie.

Je suis, etc.

LETTRE XXVII.

Au Même.

Pietra-Mala, lundi 18 octobre 1830.

En changeant de gouvernement, je vais aussi changer de nature : l'uniformité de la Lombardie et des états du pape va disparaître, et à la monotonie de ces plaines unies et immenses vont succéder des montagnes; la bonne foi va remplacer l'astuce, la fourberie, et, dans quelques heures, je vais me croire en Suisse. — Nous sommes arrivés à Lojano, et déjà nous avons aperçu dans toute son étendue la longue chaîne des Alpes et des Apennins. Ces montagnes étant beaucoup moins hautes que celles de la Suisse, si elles perdent en cela de leur grandiose et de leur imposant, elles rachètent leur infériorité en laissant à la vue plus d'expansion, et en lui permettant de plonger dans un lointain infini. Ayant quitté notre voiture, et étant monté sur le haut d'une de ces collines, un sublime paysage s'est développé à mes yeux. Devant moi s'élevait un grand nombre de petites collines toutes couvertes de sapins, et qui, par leur forme, ressemblaient aux vagues de la mer agitée. Peu à peu ces irrégularités se perdaient par le lointain, et s'étendaient en une plaine immense jusqu'aux campagnes de Padoue. L'Adriatique fermait l'horizon, semblable à une vapeur bleuâtre, et quelques points blancs, qu'on distinguait avec peine çà et là, indiquaient l'épouse de la mer et l'objet de mes regrets : là, sur mon rocher, je lui ai dit encore un dernier adieu ; et, me tournant vers la Toscane, je me suis donné entièrement au plaisir de l'admirer. — Nous sommes arrivés, bien avant dans la nuit, à Pietra-Mala, qui est la douane frontière, et, comme il était trop tard, il nous fut impossible d'aller visiter un petit volcan appelé *Fuoco del Legno*, situé à quelques milles de notre gîte, et qui jette toujours du feu : nous nous sommes contentés de voir de loin ses petites flammes, certains que le Vésuve nous dédommagera de ce contre-temps. — Pour monter la côte avec plus de facilité, j'ai remarqué un usage assez extraordinaire : on attelle des bœufs en avant des chevaux, et leurs forces plus lentes, mais plus puissantes, aident beaucoup en gravissant. Ces animaux, outre leur utilité, sont pour le pays une espèce de luxe ; ils sont très-gros, d'une couleur gris cendré, et ont des cornes d'une longueur démesurée : souvent les paysans, comme s'ils se rappelaient les anciennes coutumes, leur attachent des rubans, des guirlandes de fleurs, et l'on croirait voir encore, ornée des bandelettes sacrées, la victime près de tomber sous le couteau du sacrificateur. — Nous venons de quitter les soldats du pape, et cette milice, qui compte sans doute en elle beaucoup de saints, mais peu de beaux hommes, va faire place à la milice du grand-duc. Au lieu des clefs de saint Pierre, je viens d'apercevoir des fleurs de lys; elles m'ont fait un plaisir inexprimable : elles sont si rares maintenant dans ma patrie!....

Je suis, etc.

FLORENCE, *mardi* 19 *octobre* 1830.—En ouvrant les yeux, ce matin, dans la voiture, je n'ai plus reconnu le pays que j'avais quitté la veille. Un soleil levant magnifique éclairait un autre paysage et des champs qui, sans aucune végétation, semblaient avoir été la proie de quelques éruptions volcaniques : la terre rouge et le gazon d'un roux brûlé me rappelaient le Simplon dans la vallée de la Mort (si je puis m'exprimer ainsi), et, quoique moins triste et moins terrible, l'aspect en était admirable : c'étaient les Appennins. — J'ai traversé avec enthousiasme ces sublimes remparts dont la nature s'est plue à entourer ses plus rians jardins, et, du haut de ces murailles, j'ai promené mes regards avec délices sur cette nouvelle terre promise : plus heureux que Moïse, je m'en suis approché, et me voilà déjà au milieu des rives délicieuses de l'Arno. A travers des forêts de vignes et d'oliviers, la belle Florence, avec ses palais et ses tours antiques, s'est montrée tout à coup; je l'admire, je l'envie, je la touche, et je suis heureux : demain, quel beau jour!

LETTRE XXVIII.

Au Même.

Florence, mercredi 20 octobre 1830.

Oui, je suis entré dans la plus belle galerie du monde, et j'en suis sorti ébloui, sans que cet amas de beautés ait laissé dans mon esprit des détails à vous raconter. J'ai vu des tableaux vrais comme la nature, des portraits vivans, des statues, des bustes animés ; j'ai parcouru ces miracles de l'art avec des délices inexprimables ; je n'ai rien laissé échapper à mes regards, et cependant mes souvenirs ne se rappellent plus aucune partie séparée de leur bonheur. Effleurant des milliers de fleurs, j'ai confondu ensemble tous leurs parfums, et je veux encore y revenir mille fois avant de vous détailler quelques-uns de ces mille chefs-d'œuvre : alors je parlerai, je vous donnerai peu à peu le fruit de mes jouissances, et vous serez heureux plus long-temps. Aujourd'hui, faites comme moi : admirez tout, mais ne parlez pas. — Loi d'exception cependant pour les femmes. Il en est deux qui sont si jolies, qu'elles ne veulent pas être vues pour être traitées si légèrement et sitôt oubliées. Que de grâces ! que de charmes! que de mollesse! que de volupté! Plus belles que l'idéal, plus séduisantes que la beauté même, je suis fixé devant elles, je les regarde, et, pour comble de bonheur, leurs regards ne me fuient pas. L'une semble hésiter si elle veut ou non me dérober ses appas; l'autre a tout oublié, et ne me cache plus rien : elle repose après le plaisir, et elle aime le plaisir. Je suis à genoux aux pieds de ce que je n'ose aimer, et je voudrais me placer à côté de celle que l'amour n'a pas toujours laissée seule. Dans ce petit pied que de délicatesse! dans ces jolies mains que de finesse et de flexibilité! dans toutes ces formes que d'élégance et que de perfections! Plus j'y cherche des défauts, plus j'y trouve des beautés qui m'avaient échappé. — Ah! comment pourrai-je maintenant quitter Florence? J'ai vu la Vénus du Titien, ou plutôt sa maîtresse, qu'il a copiée, et la Vénus de Médicis. Toi, qui inspiras le roi des arts, je sentais que par toi ton amant devait aller à l'immortalité; vous, déesse que je ne connaissais pas, je vous ai devinée déesse!

En nous arrachant de la galerie, nous nous sommes dirigés sur la cathédrale, et ce vaste édifice, qui, aperçu de côté, nous avait d'abord paru magnifique, n'a plus produit bientôt en nous qu'un sentiment de regrets. Le dôme, les trois côtés de ce temple immense, tout bâtis en briques et revêtus de panneaux de marbre blanc et noir, présentent l'aspect d'une montagne, et, par leur masse, ont quelque chose d'imposant. Mais ce grandiose disparaît quand, arrivé devant la façade, on n'aperçoit plus qu'un mur uni, et qui semble, à côté de tant de richesses, honteux de sa nudité : on a oublié de l'habiller, et il paraît condamné à cet oubli pour toute sa vie. J'ai demandé pourquoi le duc de Toscane, protecteur des beaux-arts, ne le faisait pas achever, et voici la réponse que j'ai reçue : « Pourquoi tant de dépenses inutiles? L'argent du grand-duc est aux pauvres et aux hôpitaux ; et le souvenir qu'il laissera de ses bienfaits durera plus long-temps que celui qu'il laisserait par sa splendeur. » Je n'ai pas répliqué. — Une tour isolée, qui sert de clocher à la cathédrale, et entièrement revêtue de marbre, comme elle, s'élève à ses côtés, remarquable par sa grâce et ses détails : Charles V la trouvait si belle, qu'il disait qu'il fallait la mettre sous verre. Par la même occasion, j'y aurais mis aussi la petite église Saint-Jean, construite à deux pas de là, et qui est admirable.

Aimez-vous les spectacles dont la gaîté fait le principal mérite? Je pourrai vous parler de ma soirée. Sur un théâtre grand comme ma chambre, j'ai entendu chanter la *Cenerentola* de Rossini, et j'ai vu exécuter un ballet compliqué : ces acteurs comme on n'en voit guère, je dirai même comme on n'en voit pas, ont cependant obtenu de grands applaudissemens. Il est vrai que nous pouvons nous vanter d'avoir contribué à leurs succès brillans. Placés dans une loge sur la scène, d'où nous pouvions facilement causer avec les acteurs et actrices, j'ai soutenu par mon talent tantôt le ténor, tantôt la basse-taille, faiblement secourus par le souffleur; et Raimond, de son côté, a produit un effet presque aussi admirable que tragique, en tirant à lui la robe de Cendrillon, qui, faible de vétusté, a failli lui rester dans les mains. En vérité, je n'ai pas admiré la musique; mais, en revanche, j'ai bien ri.

Je suis, etc.

LETTRE XXIX.

Au Même.

Florence, jeudi 21 octobre 1830.

Où allons-nous ce matin? Au palais Pitti, la demeure du grand-duc. — Que veut dire cette terrasse qui ressemble à un rempart, cette forteresse toute hérissée en pierres brutes? Cette élévation, cette étendue immense de bâtimens ne vous paraît-elle pas imposante dans sa grandeur? cette absence totale d'ornement n'a-t-elle pas quelque chose de grand dans sa simplicité? J'entre dans cette prison magique, et, sous cette prodigieuse surface de rochers, je vais y découvrir des monceaux de richesses : Salvator Rosa, avec ses belles marines et ses paysages ; Tintoretto, avec la Naissance de l'Amour ; Cigolo, avec son saint François; Andrea Sarto, avec son Assomption ; Raphaël, avec sa Madone de la Chaise, et mille autres chefs-d'œuvre ; voilà les ornemens de quatorze salons que j'ai parcourus avec enthousiasme et étonnement. Traversant ensuite sept grandes salles toutes tapissées en soie brochée, et dignes des Tuileries, j'ai pénétré dans le sanctuaire de la grâce même : je veux parler de la Vénus de Canova.

Elle habite seule cette élégante rotonde, où sa beauté, dans des glaces arrangées avec art, se réfléchit mille fois : et moi, je suis devant elle, je l'admire, je la contemple, et je l'adore en l'admirant ; j'en suis fou, j'en suis passionné, je l'embrasse, je la touche avec ivresse ; enfin j'en suis amoureux. Rien de plus charmant, rien de plus délicieux : l'Anglais dit qu'il donnerait tout au monde pour l'avoir, et moi je sens que me la donner ce serait me faire le présent le plus funeste : je mourrais en la regardant : je l'aime tant, que, nouveau Pygmalion, je l'animerais ! La Vénus de Médicis est peut-être plus parfaite ; celle-ci est mille fois plus délicieuse : l'une a trop de pudeur pour une déesse, et n'en a pas assez pour une mortelle : je n'aime pas cette espèce d'incertitude ; l'autre, cachant ses charmes sous une légère draperie, me plaît davantage : elle est tout à fait mortelle. J'aime cette mortelle plus que Vénus même : avec une mortelle aussi séduisante, on n'aimerait plus les cieux, on voudrait toujours rester sur la terre. Sur ces lèvres voluptueuses je vois se peindre un sourire ; elle rit de mes éloges : ils sont encore si loin d'elle !

Une soirée au Grand-Opéra : le *Barbier de Séville !* Jolie salle, mauvais chanteurs. Où êtes-vous, Rubini ?

Je suis, etc.

FLORENCE, *vendredi 22 octobre 1830.* — Santa-Croce, sublime Panthéon de Florence, salut aux grands hommes qui reposent dans ton sein. Machiavel, Galilée, Michel Ange, Alfieri, le Dante, vous dormez dans la même enceinte : de votre lit de repos, vos génies si sublimes et si différens se tendent la main, et vous montez ensemble vers l'immortalité. Sur le tombeau de Machiavel, j'ai vu représenter le

Publiciste balançant le poids d'une épée avec celui d'un rouleau de papier; sur celui d'Alfiéri, l'admirable Canova a su placer l'Italie dans les larmes. Le triple génie de Michel Ange est, sous trois formes divines, à ses pieds; et le Dante sur son mausolée, et la tête ceinte d'une couronne, médite encore une immortalité. A ses côtés, l'Italie, fière de son héros, semble ne pas l'avoir perdu : elle regrette, mais elle est heureuse de ce qu'elle a produit. La Poésie, au contraire, ne retient plus ses larmes; elle gémit d'être seule, elle pleure: elle n'a plus de soutien. Mais pourquoi cette lyre n'est-elle pas détendue? Qui pourra donc chanter après lui? Pourquoi ne pas avoir mis pour seule inscription : *Onorate l'altissimo poeta?* Et que signifie cette autre que je lis plus bas, et dans laquelle les Toscans font connaître que c'est au Dante qu'ils ont élévé ce monument? Au mot d'*altissimo poeta*, qui déjà ne l'avait pas reconnu? — En quittant leur sanctuaire, je me suis trouvé seul à plaindre. J'aurais pleuré des morts, j'enviais des immortels!

LETTRE XXX,

Au Même

Florence, samedi 23 octobre 1830.

Notre séjour devant se prolonger à Florence plus que dans la plupart des autres villes où nous nous sommes arrêtés, nous avons adopté un autre mode de visiter les églises. Tous les jours, avant notre déjeuner, nous allons gagner de l'appétit dans une nouvelle, et de cette manière, ce genre de beauté n'a plus rien de fatigant comme autrefois. Aujourd'hui, c'était le tour de Santo-Lorenzo, et nous nous sommes acquittés de notre obligation avec beaucoup de plaisir. — Santo-Lorenzo est une église plus qu'ordinaire par elle-même; mais deux chapelles qui lui sont attenantes ont un mérite sans égal : la chapelle des Médicis, par sa magnificence, et celle de Michel Ange, par les chefs-d'œuvre qu'elle renferme. La première, commencée il y a trois cents ans, n'est pas encore entièrement achevée. Superbe rotonde décorée de tombeaux, avec des statues en bronze plus grandes que nature, et qui représentent chacune une Médicis, elle est partout incrustée de diaspres, d'agathes, de calcédoines, de lapis lazulis et d'autres pierres précieuses, et comme richesse ne peut être comparée à aucun monument en ce genre. Elle sera finie dans dix ans. Le peuple ne paiera rien; toutes les dépenses seront prises sur la cassette particulière du grand-duc.

La seconde chapelle, construite par Michel Ange, renferme dans son enceinte tout ce que ce génie sublime a produit de plus surprenant. Quatre statues, représentant la Nuit et le Jour, quoique n'étant pas achevées, sont d'une hardiesse inimaginable, et révèlent tout entier leur auteur.

Mais je vous ai promis de temps en temps quelques détails sur la célèbre galerie où je passe toutes mes matinées; je vais aujourd'hui commencer à me mettre en règle. En entrant dans le vestibule, tous les Médicis vous saluent à la fois, se réunissent autour de vous, et chacun d'eux s'empresse à venir faire les honneurs des beautés qu'il y a rassemblées.

Laurent le magnifique, le protecteur de Michel Ange; Côme Ier, le fondateur même de la galerie, me voient déjà à leurs pieds plein de reconnaissance, et c'est avec Ferdinand Ier que je parcours la première partie de la galerie. — Quelles sont donc toutes ces têtes qui me regardent avec des expressions si différentes? Ce sont les empereurs romains. Sur le front d'Auguste ne lisez-vous pas la clémence? Tibère est encore jeune, il est déjà cruel. Britannicus est plein de courage. Néron, avec ses cheveux frisés, respire la bonté: ne le regardez pas long-temps : dans sa douceur il y a quelque chose de féroce. Vespasien, Trajan, Marc-Aurelle, je vous regarde avec bonheur. Titus, vous avez trop de majesté; je vous ai reconnu, Titus. — Voilà Pompée, voilà César. Ces deux rivaux se regardent fièrement. Ils vivent tous deux : mais pourquoi sont-ils placés avec des empereurs? Ils ont enchaîné le monde : ah! ne sont-ils pas plus que des empereurs? — Parlerai-je de ces milliers de statues antiques qui se disputent mon admiration? Ici, c'est un cheval qui s'élance, un sanglier furieux ; là, c'est un Apollon divin d'inspiration ; plus loin, Flore est la plus jolie des fleurs, Bacchus est beau comme l'Amour, Mercure s'envole vers les cieux.— Mais j'atteins la fameuse tribune; je change de cicerone, et François Ier, qui fit bâtir ce *sanctum sanctorum*, se charge de me guider. Je n'ose plus regarder la Vénus de Médicis, j'en parlerais toujours.—Les Lutteurs, le Faune, le Remouleur, sont admirables; mais il leur faudrait céder à la déesse. Le petit Apollon, qui semble avoir été créé par la même main, est cependant près de l'égaler. C'est tout ce qu'en homme il y a de plus gracieux. L'air de sa tête est charmant, ses formes sont séduisantes, sa peau paraît molle et délicate, ses mouvemens sont sveltes et agréables ; enfin, je crois que s'il consent à passer après sa compagne, c'est seulement par pure galanterie. — Dans cette rotonde si étroite, que de grands maîtres se sont rassemblés! Dominiquin, Paul Véronèse, Titien, Corrège, Raphaël, vous avez apporté chacun votre tribut pour décorer cette salle de la perfection, et votre ensemble est la perfection même. — Si je n'étais pas amoureux de la Vénus, je crois que je le serais de la Fornarine, autrement dit, de la maîtresse de Raphaël.

Je suis, etc.

FLORENCE, *dimanche* 24 *octobre* 1830. —Sur les bords de l'Arno être triste! Aujourd'hui, j'ai reçu des nouvelles de la France, et j'aime encore ma patrie! Quand la reverrai-je maintenant?

Florence, *mardi 26 octobre 1830*. — Malheur aux chevaux que le sort a placés à la disposition du voyageur ; adieu, pour eux, le bonheur de la tranquillité : il leur faut toujours courir. C'est une leçon que nous leur avons donnée aujourd'hui, et nous avons profité de leur bonne volonté. Attelés à une jolie calèche, ils nous ont d'abord conduits à la maison de campagne de M. Demidoff, à quelques milles de Florence. Quoique n'étant pas achevés, le palais et les jardins nous ont étonnés par leur magnificence presque royale. Rien n'y manque pour satisfaire et le plaisir et la curiosité. Dans les uns, des courses de chevaux, des jeux de toute espèce, une ménagerie des animaux les plus rares, une salle de bal champêtre, une salle de musique ; dans l'autre, des salons magnifiques, une salle de spectacle charmante, et de longues galeries ornées de tableaux. Tout cela est la propriété d'un jeune homme de dix-neuf ans, maintenant au fond de la Russie, et qui n'habite cette parcelle de sa fortune que quelques mois tous les cinq ans. Dans ce moment je me trouvais si pauvre ! J'ai rêvé l'égalité des biens. — Nos infatigables coursiers nous ont ensuite ramenés à Florence, et nous ont fait parcourir la ville dans tous les sens. Nous avons recommencé une étude des églises, et l'Annonziata, qui jusqu'alors avait échappé à notre curiosité, nous a fait admirer ses belles fresques d'Andrea Sarto.

Les Cascine, autrement dit le bois de Boulogne florentin, ont terminé notre après-midi. Nous avions, ce jour-là, une apparence de richesses, il fallait la montrer. En voyage, cela ne nous arrive pas souvent. Nous avons donc étalé notre luxe de louage, et la belle Anglaise, qui jusqu'ici n'avait pas daigné porter la vue sur nous, pauvres piétons, a bien voulu, en ce jour, nous honorer d'un de ses regards. — A quoi sert la richesse

Florence, *mercredi 27 octobre* 1830. Journée d'ennui, si l'on peut s'ennuyer à Florence; soirée de plaisirs, si ce mot est assez fort pour rendre le bonheur qu'on y éprouve. Un concert exécuté par les meilleurs artistes, et un bal pour délasser ceux que la musique a fatigués! J'ai écouté, j'ai applaudi; j'ai dansé et j'ai fait mes petites observations sur la société florentine. La société de Florence m'a parue tout à fait différente de nos sociétés parisiennes : point de conversations générales, point d'étiquette, point de cette politesse réservée; la plus grande liberté, et peu de médisance. Chacun cause avec la personne qui lui plaît davantage, sans s'embarrasser de ce que l'on pourrait dire ; et, d'un autre côté, aucun n'y fait attention. Au milieu de la société, des amans sont presque dans la solitude ; rien ne les contrarie, et ils jouissent réellement de deux bonheurs à la fois, et de la vue du monde, et du pouvoir de se dire en même temps ce qu'ils en pensent. — J'étais près de me formaliser en voyant une dame causant toute la soirée avec le même jeune homme; et voici la réponse non équivoque et sans mystère que l'on a faite à ma demande indiscrète : « C'est l'amant de Madame : ils sont ensemble depuis deux ans. » C'est là, j'espère, de la fidélité! J'ai plaint quelques instans les malheureux étrangers en apprenant qu'elles étaient si constantes dans leur choix ; mais l'on m'a rassuré, en me faisant entendre qu'elles aimaient bien leur choix, mais qu'elles choisissaient souvent. — Consolation.

Pour leur costume, faibles copies de nos élégantes : elles ne semblent bien au-dessous de leurs modèles ; elles sont loin d'avoir atteint ce charme gracieux de nos toilettes parisiennes; ce n'est pas ce bon goût, ce tact, cette finesse, ce je ne sais quoi de nos chères compatriotes. Elles copient grossièrement, et sans comprendre ce que nous comprenons si bien. Pourquoi n'ont-elles pas ce joli voile noir qui va si parfaitement à l'expression de leurs traits ? Elles seraient mille fois mieux. Qu'elles ne viennent pas imiter nos femmes, qui sont inimitables : elles sont trop belles pour imiter.

LETTRE XXXI.

Au Même.

Florence, jeudi 28 octobre 18..

Aujourd'hui, Ferdinand II, qui n'est pas le moindre des Mécènes de la galerie, m'a fait voir son idole en bronze, la belle tête qu'on croyait celle de Cicéron, et sa célèbre statue de l'hermaphrodite. J'avoue que, pour ce dernier, ma pudeur, sans trop s'alarmer, a osé le regarder, et je l'ai trouvé si beau, que j'ai oublié de rougir de honte pour rougir de plaisir. Mais trois fois grâces au grand-duc Léopold ! je lui dois, comme impression de la peinture, un de mes plus doux momens : c'est lui qui eut l'idée de faire faire à chaque grand peintre son portrait, et cette riche et unique collection est une des salles les plus intéressantes du Musée. J'y suis resté long-temps, et ce n'est qu'avec peine qu'il m'a fallu cesser ma conversation avec tous ces peintres, qui semblent vivans et causer avec vous. Le portrait de Reynold, premier peintre anglais, celui de Mme Lebrun, artiste français, peuvent être cités au milieu de tous ces chefs-d'œuvre : l'un est d'une perfection, d'une beauté inexprimable ; l'autre est le *nec plus ultrà* du naïf et du gracieux. Mme Lebrun parle ; sans la connaître, je la jugerais frappante de ressemblance ; je l'ai trouvée délicieuse, je le lui ai dit mille fois, et je crois qu'elle m'a souri. Cette toile est animée.

Je suis, etc.

LETTRE XXXII.

Au Même.

Florence, vendredi 29 octobre 1830.

LES curiosités, en général, présentent quelque chose d'admirable, d'étonnant ou de gracieux, et ont toujours un sentiment agréable. Celle que j'ai vue ce matin n'a pas même un de ces avantages, et, hors quelque peu d'expérience, c'est au dégoût qu'il me faut attribuer toutes mes émotions. Le cabinet d'anatomie, avec ses découvertes horribles, m'a dégoûté de la nature humaine, et le désir seul de mon instruction a conduit mes regards. J'ai vu l'homme en détail : au moyen de la cire, M. Fontana est parvenu à arranger avec une vérité effrayante, tantôt quelques-uns des membres isolés, tantôt toutes les parties du corps réunies. Les secrets de la nature sont là, à découvert, et notre naissance y est dévoilée d'une manière très-intéressante. En faveur de la science, j'ai su vaincre ma répugnance ; mais je n'ai pas conçu comment une femme avait pu le faire. Cette dame qui regardait comme nous était jolie, elle m'a déplu.

En quittant ce salon de terribles vérités, c'est au palais Riccardi et au palais Vecchio que nous avons porté nos pas : le premier, dont l'intérieur est maintenant transformé en bureaux, ne présente rien de remarquable, et c'est à la façade, presque semblable à celle du palais Pitti, et parce qu'il a été la demeure des Médicis, qu'il doit toute sa célébrité ; le second, au contraire, par son genre gothique, sa bizarrerie, son originalité d'architecture, mérite l'attention, et, par son aspect, offre un cachet tout particulier. Une tour d'une forme singulière et tout à fait antique, qui s'élève au milieu de vieilles murailles terminées par des créneaux ; des statues colossales en bronze et en marbre, qui gardent les portes ; des fontaines chargées de dieux et de figures gothiques, tout cela est d'un effet surprenant. La statue équestre de Come 1er, qui préside à tous ces chefs-d'œuvre, achève le pittoresque du tableau. L'intérieur du palais Vecchio n'est plus habité : c'est maintenant le garde-meuble du grand-duc. Je n'y ai vu à citer qu'une salle immense, qui était la grande salle du conseil, et qui est encore décorée de statues : parmi elles, la Victoire de Michel-Ange m'a parue, comme toutes ses œuvres, d'un grandiose inimaginable.

Nous devions partir demain matin pour Rome, et tout à coup nous avons changé d'avis. Il faut arriver à Naples avant la mauvaise saison, et la longueur du voyage, notre séjour à Rome nous arrêteraient trop long-temps : nous allons donc nous embarquer à Livourne, et, par le bateau à vapeur, nous serons à Naples au bout de deux jours. Je ne regrette pas trop la route de Florence à Rome par terre; je la reverrai à mon retour au printemps, et la cascade de Terni sera dans ce moment beaucoup plus belle pour sa force et son impétuosité. D'un autre côté, Rome sera ma dernière jouissance, et c'est un calcul qui plaît infiniment à la gradation de mes plaisirs. D'après cette nouvelle détermination, j'ai encore quelques jours pour admirer Florence, et ce n'est que lundi que je partirai pour le lieu de mon embarcation. — Et puis un voyage sur mer ce sera si intéressant ! Avez-vous oublié que ce sera mon premier essai?

Je suis, etc.

LETTRE XXXIII.

Au Même.

Florence, samedi 30 octobre 1830.

Autrefois, c'est à Rome, dans la *villa Médicis*, que j'aurais assisté à la sanglante tragédie en marbre de Niobé. Le grand Léopold a avancé mes jouissances, et c'est ici que je vois rassemblée toute cette malheureuse famille. Ah! de quel sentiment pénible est déchiré le cœur de cette mère infortunée! Comme on la voit souffrir! comme, à travers ce marbre, on aperçoit sa douleur! Avec quelle action sublime elle étend sa draperie pour garantir la plus petite de ses filles, qui se jette dans ses bras! Que son attitude est vraie et pleine de noblesse! Mais ici voyez l'un de ses fils mourant d'un trait de l'implacable Apollon; de ce côté, l'un fuit éperdu; là, celui-ci reste glacé de terreur et de crainte; plus loin, cet autre est menaçant : il brave la mort, et ne la craint pas. Le désespoir, dans ce malheureux, se peint dans toute sa force : il regrette la vie, qu'il n'a fait qu'entrevoir. Et ses filles infortunées, elles sont trop belles pour mourir! Apollon les eût épargnées; Diane seule, de jalousie, pouvait les immoler. — Mais quittons ce drame mythologique; sur une scène plus élevée, cherchons notre admiration. Adorons, avec la Vierge et sa compagne, ce Dieu Jésus qui vient de naître. C'est ce corps divin qui me donne le jour, c'est lui qui éclaire tout ce qui l'entoure, c'est par lui que sa mère brille d'un vif éclat : l'astre du monde a cédé à un Dieu; ce Dieu, c'est la lumière. Que cette idée est profonde! et combien elle renferme de grandes et sublimes pensées! Gérard Hunt-Horst s'était senti lui-même éclairé.

Que de superbes compositions je suis obligé de passer sous silence! Je désirerais pouvoir vous montrer toutes ces perfections; mais je me sens trop imparfait pour les décrire. Que n'êtes-vous avec moi! nous ne nous rassasierions jamais de les contempler. Adieu donc à la galerie. En partant, je n'ai que le temps de voir ce léger Mercure : il monte d'un vol rapide au séjour immortel; le nom de Jean Bologne, son auteur, monte avec lui.

Je suis, etc.

LETTRE XXXIV.

Au Même

Florence, dimanche 31 octobre 1830.

Vos plaintes, je l'avoue, mon ami, ne sont pas hors de saison. Depuis quinze jours que je suis à Florence, la belle galerie m'a presque toujours occupé. Je suis revenu cent fois sur toutes les beautés qu'elle renferme, et, arrivé à la veille de mon départ, je ne vous ai pas dit encore un mot sur la ville en elle-même, et sur la manière dont on y vit. Je vais profiter de ce dernier jour, et je ne veux pas me reposer sans avoir réparé ma négligence et mon oubli.

Florence est une capitale, Florence ressemble à Paris, et les bâtimens, les quais, les ponts, le bruit des équipages rappellent plutôt la France que l'Italie. Ses rues cependant diffèrent des nôtres, en ce qu'elles sont pavées de dalles, et je ne sais encore à laquelle des deux manières il faut donner la préférence. Sur cette espèce de parquet, les piétons marchent, il est vrai, plus agréablement, mais sont plus facilement écrasés ; les voitures roulent avec une vitesse effrayante, mais les chevaux s'abattent à chaque instant.

Ne cherchez pas à Florence une place comme la place Vendôme, une colonne immortelle comme celle de nos conquêtes, c'est à la bizarrerie antique qu'il faut demander des sujets d'admiration. La place du Grand-Duc, au pied du palais Vecchio, que je vous ai décrit, sa statue de Côme Ier, son Neptune, ses Nymphes, ses Tritons, son Persée et son enlèvement des Sabines; la place de l'Annonziata, entourée de portiques, ornée de fontaines et de la statue équestre de Ferdinand Ier; la place de la Sainte-Trinité, avec sa colonne surmontée de la statue de la Justice, par Michel-Ange, voilà de quoi rivaliser avec le trophée de nos victoires. Chez nous tout est gloire, ici l'art antique a tout fait.

Florence, que je compare toujours à Paris, a deux promenades publiques qui peuvent très-bien se comparer, l'une aux jardins de Versailles, l'autre au bois de Boulogne et aux Champs-Elysées. Les jardins de Boboli sont des jardins immenses appartenant au palais Pitti, et qui n'ont pour mérite que des milliers de statues, des pièces d'eau, des fontaines et des bois taillés en charmille. C'est beau comme grandeur, mais c'est horriblement antique. Je ne souffre pas l'antiquité pour des jardins : la nature n'a point de vieillesse.

Les Cascine, au contraire, offrent ce que la nature a de plus séduisant, et les bords rians de l'Arno, les points de vue les plus enchanteurs viennent ajouter aux charmes de ces bois, de ces prairies délicieuses, que l'on parcourt avec tant de bonheur. Le bon bourgeois de Florence préfère cependant Boboli aux Cascine, ces derniers sont trop éloignés de chez lui, et il lui faudrait une voiture : il ne quitte donc pas Boboli, et laisse les jouissances de ses Champs-Elysées à l'étranger qu'il reçoit. Je n'y ai vu que des Anglaises, et sans faire tort aux belles Italiennes, je dirai qu'il est difficile de voir un paradis mieux peuplé. Je crois que la Vénus de Médicis se reproduit.

Si à Paris l'on peut vivre à bon marché, ici l'on peut dire que c'est pour rien : une tasse de café énorme, avec beaucoup de pain, coûte six craches; une glace, trois craches, et un dîner excellent ne peut pas coûter plus de trente-six craches. On a un joli appartement, composé d'un salon et d'une chambre à coucher pour vingt francs par mois. Si l'on pouvait faire son droit à Florence, je conseillerais aux malheureux étudians à 1,200 francs de venir habiter cet économique séjour, et il leur serait facile encore de faire des économies. — J'espère que je ne vous épargne pas, et que me voilà entré dans de bien petits détails. C'est vous qui l'avez voulu.

Ma dernière soirée s'est passée à l'Opéra, et j'ai entendu, pour la quatrième fois, la Grisi dans la Straniera, musique délicieuse de Bellini. Je suis revenu enchanté de cette cantatrice. A une figure charmante elle joint une âme, une voix qui vous subjuguent, et son jeu, plein d'expression, est digne de rivaliser avec celui de nos plus grandes tragédiennes. c'est la Malibran italienne. J'aimais la musique à Paris, mais maintenant je suis comme les Italiens, j'en suis fou. — Le grand-duc était, ce soir, au spectacle. Sa figure exprime la bonté, et il est aussi aimé qu'il est bon: son bonheur, c'est le bonheur de ses sujets, et ses sujets pleurent de le voir sans un fils. Le premier de ses ancêtres fut appelé le père de la patrie. Léopold II signifie aujourd'hui père du peuple.

Je suis, etc.

LETTRE XXXV,

Au Même.

Pise, lundi 1ᵉʳ novembre 1830.

Jusque sur les bords rians de l'Arno, la France bouleversée est venue souvent rechercher ma pensée, souvent de tristes rêveries sur un avenir incertain ont troublé les douceurs de ma vie errante, et j'abandonne Florence sans regret : espérons qu'à Naples, au milieu des lazzaroni, je subirai l'influence du sol et partagerai leur indifférence. — Un voyage, c'est presque de l'exil !

J'ai quitté Florence sans quitter l'Arno, et avec lui je suis arrivé à Pise au commencement de la nuit. J'étais bien fatigué, j'aurais bien voulu me reposer, et j'étais bien curieux de voir la tour penchée. Comment faire pour concilier ces deux plaisirs? J'ai été m'asseoir sur un banc du Duômo, en face de ce prodige de l'art, et au lieu de faire des vers comme un poète, je me suis laissé aller à mon assoupissement. J'aurais dormi long-temps, si tout à coup, dans un funeste songe, je n'avais cru voir la fameuse tour près de m'écraser, alors je me suis réveillé avec effroi, et il m'a semblé que la réalité avait continué mon rêve. Cette tour tombe. Qu Dieu la soutienne jusqu'à demain. En vérité, je n'oserais pas coucher dans cette maison, sa voisine!

Je suis, etc.

LETTRE XXXVI.

Au Même

Livourne, mardi 2 novembre 1830.

Elle est encore telle que je l'ai laissée hier, et plusieurs siècles, comme moi, la verront près de tomber. C'est une puissance qui croule, mais elle est bien loin d'être abattue. Il s'est élevé sur cette construction étonnante plusieurs discussions. Les uns ont voulu que l'inclinaison vînt de la part de l'architecte ; d'autres, d'un accident du terrain. Moi, j'adopte ici l'idée de Simon, auteur d'un *Voyage en Italie*, qui me semble concluante. Il dit qu'il est probable que les fondations s'étant affaissées plus d'un côté que de l'autre, pendant la construction de la tour, l'architecte a cherché toujours à regagner la perpendiculaire, ce qui fait prendre à cet édifice cette courbure que l'on aperçoit. Pour prouver ce qu'il avance, il fait remarquer que les trous de l'échafaudage laissés dans le mur sont à angle droit avec lui, de manière que les ouvriers se seraient trouvés sur un plan incliné, et en danger de tomber, si le mur avait eu dès le commencement l'inclinaison qu'on lui voit aujourd'hui. Au surplus, que ce soit au sol ou à l'architecte que l'on doive ce tour de force, il n'en est pas moins extraordinaire. — Nous avons monté à l'intérieur, au haut de la tour, par un escalier superbe, large de trois pieds, nous reposant d'étage en étage dans chacune des huit galeries qui ornent l'extérieur, et qui sont garnies de belles colonnes en marbre blanc. Arrivés au haut de l'édifice, qui a 190 pieds de hauteur, et qui surplombe de 15, nous nous sommes couchés à plat-ventre, et nous avons regardé en bas. Raimond me soutenait ; sans lui je serais infailliblement tombé. — Le Duôme, qui, quoique voisin, a eu soin de se placer de manière à l'éviter, offre, dans sa façade antique, plusieurs rangs de colonnes étagées les unes sur les autres, et qui, allant toujours en diminuant, sont à l'œil d'un agréable aspect. Les portes d'airain, faites par Jean Bologne, sont, comme bas-reliefs et légèreté, tout ce qu'il y a de plus admirable. — Quant à l'intérieur, c'est un magasin de colonnes antiques ; il y en a des milliers, et pas une seule de la même dimension. Il paraît que Ferdinand Ier, en faisant rebâtir cette cathédrale, après qu'elle fut incendiée, fut si pressé qu'il défendit toute régularité. On a entassé des colonnes les unes à côté des autres, et elles ont soutenu la voûte. Après avoir remarqué un très-beau tableau d'Andrea del Sarto, j'aurais pu m'arrêter à plusieurs modernes dignes d'attention ; mais, pendant mon voyage, je ne suis pas à eux, je cours après l'antique.

J'arrive au Campo-Santo, et cet ancien cimetière des Pisans m'a paru un musée d'antiquités. Des fresques où se montrent la barbarie et l'enfance de l'art, des restes de tombes, des débris de statues, de colonnes, un mausolée d'Al garotti par le grand Frédéric, voilà les raretés qui m'ont fait plaisir, mais qui ne m'ont pas touché. Ce qui m'a le plus frappé, c'est le cloître en lui-même. Ce sont de belles galeries, avec d'immenses fenêtres gothiques, au milieu desquelles s'élèvent de petites colonnes qui se perdent dans des dessins en ogive. Elles forment une vaste cour carrée, dont le sol est de la terre sainte apportée de Jérusalem, du temps de la troisième croisade, dans des bâtimens pisans. Cette terre avait, dit-on, la propriété de consumer un cadavre en moins d'une heure. Aujourd'hui elle a perdu son efficacité. — Je ne sais s'il faut attribuer à la fête des Morts le monde qui circulait dans tous les sens au milieu de ce séjour du silence. Le bruit qui se faisait entendre a arrêté ma sensibilité; je suis resté froid quand mon âme demandait à pleurer. Ma mère doit aujourd'hui verser bien des larmes sur la tombe de mon père! Elle est seule; son fils est triste, et il n'a pas oublié ce jour! — Pourquoi ces antiques sont-ils si peu touchans? — Le Baptistère est un édifice assez remarquable; sa rotonde ressemble beaucoup à la chapelle de Médicis.

Voilà tout ce qu'il y a à voir à Pise. Toutes les curiosités se trouvent réunies dans le même endroit; et comme elles peuvent se voir en un seul jour, les étrangers ne sont pas obligés d'y séjourner, et de remplir de cette manière le vide que laisse le peu de population. — Des rues pavées comme à Florence, des quais magnifiques, trois beaux ponts, dont l'un est de marbre, font de Pise une ville charmante; il n'y manque que des habitans. C'est un désert de riches; les mendians seuls peuplent le désert. Pour la première fois, nous fûmes assiégés par un bataillon de ces misérables, qui vinrent offrir à notre compassion tout ce que la misère a de plus hideux. Hommes, femmes, enfans, tous avaient chacun à nous montrer quelques plaies plus dégoûtantes. Rien ne lassait leur patience : ils s'accrochaient après nous comme de la vermine; et l'aumône que nous faisions à l'un, au lieu de nous en débarrasser, nous en amenait six autres. Nous marchâmes long-temps ayant devant nous un rempart de vieux chapeaux déchirés. Les noms de prince, d'excellence, pour émouvoir notre pitié, nous furent prodigués mille fois, et nous ne fûmes pas un seul instant sans avoir à nos côtés une énorme cour en guenilles. Nous avons laissé ces horribles courtisans aux portes de Pise, et des animaux de luxe ont tout à coup, à notre grande surprise, remplacé notre misérable escorte. Une longue file de chameaux, portant sur leur dos une forte charge de bois, nous ont suivis long-temps d'un pas grave, et cependant plus agile que le trot de nos chevaux. Le patron du troupeau, assis avec majesté sur la bosse du premier, semblait un général à la tête de son armée. Nous n'aurions pas conçu une telle cavalcade en Italie, si notre vetturino ne nous avait appris que le grand-duc en avait à Pise un immense troupeau qui servait de magasin général à toutes les ménageries de l'Europe.

Arrivés à Livourne, nous nous sommes peu occupés de la ville. La mer était là, et le soleil couchant sur un horizon sans fin devait être admirable. Nous avons monté sur une des hauteurs du port, et notre soirée s'est passée en contemplation. — En rentrant dans notre hôtel, un bruit, semblable aux clochettes que l'on attache aux mulets, nous fit tourner la tête, et nous vîmes assis, appuyés contre la muraille, une centaine d'individus qui remuaient un sou dans un gobelet pour exciter la pitié des passans. Cette musique de misère me révolta, et je ne m'étonnai plus de leur acharnement, puisque c'était pour eux un métier autorisé par le gouvernement, qui fixait ainsi sur les étrangers une espèce de charge et un impôt sans fin. — Je ne dois pas non plus oublier une cérémonie assez bizarre dont nous fûmes témoins. Une longue procession de dominos noirs à grands capuchons, qui ne voient le jour que par deux trous, des torches répandant au loin une grande clarté, des lanternes attachées au bout de longs bâtons, un dais sous lequel marchait un prêtre capucin, portant le viatique, et pour éclairer tout cela, des milliers de lampes de cuisine suspendues aux fenêtres des particuliers : voilà ce que nous avions pris d'abord pour une folie de carnaval. — Car il y avait une espèce de joie dans toute cette foule qui se pressait pour assister à ce spectacle. C'était une procession, et, sans s'inquiéter de son but, le peuple, toujours avide de voir, courait à cette cérémonie comme à un jour de fête. — Un jour de fête ! Un homme allait mourir, et le saint-sacrement venait assister un chrétien à sa dernière heure. Tous suivaient par curiosité, nul ne pensa à prier pour un frère !

Je suis, etc.

LETTRE XXXVII.

Au Même.

A bord du bateau à vapeur le François Ier,
mercredi 3 novembre 1830.

LIVOURNE est un port de mer, Livourne est une ville bruyante de population. Des Grecs, des Français, des Espagnols, des Anglais ; c'est une confusion universelle des langues, c'est la tour de Babel. Point d'églises magnifiques, comme dans toutes les villes d'Italie, mais un immense commerce et une grande industrie. Dans ce pays, on est si habitué à l'un, et si peu à l'autre, que c'est une nouveauté qui charme. — A trois heures, une barque nous a conduits à notre diligence de mer. A quatre heures, assis sur le tillac, nous avons fait nos adieux à la terre. Pour moi, je ne restai pas long-temps sur le pont; la mer, quoique assez calme, déplaisait à mon cœur peu marin, et je fus obligé, pour l'endormir, d'aller me hucher dans mon petit hamac. Une jeune dame allemande, blottie dans un nid voisin, moins brave encore que moi, me tint compagnie ; et, sans nous rien dire, car nous n'osions pas parler, nous soupâmes chacun dans notre niche. Cependant peu à peu le courage me revint, et j'essayai de retourner sur le pont pour jouir du lever de la lune ; le lever de la lune ! Quel singulier spectacle elle allait éclairer ! D'un côté, Raimond, sain et bien portant, même en pleine mer, avait trouvé moyen de faire l'amour avec une jolie soubrette ; de l'autre, le cher Edouard dissertait en anglais avec le capitaine ; ici, un élève de l'école de musique à Naples fredonnait la première note d'un morceau de sa composition. Plus loin, un vieil allemand, deuxième M. Chifflard, faisait des mamours à sa femme ; et le seul petit mousse de notre nombreux équipage jouait avec un singe, habitué du navire. Le rôle d'observateur n'était pas le moins amusant, et j'ai souhaité Charlet pour faire de mes acteurs une charge excellente.

Ma soirée cependant ne devait pas finir par de la gaîté, et c'est parmi de plus grandes pensées que j'allais m'endormir. Au milieu de cette immense nappe d'eau, éclairée par les faibles rayons du soleil de la nuit, une masse noire s'est élevée devant nous, l'île d'Elbe avec tous ses souvenirs. — Salut à la terre de l'exil ! C'est là qu'un dieu géant, fatigué de trophées et de victoires, a pris quelque repos ; et c'est de là qu'il s'est élancé de nouveau pour écraser les peuples. Grand volcan du monde, les torrens de sa lave brûlante ont englouti l'univers, et quand arriva sa chute, sous les monceaux de ses cendres, les rois en ont tremblé. Désert qu'habita le génie, e vous ai salué.

Je suis, etc.

LETTRE XXXVIII.

Au Même.

A bord du bateau à vapeur le François Iᵉʳ,
jeudi 4 novembre 1830.

Ce que c'est que l'habitude! ce qui me déplaisait hier me plait aujourd'hui, et le balancement que procure une mer tranquille, loin de me faire frémir, a quelque chose de voluptueux. Le lever du soleil, je puis l'admirer, et me voilà devenu marin. Maintenant il me faudrait une tempête; mes vœux seront-ils exaucés? — Le navire fend la vague avec rapidité; j'ai passé Castelluccio, Civita-Vecchia, et je suis aux bouches du Tibre. Comme un matelot, quand il est éloigné du continent, crie *terre* avec bien de la joie, moi, qui dans mon bateau à vapeur la perd rarement de vue, je crie : Saint-Pierre! et Raimond d'accourir pour dire : J'ai vu Rome! Nous l'avons vue, à la vérité; mais n'espérez pas, cher ami, de description. C'est avec les yeux d'une lorgnette, ou plutôt avec ceux de la foi, que j'ai aperçu le Duôme de Michel Ange; et comme saint Thomas, je ne croirai pas avant d'avoir touché. — Si mon lit était en haut du mât, je pourrais vous parler de Terracine, que nous allons traverser; mais je descends dans ma cage, et je ne sortirai pas de la ménagerie avant la fin de la nuit. A demain matin, au point du jour, devant Gaëte.

Je suis, etc.

LETTRE XXXIX.

Au Même.

Naples, vendredi 5 novembre 1830.

Pas de tempête ce matin comme je le désirais, et mes vœux n'ont pas été réalisés. Par le plus beau lever du soleil, je suis entré dans le golfe de Gaëte, et, sous le brillant azur d'un ciel sans nuages, j'ai salué la baie délicieuse de Naples. A notre droite, les charmantes îles d'Ischia et Procida; à notre gauche, le promontoire de Pouzzole, et devant nous le Vésuve, et Naples à ses pieds. Ce fut peut-être la vue la plus belle qui se soit jamais offerte à nos regards. Nous avançâmes, et des milliers de barques de pêcheurs, se croisant dans tous les sens, nous annoncèrent Masaniello et ses compagnons : ils voguaient avec l'indifférence napolitaine, selon le caprice des vagues, et passaient à nos côtés, couchés dans leurs nacelles, qui les balançaient mollement, jetant à peine sur nous un regard.

Mais nous entrâmes dans le port, et alors au plaisir d'admirer un tableau si riant et si animé se mêla bientôt un fléau terrible, auquel nous ne pûmes échapper qu'après deux heures de souffrances au soleil le plus cuisant : de même que des oiseaux de proie, MM. les douaniers s'attachèrent après nous, nous bouleversèrent nos malles, et nous ne pûmes chacun nous en délivrer qu'en leur laissant tous nos livres, même jusqu'à nos dictionnaires: ils nous ont tout pris, se réservant de nous les rendre plus tard, s'ils sont bien certains qu'ils ne peuvent débarbariser le peuple; ils voulaient aussi prendre mon journal: mais j'écris si bien que l'habile des douaniers a désespéré de pouvoir venir à bout de le lire. Ainsi donc, il a passé. — Remettre en ordre ce que, dans leur grossière avidité, ils avaient dérangé ; se voir assailli par une centaine de faquins qui se disputaient l'honneur de me conduire, renvoyer par des *niente* répétés une masse de mendians qui se jetaient sur moi, se défaire d'une quantité de padroni qui venaient, avec leur carte, m'offrir chacun le meilleur hôtel de Naples, voilà ce qui bouleversa tout à coup mes idées de gaîté ; et j'arrivai à l'hôtel de Russie, chez le seul aubergiste qui ne s'était pas recommandé, avec une humeur diabolique, jurant contre le roi de Naples et toute sa police inhospitalière.

Après nous être habillés, nous allâmes faire un excellen dîner dans la rue de Tolède; et cette nouvelle rue Saint-Honoré, par son bruit, ses voitures et sa population, fit oublier à l'ancien Parisien ses premiers tracas. Naples est comme le paradis, il est tout hérissé d'épines; mais, une fois qu'on y est entré, on y jouit d'un bonheur éternel. — Le soir, on donnait *la Cenerentola* à Saint-Charles : Raimond se coucha, et Edouard et moi nous allâmes voir le premier théâtre du monde. Il n'a pas usurpé sa réputation. Je ne vous en donnerai pas aujourd'hui de détails; je suis trop fatigué, et puis je veux l'admirer encore pour mieux vous en parler. — En revenant, le Vésuve jetait des flammes. Le Vésuve! Je vais dormir près d'un volcan!

Je suis, etc.

LETTRE XL.

Au Même.

Naples, samedi 6 novembre 1830.

Nous voilà devenus Napolitains. Nous avons quitté notre hôtel, et nous avons loué pour un mois un joli appartement voisin de la promenade Chiaja, et donnant sur la mer. N'aimeriez-vous pas, comme moi, à pouvoir considérer chaque matin, de votre lit, la baie la plus magnifique de tout l'univers?

Je suis, etc.

LETTRE XLI.

Au Même.

De l'Ermitage du Vésuve, lundi 8 novembre 1830, onze heures du soir.

Me voilà à l'Ermitage du Vésuve, près de deux amis qui dorment, et entre deux bonnes bouteilles de Lacryma-Christi. Salvator, notre guide, est couché dans la chambre voisine, et, en attendant qu'il vienne nous annoncer le moment de notre seconde ascension, je me plais à causer avec vous de la première, et à vous mettre au courant du commencement de notre soirée. Je vous dirai donc qu'à sept heures du soir, l'incertitude du temps nous avait fait remettre la partie à quelques jours; mais, à huit heures, le Vésuve furieux sembla nous reprocher si fort notre paresse, qu'à huit heures et demie nous étions sur la route de Résine, pour aller contempler de plus près son effrayante et magnifique colère.

Jusqu'à Résine, où nous allâmes en calèche, la vue des gendarmes à cheval postés, depuis Naples, de distance en distance, nous fit causer voleurs (car l'un ne va pas sans l'autre), et nous discutâmes longuement pour savoir si, armes comme nous l'étions, il faudrait résister, en cas d'attaque, discussion, en vérité, fort inutile dans un lieu si bien gardé. — Aussi, dès que nous eûmes quitté notre voiture, et qu'à notre élégant équipage succédèrent trois ânes sans pareils, nous prîmes une conversation plus folâtre et plus à la portée de tous les auditeurs; des idées comiques vinrent succéder à la peur d'être dévalisés, et notre brillante cavalcade s'amusa de sa propre originalité. En voici le tableau. — Armé d'une torche, notre guide numéro premier, Salvator, expliquant, à mesure que nous avancions, les différentes éruptions du Vésuve, précédait la marche, et l'âne que le sort m'avait réservé, plus fougueux que ses deux collègues, suivait immédiatement. Raimond, jaloux de me rattraper, prodiguait à sa bête rétive de violens coups de bâton ou le doux nom de *macharoni*, tandis qu'Edouard, sans aucune ambition, enveloppé dans son grand manteau, laissait aller avec gravité son animal pacifique, à la queue duquel le second porteur de torches se tenait suspendu. Le petit bonhomme chargé de veiller à nos montures fermait notre bizarre procession; et, pour la rendre tout à fait complète, il ne nous manqua qu'une jolie femme bien timide, jetant des cris à chaque faux pas de son âne, dans la crainte de tomber.

Après deux heures de marche, nous sommes arrivés ici tous les neuf, sains et saufs. Le père capucin nous a reçus avec des œufs, du fromage, du jambon; et, quoique le repas soit frugal et modeste, les bouteilles qui sont vides à nos côtés témoignent du moins que nous avons fait honneur à sa cave hospitalière. — Un livre nous a été présenté par le bon ermite, et je me plais à le parcourir : j'y lis bien des noms inconnus, et une foule de vers inspirés par je ne sais quel Pégase. En vérité, la montagne du Vésuve est bien loin de celle

du Parnasse, et l'on s'aperçoit facilement que, pour parvenir ici, l'on y est venu monté sur des ânes.................
....

———

NAPLES, *mardi 9 novembre* 1830. — Jusqu'à l'Ermitage, rempli des idées les plus gaies, j'avais gravi la montagne comme toutes les autres montagnes de la Suisse ; mais le comique de notre première excursion a, dans la seconde, fait place à des impressions plus sévères, et ce n'est plus sous la même influence, mon ami, que je continuerai ma lettre.

Le Vésuve s'est fait entendre, et son bruit formidable nous appelle à lui. — Nous avons donc quitté notre gîte à trois heures du matin, et, après avoir gravi encore quelque temps à l'aide de nos montures, qui évitaient avec une adresse extraordinaire tous les pas difficiles, nous sommes arrivés au bas du cône même de la montagne. Là, il nous fallut continuer notre course à pied, et l'espèce d'assaut que nous fûmes obligés de livrer pour atteindre cette ville de feu nous coûta une peine inexprimable et des efforts inouïs. Il fallait monter à travers une lave antique réduite en poussière qui glissait sous nos pieds, et au milieu d'une foule de pierres et de rochers calcinés. Edouard et moi, nous étions armés de longs bâtons ; Raimond s'était suspendu à une courroie que le guide s'était passée autour du corps ; et, malgré ces soutiens, nous reculions de deux pas sur trois que nous faisions. Les nombreuses décharges d'artillerie que nous entendions à chaque instant, le feu de la mitraille que le gouffre lançait dans les airs, soutenaient cependant notre courage. Au bout d'une heure et demie, nous atteignîmes le sommet de ce terrible rempart, et, prenant possession de notre conquête, nous oubliâmes nos fatigues en la contemplant. Depuis long-temps le Vésuve n'avait été aussi irrité : les Cyclopes de l'Etna s'étaient sans doute réunis pour célébrer quelque fête ou la mort d'un grand. De violentes détonations se succédaient avec rapidité, et la bouche de ce mortier terrible vomissait, avec une masse de flammes, des milliers de pierres enflammées qui retombaient en lave liquide dans le fond de son cratère. Asis sur le revers d'une des deux montagnes, autrefois anciens volcans, qui servent aujourd'hui de barrières à leur successeur, et de murailles protectrices aux villes situées à leur pied, nous admirâmes long-temps ce bouquet d'artifice éternel, si brillant et si sublime au milieu de l'obscurité, et auquel succédait de temps en temps une fumée noire et épaisse d'un effet aussi merveilleux qu'effrayant. Après une heure de contemplation, nous voulûmes cependant nous approcher de cette fournaise brûlante, et comme, pour y parvenir, il fallait descendre ce précipice de cinq cents pieds, et faire le tour de cette enceinte formidable, qui a trois milles de circonférence, la soif de tout voir nous fit braver la fatigue : nous ne pensâmes plus qu'il nous faudrait remonter, et, à la suite du brave Salvator, nous nous laissâmes couler jusqu'au fond avec rapidité.

Sur cette terre chaude et fumante encore, nos pieds glissèrent avec un vitesse incroyable, et en moins de cinq minutes nous avions touché cette plaine brûlante. Nous nous avançâmes sur ce parquet de lave à moitié refroidie, tantôt d'une couleur bleue claire sur un bleu foncé, tantôt d'un vert aunâtre, et nous vîmes le liquide brûlant serpentant en mille ruisseaux et nous entourant de toutes parts. J'avais admiré en Suisse la mer de glace; je fus effrayé ici de me trouver sur cette mer de feu. La chaleur était si forte, et dans l'air était répandu une si violente odeur de soufre, que je ne pus y rester long-temps, et je me sentais en quelque sorte suffoqué, quand il me fallait traverser un de ces torrens enflammés. — Avant de partir, au moyen d'un bâton, je parvins à m'emparer de cette lave brûlante, et j'y imprimai une pièce de monnaie; au bout de quelques minutes, ce liquide s'était refroidi et était devenue très-dur. Je rapporte bien précieusement ce souvenir.

Nous aurions bien désiré monter sur le cône même, mais nous fûmes obligés de rétrograder : les pierres, qu'il lançait à une hauteur infinie, venaient tomber près de nous, et nous ne pouvions avancer davantage sans courir de plus grands dangers. Nous pensâmes donc à remonter. Le soleil d'ailleurs commençait à se lever, et il fallait jouir de son admirable aspect sur la délicieuse ville de Naples. — Avec de grandes difficultés, nous parvînmes à sortir du gouffre en nous enfonçant jusqu'aux genoux dans ces monceaux de cendres, et étant obligés de nous arrêter à chaque instant, hors d'haleine et étouffés par la chaleur. Enfin, nous sommes sortis de ce pas difficile, et derrière les ruines de Pompéia nous apparut, avec sa robe de pourpre, le dieu du Jour. D'un côté, Torre de l'Annonziata, Torre Græco, Résine, Herculanum, au milieu d'une terre noirâtre et charbonnée, traces effrayantes des torrens de lave qui déjà les engloutirent: de l'autre, Naples avec son golfe ravissant, c'était une vue toute magique. En nous retournant nous avions l'enfer à nos pieds, et devant nous le paradis terrestre! — J'ai jeté un dernier regard sur ce terrible phénomène, qui semblait alors moins terrible, parce qu'il luttait avec le jour; je n'ai bientôt plus aperçu que sa fumée épaisse.

La facilité que j'eus à descendre fut en proportion de la

difficulté que j'avais eue à monter. Nous rejoignîmes nos ânes gardés par un gendarme, et nous regagnâmes l'hermitage. Le père capucin nous attendait. Deux piastres nous valurent de sa part des souhaits pour un heureux voyage, et notre route, grâces sans doute à ses prières, se fit sans encombre. Je remarquai sur notre passage des vignes que nous n'avions pas vues la veille. C'est sur un sol de lave que croît le fameux vin de Lacryma-Christi, le meilleur de toute l'Italie; moyennant quelques grains nous nous en régalâmes encore à notre arrivée chez notre guide. Nous bûmes à sa santé, nous lui souhaitâmes des voyageurs, et prenant une calèche, quoique bien fatigués, nous nous fîmes conduire à Pompéia. C'est là que nous attendaient des impressions, il est vrai, bien différentes, mais d'un intérêt au moins aussi grand. Nous allions marcher dans un désert, mais dans un désert tout peuplé de souvenirs. — Pompéia, ce n'est pas quelques ruines, c'est une ville toute entière qui est sortie de dessous les cendres; c'est une cité toute romaine qui surgit de la lave, que la lave a engloutie et que la lave a conservée. Au premier siècle, déjà vieille cité, elle a cessé de vivre, et la voilà tout à coup sortie de son tombeau pour venir siéger au dix-neuvième. Son forum, son amphithéâtre, ses temples à Jupiter, à Isis, à Hercule, à d'autres dieux encore; ses autels des victimes, les lieux secrets où se cachaient les prêtres pour rendre leurs oracles et effrayer le peuple, tout est là. Je me suis promené dans ces rues pavées de larges dalles, ornées de fontaines, de colonnes, et où s'aperçoivent distinctement les empreintes des roues des chars. Puis j'ai visité chaque habitation dans les plus petits détails; tantôt m'arrêtant devant des boutiques où se trouvent encore des vases de terre placés dans des trous faits pour les contenir: tantôt admirant les palais des grands, couverts de fresques et de mosaïques. Au-dessus de la porte de chaque maison se lit, écrit en caractères rouges, le nom du propriétaire, et tant de familles obscures destinées à rester inconnues, fières de leur long sommeil, viennent aujourd'hui revendiquer leur noblesse. Sur cette immense enveloppe de lave le temps n'a pas eu de prise, et les noms des derniers du peuple, que sa main devait effacer, la lave les a faits immortels. — Les cases de Diomède, de Paula, de Caïus Ceïus, de Caïus Sallustius, sont les plus remarquables; les autres sont en général très-petites, et font croire qu'on ne les habitait que pour se reposer. — Enfin, après avoir parcouru des bains magnifiques, tout de marbre et d'un luxe voluptueux, j'ai pénétré dans les lieux du vice; ici le vice était un dieu, et on l'adorait sans honte, il est là en relief, représenté à nu, et cette inscription :

hic habitat felicitas.

frappe vos yeux. Les anciens franchissaient le seuil de la maison du libertinage avec une sorte de candeur et de fierté; les modernes, aujourd'hui, s'y glissent en évitant les regards, et quand l'impudicité, perdant son masque d'innocence, n'est plus qu'une déité honteuse, ils viennent cependant encore, à la faveur de la nuit, sacrifier sur son autel. Y a-t-il progrès ou décroissance dans la dépravation? — Je vous le laisse à juger.

Je suis sorti de Pompéia par la voie des tombeaux. Sur chaque côté de cette route, un grand nombre de mausolées indiquent le Campo-Santo. Ces morts sont maintenant plus à l'aise, ils eurent long-temps deux cercueils!!! — Au nom de

Pompéia se rattachait celui d'Herculanum, et nous voulûmes visiter et unir dans la même journée les deux victimes de la même éruption ; mais Herculanum me parut bien moins intéressant que Pompéia. Ce n'est plus une cité, mais quelques ruines çà et là. La petite ville de Resine est venue sottement s'élever sur sa tête, et les colonnes antiques sont obligées de céder au toit moderne habité Pour la curiosité du voyageur, on est cependant parvenu à déblayer le grand théâtre, le même dans lequel on pense qu'assistait le peuple au moment de l'éruption, et moyennant d'énormes blocs en pierres, on a soutenu les fondemens des maisons de Resine. Nous l'avons parcouru à la lueur des flambeaux. Un peu plus loin de nouvelles fouilles se font avec activité, et déjà ont été couronnées de succès. Nous avons vu des mosaïques, quelques débris de colonnes, une rue et des cases particulières. J'ai maudit en partant cinq ou six fois Resine. Où diable est-elle venue se nicher?

Je ne vous parlerai pas de Stabie, qui, en 79, eût le même sort que Pompéia : elle est encore sous les cendres. — De Pompéia à Herculanum, nous avons traversé la petite ville de Torre Græco, qui, plus récemment, fut engloutie également. Les habitans aiment tellement leur patrie, qu'ils ont rebâti de nouveau et à la même place; les voilà déjà au dixième étage, une nouvelle éruption les fera sans doute monter au quinzième. — Nous voulions terminer notre journée par la visite du château royal de Portici; mais pendant notre absence de vingt-quatre heures, ce palais, qu'en le traversant nous avions laissé désert, était devenu le séjour de toute la cour, et personne ne pouvait y entrer. François Ier, roi de Naples, était mort le jour même où nous avions monté le Vésuve. Nous avons vu le volcan célébrer ses funérailles. Qu'elle était belle cette fête funèbre ! elle était digne d'un César.

Je suis, etc.

LETTRE XLII.

Au Même.

Naples, dimanche 14 novembre 1830.

J'AI passé quatre jours à Naples, sans avoir su les employer à quelque chose d'utile, le temps est rétabli, j'ai mille autres choses à voir dans les environs, et je suis dans la rue de Tolède à faire ce qu'on appelle à Paris le métier de badaud ; des jolies femmes, n'ai-je pas le temps d'en voir ? et puisque l'on jouit de ces curiosités en tous temps, ne devrais-je pas profiter de la belle saison pour visiter celles qui ont mille fois plus d'attraits, embellies par la nature. Les mœurs, les usages, n'ai-je pas le temps de les étudier ? et ne faut-il pas plutôt admirer tout ce que renferme de beau le délicieux royaume de Naples, avant de venir critiquer la dépravation de ses femmes ? Que de raisonnemens justes pour me faire marcher ? et voilà que l'enterrement d'un roi a suspendu toutes mes bonnes dispositions. L'enterrement d'un roi despote doit être une belle chose ; je veux y assister. Toutes les cérémonies sont empruntées aux usages espagnols, et je suis curieux d'en être le témoin. L'on vient de m'en apprendre une qui, déjà, m'a semblé très-bizarre : Après la mort du roi, quand vient l'heure accoutumée de son dîner, son grand chambellan s'approche de son corps, et lui dit : Sa majesté, veut-elle se mettre à table ? et un des grands qui se tient à la tête, de répondre pour lui : Je n'ai pas faim aujourd'hui, je ne mangerai pas. Tant que le corps est exposé, cette cérémonie se répète à tous les repas ; seulement le dernier jour, quand on va le descendre dans le caveau royal, le chambellan lui ayant fait la demande accoutumée, le représentant lui dit : Pour la dernière fois, je ne mangerai pas, mon corps n'a plus besoin de nourriture ; vos services me sont désormais inutiles : vous pouvez aller servir un autre maître. On doit sentir et expliquer facilement le but de cette cérémonie ; le principe despotique est là : les rois ne meurent jamais. — J'apprends à l'instant que la grande cérémonie est fixée à mercredi ; deux jours de liberté, il faut en profiter et les consacrer à quelque belle excursion.

Je suis, etc.

LETTRE XLIII.

Au Même.

Naples, lundi 15 novembre 1830.

Salut au grand poète latin, salut à Virgile, sublime chantre d'Énée ! Je voulais en ce jour parcourir les lieux qu'avait célébré son chant immortel, et je suis venu sur son tombeau me remplir de sa pensée, pour goûter avec plus de délices les charmes que sa lyre a répandus sur le rivage que je vais visiter. Je n'y ai plus trouvé ses cendres : l'urne cinéraire qui reposait sur un piédestal entouré de neuf petites colonnes fut transporté au Château-Neuf par ordre de Robert d'Anjou, admirateur de son génie et protecteur de Pétrarque, et depuis l'on ne sait ce qu'elle est devenue. Ce n'est plus qu'une grotte solitaire ornée d'un grand souvenir. Devant l'entrée se trouve l'inscription que Virgile composa lui-même avant d'expirer :

Mantua me genuit, Calabri rapuére, tenet nunc
Partenope : cecini pascua, rura, Duces.

Le laurier que la nature avait élevé à son génie : celui de Pétrarque, de Casimir Delavigne ne sont plus. Un chêne vert, prenant ses racines dans les parties élevées du rocher, les a remplacés, et, courbant sa tête pour le protéger, il lui rend hommage en lui servant d'abri. Dans le laurier, je vois son image; le chêne vert, c'est le grand qui l'adore et protège. J'ai pénétré dans cette grotte sépulcrale avec un certain respect, je me sentais en quelque sorte honteux de marcher sur la terre qui l'avait contenu. Je n'ai pas osé, cette fois, écrire mon nom sur ses murs sacrés. Celui de Rossini y est gravé; ce roi de la musique, sous l'inspiration du génie, aurait-il composé là un de ses chants divins? — C'est donc après avoir invoqué le maître que je me suis mis en route pour visiter ses ouvrages, et lui-même, me servant de guide, il a présidé à tous mes plaisirs.

La grotte de Pausilippe, située au pied du tombeau, m'a rappelé le Simplon; mais le Simplon n'aurait pu me donner l'idée de la grotte de Pausilippe. Le tour de force de l'un ne s'élève pas plus loin que six cent quatre-vingt-trois pieds de longueur, ici on a quintuplé l'extraordinaire, et le souterrain gigantesque n'est pas moins long que de neuf cent soixante pas. Pour éclairer cette grotte immense, deux soupiraux ont été pratiqués vers les deux extrémités, mais ils diminuent peu l'obscurité, et sans les réverbères qui sont placés de dix pas en dix pas, il y ferait une nuit profonde; l'on ne peut rendre l'effet que produit, en y entrant, ce jour éloigné et vaporeux, sur lequel se dessinent quelques ombres en silhouette. Le bruit des cris, des chevaux, des voitures, sous les voûtes retentissantes, cette infinité de lumières qui se détachent dans l'obscurité, c'est un spectacle unique; je fus près de me croire à ma descente aux enfers; mais c'était plus tard que m'attendait cette nouvelle jouissance: je dis cette jouissance, car je vous prie de croire que je suis comme

Énée, je n'y suis entré qu'à la condition d'en sortir. — Nous avons longé le bord de la mer; et après une heure nous sommes arrivés à Pouzzole, destiné par nous comme le centre de notre excursion : c'est là que nous avons arrangé définitivement, et non sans peine, le plan de notre journée. Se décider au milieu d'une masse de bateliers, de cochers, de guides qui voulaient les uns qu'on prit leur bateau, les autres leur voiture, n'est pas une chose facile; cependant nous avons eu la main assez heureuse pour tomber sur un des moins frippons. Il nous a fait remettre les curiosités de Pouzzole à notre retour, et nous sommes partis, par terre, pour visiter la ville de Cumes. — Les restes de la campagne de Cicéron, villa délicieuse, jadis baignée par la mer, le mont Barbaro, aujourd'hui frappant par sa terre inculte et déserte, autrefois appelée Gauro et célèbre par son excellent vin de Falerme, ont commencé à m'habituer aux changemens du temps sur la nature, et quand, à la place du lac Lucrin, s'est offert à ma vue une haute montagne, et lorsqu'au lieu d'un étang agreste entouré de sombres forêts innaccessibles à tous les mortels, je n'ai plus vu qu'un lac tranquille, découvert de tous les côtés, j'ai maudit l'inconstante nature et je me suis rejeté sur les souvenirs; j'avais Virgile avec moi!... Par un arc de triomphe, je suis entré dans Cumes, et cet arc de triomphe est le seul signe qui peut m'indiquer la ville dans laquelle je suis entré. D'une colline voisine, je domine sur une grande étendue de pays; et quand je cherche des habitations, des palais, mon œil ne découvre que des vignes croissant au milieu des pierres et des décombres. Le charmant lac de l'Icola, découpé en promontoire gracieux et plus loin celui de Patria, n'ornent plus qu'un désert. — Cumes, Linterne, vous avez disparu: le seul tombeau de Scipion l'Africain est resté debout au milieu de vos débris. Le reproche qu'il fait à sa patrie, *ingrata patria nec ossa quidem mea habes*, n'est pas encore effacé; le temps, les conquérans l'ont respecté, et sa mémoire est vengée par son immortalité.

Mais nous avons quitté notre colline, et après avoir cherché un amphithéâtre dans un jardin dessiné en forme de rotonde, nous avons continué nos courses sur un large pavé de dalles. La voie Appienne, car c'était elle que nous méconnaissions, nous a conduit au lac Fusare, autrefois l'Achéron. La barque à Caron n'est plus là pour transporter les âmes aux enfers, moyennant une obole. Un petit château royal a remplacé la cellule du nautonnier, et l'on paie aussi cher pour une douzaine d'huîtres (vingt-quatre grains) qu'il était bon marché pour passer la barque fatale. — Baies, jadis cité de délices et de voluptés, aujourd'hui ville de débris, autrefois le séjour des riches Romains, maintenant à peine habitée par quelques chaumières.

Les campagnes de Lucullus, de Néron, de Domitien, se sont écroulées comme leurs seigneurs, et trois temples seulement rappellent deux déesses et un dieu. Diane, Lucifer, Mercure, Vénus, tiennent encore à quelques honneurs, et dans leurs ruines demandent d'être admirés. Diane et Vénus sont, dans leur position, de l'effet le plus pittoresque; et Mercure étonne par la promptitude avec laquelle il transmet vos pensées. En se tournant d'un côté de la muraille, vous parlez tout bas, et la personne qui se trouve de l'autre côté vous entend et vous répond, sans que celles qui sont au milieu puissent vous entendre. Mercure ici serait favorable à deux amans. Mercure fut toujours un messager discret et fidèle. — Nous devions ensuite nous embarquer pour le cap Misène, et parvenir jusqu'aux Champs-Elysées; mais, faute de temps, il nous a fallu renoncer à ce projet, et couper en deux l'excursion que nous avions arrangée en une seule. Nous sommes donc restés en enfer, et la porte du séjour des bienheureux nous est encore fermée pour aujourd'hui.

Pour continuer nos courses, nous prîmes à Baies une barque qui semblait nous attendre. En effet, je n'eus pas de peine à reconnaître, dans nos rameurs, cinq ou six de nos pêcheurs qui nous avaient harcelés à Pouzzol. Ne pouvant nous suivre par terre, ils avaient pris leur parti, et étaient venus nous attendre là où ils pensaient qu'on aurait besoin de leurs services. Nous avions marchandé notre trajet à chacun d'eux, comme à autant d'intérêts différens; et ces padroni factices, après nous avoir attrapés, sautèrent dans la même barque, et nous comprîmes alors comment se faisait la concurrence. — Nous sommes restés peu de temps aux bains de Néron. Je n'y étais pas venu pour prendre un bain de vapeur; et la chaleur était si forte, que, parvenu au quart de la course exigée pour la confection du remède, il me fallut rebrousser chemin. Le capitaine Speeck fut le seul de nous quatre qui franchit tout obstacle, et qui traversa entièrement ce souterrain brûlant. Nous lui demandâmes ce qu'il avait vu; il nous répondit : « Plus que du feu, j'ai manqué d'étouffer. » — Etant près d'arriver à la fameuse caverne de l'Averne, nous nous informâmes s'il était facile d'y entrer, et les rameurs de nous observer que, moyennant des chevaux, la descente aux enfers était très-facile. Charmés de ne pas avoir besoin du rameau d'or pour pénétrer dans le ténébreux séjour, nous arrivâmes à la porte de l'antre, et, moyennant deux carlins, le custode, ou le chien de la sibylle, nous fit entrer chez sa maîtresse. Après avoir fait quelques pas dans ce passage obscur, nous attendions les chevaux que l'on nous avait promis, quand quatre hommes armés de torches se présentèrent à nous et nous offrirent leurs dos comme d'excellentes montures. Jugez de notre étonnement en voyant ces chevaux humains, après ce que nous avaient dit nos bateliers. Nous n'avions pas pensé que nous étions dans le pays des fictions, et que la selle d'un coursier pouvait très-bien s'entendre du petit manteau lazzaroni. Ainsi, nous montâmes à cheval et nous nous enfonçâmes dans le labyrinthe de la prophétesse, à la file l'un de l'autre, à travers des allées étroites, nos chevaux ayant de l'eau jusqu'aux genoux. Nous sommes parvenus à notre première station, sur le lit de pierre de la sibylle, bien sale et bien exigu. Du côté de la tête, on nous fit remarquer une ouverture par laquelle Néron allait s'entendre avec elle pour lui faire rendre ses oracles. Remontés sur nos bêtes, elles nous ont fait parcourir une multitude de cellules, toujours remplies d'eau : mais, étouffés par la fumée de nos flambeaux, embarrassés de conserver notre équilibre, il nous fut difficile de nous rendre compte de ce que nous expliquaient nos animaux savans. Nous leur criions que nous voulions absolument sortir, que nous ne pouvions plus respirer, que nous allions tomber ; mais eux, fidèles à leur leçon, quoique serrés fortement par le cou, ils ne nous ont pas fait grâce d'une entrée ; et qui se rappellera Virgile :

Qui jati ducunt aditus centum, ostia centum.

jugera de notre fatigue et de notre position comique. Enfin, ils nous ont déposés où ils nous avaient pris ; et après les avoir régalés de quelques carlins, nous avons salué l'Averne pour la dernière fois, et nous sommes repartis pour Pouzzole. — Il était déjà très-tard quand nous y arrivâmes ; nous nous étions trop amusés en chemin, n'ayant pas, comme Énée, une prophétesse pour nous distribuer notre temps. Les curiosités de la ville souffrirent de notre retard. Nous dépêchâmes un ancien temple dédié à Auguste, et aujourd'hui la cathédrale; nous nous arrêtâmes à peine dans un amphithéâtre où saint Janvier, exposé à la fureur des bêtes, se daniélisa pour convertir quarante mille personnes; et il nous fallut passer légèrement sur un temple dédié à Jupiter, admirable cependant par l'effet de ses ruines.

Avant de pouvoir regagner notre voiture, un terrible assaut nous attendait. Ce n'étaient plus les bateliers nous offrant leur nacelle, mais une multitude de marchands d'antiques qui nous exposaient à l'envi leurs trouvailles merveilleuses. L'un, c'étaient plusieurs camées si propres et si luisans, que leur antiquité paraissait bien nouvelle; l'autre, c'étaient de vieilles monnaies, des figures de bronze trouvées dans les ruines de Baies; celui-ci, c'étaient des cailloux de couleur pris dans l'antre de la sibylle; cet autre, des squelettes de poissons du lac Averne. Enfin, nous étions assaillis de tous les côtés, et tellement pressés que nous ne pouvions plus avancer. Les seuls coups de fouet du cocher nous tirèrent d'embarras. Ils coururent encore quelque temps après notre voiture, puis nous les perdîmes de vue. Je ne connaissais pas cette nouvelle espèce de mendians, et je ne sais pas vraiment si elle n'est pas plus tenace que la première. Ils veulent, bon gré mal gré, vous faire aimer les antiquités, et grâce à eux, je suis déjà possesseur d'une assez riche collection. — En partant, une statue antique de Flavius frappa nos regards.

Pour revenir à Naples, nous avons suivi une autre route. Après avoir côtoyé quelque temps la mer, nous sommes arrivés près du lac d'Agnano, cratère d'un ancien volcan, et dont les eaux, sans doute pour cette raison, semblent toujours bouillonner. La pitié anglaise nous a fait renoncer au désir de voir faire l'expérience du chien dans la fameuse grotte *del Cane*, voisine du lac, et nous sommes rentrés à Naples par la grotte de Pausilippe, que nous avions admirée le matin. — Nous avons remercié Virgile de l'heureuse journée qu'il venait de nous faire passer. Je ne me doutais pas, dans mon enfance, en traduisant son sixième livre de l'*Enéide*, que je parcourrais les lieux qui en faisaient l'objet. Aujourd'hui je suis redevenu écolier, et j'ai recommencé à traduire avec bien de l'intérêt.

Je suis, etc.

LETTRE XLIV.

Au Même.

Naples, mardi 16 novembre 1...

Le tombeau de Virgile va devenir ma promenade favorite aujourd'hui, je lui devais cent actions de grâces de mes plaisirs de la veille, et j'ai été passer près de lui trois heures d'extase et de ravissement. Je n'avais plus à côté de moi ce guides insipides qui vous tuent l'enthousiasme. J'étais seu avec mon ami Édouard, et nos pensées n'étaient troublées par rien. Tantôt assis sur les marches de la grotte, tantôt appuyé contre un des rochers, je laissais errer mes idées dans un vague délicieux; sans me rendre compte de mes sensations, je me trouvais heureux, et le bruit sourd que produisaient les voitures, roulant avec rapidité sous la voûte de Pausilippe, se mêlait volontiers au silence des alentours, et concourait encore aux charmes de ma rêverie. Quelquefois aussi nous allions nous reposer sur le banc, élevé sans doute par l'admiration à la mémoire du génie, où ces quatre vers sont gravés sur le marbre :

> Près du chantre divin, dont la lyre immortelle
> Répéta des pasteurs les doux et tendres vœux,
> Sur ce banc consacré par l'amitié fidèle,
> Amis, reposez-vous et resserrez vos nœuds.

Là, nous n'étions plus, il est vrai, abrités sous le chêne vert du poète; mais, sans l'oublier, nous jouissions de la vue la plus magnifique, et la baie de Naples s'offrait, de ce point élevé, d'une manière plus séduisante que jamais. Le jardinier, cultivant la vigne qui renferme l'auteur des *Géorgiques*, ne nous laissa pas assez long-temps le bonheur d'admirer; il était déjà tard, et il tenait à retourner chez lui. En pensant à Virgile, j'avais oublié le temps. Ah! oui, bien certainement, je viendrai ici l'oublier encore!

Je suis, etc.

LETTRE XLV.

Au Même.

Naples mercredi 17 novembre 1830.

Hier, je parlai Virgile, et j'oubliai le roi. Le soir effaça le matin, et mon imagination, au lieu de parler de la présente réalité, chanta des souvenirs. Au milieu d'une salle drapée de noir, un corps de roi couché sur un lit de parade, entouré de gardes immobiles comme des images de cire, voilà ce qu'une grotte m'avait fait oublier. Aujourd'hui, François Ier a plus d'empire : pour un roi mort j'ai laissé un dieu, et ma journée entière s'est perdue pour voir passer les restes d'un grand. — Vers onze heures, j'avais compté, avec mon ami, faire une longue excursion dans les environs du château Saint-Elme, pensant avoir assez de temps pour être de retour à trois heures que devait commencer la cérémonie ; mais, en passant dans la rue de Tolède, il y avait déjà une telle affluence de monde, que, craignant de ne pouvoir rester au milieu d'une telle foule sans risque d'être étouffés au moment de la procession, nous mîmes de côté nos projets, et nous songeâmes à nous procurer des places sur un balcon : c'était là le difficile. Nous entrâmes inutilement dans plusieurs maisons. Les uns demandaient deux piastres pour une place au deuxième rang; les autres n'avaient pas même un sixième étage à nous offrir, tout étant déjà envahi. Un limonadier ne voulut pas, pour une piastre, nous permettre de nous percher sur l'échafaudage de sa boutique ambulante. Enfin, nous désespérions déjà de pouvoir nous hucher quelque part, quand nous rencontrâmes un baron italien de nos amis qui nous offrit sa maison. Placés à midi, sans oser nous déranger, de peur de ne plus retrouver notre place, nous eûmes le temps de faire nos observations.

Pour vous donner une idée du spectacle unique qui, pendant plusieurs heures, se déroula devant mes yeux, il faut d'abord vous mettre au courant de la situation de la rue de Tolède. Cette rue, presque droite, très-large, commence au Palais-Royal, et s'étend au moins à deux milles de longueur; elle est entourée, de chaque côté, par des maisons à cinq ou six étages, terminées par une terrasse, et ornées d'un balcon à chaque fenêtre. Figurez-vous donc ces milliers de balcons garnis de trois ou quatre rangs de personnes entassées les unes sur les autres, cette multitude immense de peuple qui se pressait dans tous les sens; des voitures, des chevaux arrêtés au milieu de ces masses sans pouvoir avancer, des régimens débouchant par toutes les rues, et faisant refluer la foule avec désordre; puis le bruit de la musique, des tambours, les cris des marchands, des cochers, des malheureux écrasés. A ces masses d'un coup d'œil si bizarre se joignaient aussi de bien agréables détails. Dans ces milliers de personnes entassées sur ces balcons, l'on apercevait des milliers de jolies femmes parmi cette mer de têtes qui peuplaient la rue de Tolède, se distinguait le bonnet rouge du lazzaroni, et la coiffure aus-

jolie qu'originale des femmes des environs de Naples, accourues en foule pour la cérémonie; leurs corsages en velours vert brodé d'or, avec leur jupon rouge; le petit manteau brun des marins, les riches turbans des Arméniens; tout cela avait un caractère étranger qui me plaisait infiniment. — Cependant les troupes se placèrent, sur deux rangs, de chaque côté de la rue, et, la foule se rangeant peu à peu derrière ces remparts de baïonnettes, la scène, en changeant, perdit de son beau désordre, et ce ne fut plus qu'aux voitures et aux aides-de-camp que fut consacré le milieu de la rue. Mais trois heures avaient sonné; plusieurs coups de canon se firent entendre, et nous apprirent que le cortége se mettait en marche. Mon œil, qui, depuis une demi-heure, se trouvait fixé à un certain balcon, changea de direction, et devint, pour la procession, infidèle à de bien beaux yeux. — Un escadron de gardes-du-corps ouvrait la marche; derrière lui, trois tambours couverts de crêpes, avec un bruit lugubre, et deux petites trompettes, auxquelles, par des espèces de sourdines, on avait donné un son aigre et aigu, jouant un air sans doute consacré et aussi vieux que la monarchie, précédaient une trentaine de hallebardiers escortant la voiture d'honneur à huit chevaux, dite *de rispetto*. Venait ensuite une longue armée de séminaristes de toutes les couleurs, cuirassés de petits surplis, en bas rouges, bleus et violets, couverts d'hermines et de satin. La nombreuse livrée du roi et les chanoines du palais, *autre dignité domestique*, avec l'ancien costume espagnol de fous de roi, en petits habits de velours bleu de ciel, avec des toques pointues ornées de marabouts noirs; puis enfin les hérauts d'armes, habillés aussi à l'espagnol, en satin cerise, en avant des gentilshommes de la chambre; voilà quel était, si j'ose m'exprimer ainsi, le premier acte de la procession. Un nouvel escadron de gardes-du-corps ouvrait le second, et puis, entouré de prêtres, de gros chanoines, d'évêques, des grands de la cour couverts de croix et de cordons, s'avançait, lentement conduite par huit superbes chevaux noirs richement harnachés, la magnifique voiture funéraire. Dans cette espèce de corbillard doré, d'une forme antique et monarchique, étaient assis deux archevêques, un crucifix à la main, et appuyés sur le cercueil tout brillant d'or. Dix chevaux couverts, de draperies de deuil, conduits à la main par autant d'écuyers, suivaient presque immédiatement; puis encore un escadron de gardes-du-corps. La troisième partie du cortége se composait de douze mille hommes de troupes formées presque en totalité par la garde et les Suisses. Enfin, seize voitures du roi, attelées chacune de six chevaux, pouvaient à peine se faire jour à travers la canaille, qui voulait aussi être comprise dans l'escorte, et qui se pressait derrière les troupes. -- J'étais au moment de quitter mon balcon, le plaisir de voir défiler des régimens ayant pour moi peu d'attraits, quand arriva un événement, en lui-même peu important, mais qui manqua avoir pour Naples des suites bien fâcheuses. Un officier de la garde, insulté par un homme du peuple, voulut punir l'insolent par quelques coups de plat de sabre; l'homme, en s'enfuyant, se rejeta sur la foule, et se fit jour à travers elle en jetant quelques cris; et voilà cette masse de peuple qui, sans en savoir la cause, se croit attaquée, reflue avec précipitation dans les rues adjacentes, et entraîne tout dans sa fuite. Les troupes, de leur côté, qui se connaissent détestées par le peuple, et qui, pendant toute la cérémonie, ont craint une révolte, s'imaginent, en voyant un grand mouvement, que le signal est donné, et qu'on veut les massacrer. A l'instant tous les bataillons se débandent : les uns sortent de leurs rangs, les autres déchirent leurs cartouches, chargent leurs fusils, et s'apprêtent à tirer. En vain les officiers cherchent à les retenir : un soldat même, sans aucun ordre, a l'audace de faire feu. Par un hasard extraordinaire, l'amorce n'est pas partie, et Naples a été sauvée d'une révolution complète. Jamais on ne vit une pareille terreur panique; elle était des deux côtés : de part et d'autre, on ignorait l'attaquant, et l'on allait en venir aux mains par la crainte même que les deux partis avaient de s'attaquer. Un peuple de lâches, craignant des hommes plus lâches encore, allait enfanter une révolution. Un bataillon suisse, il est vrai, les aurait mis en fuite : — car le lazzaroni n'a plus de courage ; il est mort avec Masaniello !!

Je suis, etc.

LETTRE XLVI.

Au Même.

Naples, samedi 19 novembre 1830.

Que vient ici faire la pluie, je vous le demande? Déranger une excursion charmante, traverser tous les projets les mieux combinés, nous forcer à rentrer à Naples, enfoncés dans notre voiture, sans oser mettre le nez à la portière, et parcourir le plus délicieux pays du monde sans pouvoir le regarder, tout cela pour annoncer la lune! Cette dame, dit-on, quand elle commence à se montrer à Naples, avertit toujours les Napolitains de son arrivée par deux jours de baptême. Que ne prévenait-elle donc les étrangers de son usage ridicule? on se serait accommodé avec elle. Mais pas du tout. Jeudi, elle vous donne un jour magnifique pour vous inviter à courir les champs, et, quand une fois vous êtes en route, la traîtresse se rit de votre crédulité, et vous arrose de ses bénédictions. Ah! je me souviendrai long-temps du mauvais tour qu'elle m'a joué. — Jeudi donc, sous les plus heureux auspices, nous nous sommes mis en route pour Salerne. Nous connaissions déjà une partie de la route, et, semblables aux Hébreux suivant un divin nuage qui les guidait vers la terre promise, nous eûmes long-temps devant les yeux la colonne noire et nuageuse du volcan pour nous rappeler qu'Herculanum, Torre Græco et Pompéia n'étaient pas éloignés de nous. Mais peu à peu nous perdîmes de vue notre guide infernal, et, sous le ciel le plus pur, nous traversâmes avec délices la nature la plus belle. Une charmante allée de peupliers dont les tiges élevées, unies par les festons gracieux de la vigne, exposaient à nos regards d'énormes grappes de raisins, nous conduisit au joli village de Nocera, et puis à celui de Cava, situé sur le haut d'une colline de la manière la plus pittoresque. Des montagnes, des ruines, quelques maisons éparses semblables à des chalets, me firent penser un instant à la Suisse; mais des bois d'orangers, étalant à nos yeux leurs fruits dorés, cadraient peu avec les glaciers, et j'oubliai les souvenirs helvétiques pour admirer la charmante situation de Salerne.—Devant une baie aussi jolie que celle de Naples est belle, j'ai passé la soirée; et le soleil, en se cachant dans sa couche dorée, m'avait promis le plus beau réveil, quand, le lendemain, il m'offrit un ciel aussi gris que la veille il était azuré. Nous partîmes cependant pour Pestum : nous pouvions admirer des ruines sans la participation d'un beau jour, et ce n'était qu'à Amalfi que la belle nature nous était nécessaire; mais elle devait nous traiter avec rigueur, et entraver toutes nos résolutions. Nous sommes arrivés à Pestum fatigués d'un air lourd et épais, et avec la plus grande envie de dormir : le sommeil, dans ce charmant pays, c'est la mort ; et chacun de nous servait à l'autre de garde de vie. Avec une petite terreur panique, faisant écarter cinq ou six visages livides qui nous suivaient avec acharnement, nous avons parcouru toutes ces ruines, qui consistent en trois temples (1) ornés de superbes colonnes, que les dieux infernaux ont conservés sans doute pour attirer à eux de temps en temps quelques victimes. — Je ne sais, en vérité, à quoi attribuer le peu de sensation que ces restes magnifiques m'ont fait éprouver; mais mon admiration n'a pas eu ce feu, cette exaltation que je ressens ordinairement devant une belle antiquité, et je me suis trouvé froid en présence de ces trois merveilles : je suis resté anéanti et comme effrayé à la vue de ce pays désolé, et, tout en m'écriant : Que c'est beau! que c'est beau! j'ai souhaité de voir placées autre part d'aussi rares beautés.

Pestum, dit-on, fut jadis un lieu de délices! Les temps sont bien changés! des reptiles venimeux pour peupler les

(1) Ces temples ne sont connus que depuis 1775 ; une découverte aussi tardive a peine à se concevoir, et semble d'autant plus extraordinaire qu'ils ne sont cachés par rien, étant situés dans un terroir plat au bord de la mer. L'air pestilentiel qui règne dans cette contrée est la seule raison que l'on puisse donner à ce retard.

C'est à un jeune paysagiste, parcourant les environs de Salerne, auquel il faut rendre grâce de ces admirables antiquités.

temples, un air pestilentiel qui donne la mort à celui qui le respire, et deux grandes chaumières où se traînent avec peine quelques cadavres vivans; enfans de la peste, ils habitent son séjour, et l'air qui les fait vivre les fait bientôt mourir. Quelques années encore, et le désert n'aura plus d'habitans.

Mes trois compagnons voulurent dîner avant de s'en retourner, et parvinrent à se faire accommoder deux poulets. Malheureusement j'assistai à leur préparation, et ayant aperçu notre hôte pestiféré retourner notre rôti avec une main décharnée et mangée par la fièvre, mon dégoût fut si grand qu'il me fut impossible de rien toucher. Raimond mangea comme à son ordinaire; mais les deux anglais, mes deux autres compagnons, viennent de m'avouer qu'ils ont eu besoin de beaucoup d'efforts. Je n'ai pas eu le même courage.

Nous avons quitté Pestum vers deux heures, munis encore de quelques antiquités. Ces pauvres gens semblaient si malheureux qu'il fallait bien leur payer le plaisir de les voir.
— C'est en revenant que je remarquai pour la première fois des troupeaux de buffles; ici ces animaux sauvages remplacent les bœufs, et, comme eux, on les attache à la charrue.

Nous sommes arrivés à Salerne un peu tard, et pour ainsi dire obligés de subir une quarantaine. La pluie à verse est un cordon sanitaire pour Amalfi. Nous sommes revenus à Naples sans savoir quand nous pourrons terminer nos projets.

Je suis, etc.

LETTRE XLVII.

Au Même.

Naples. dimanche 21 novembre 1830.

La Chiaia, dans l'intérieur de Naples, est la plus jolie promenade, et, comme les Cascine à Florence, elle est presque entièrement usurpée par les étrangers. Quoique d'une étendue plus grande que les Tuileries, elle leur ressemble beaucoup. D'un côté est elle baignée par la mer, de l'autre fermée par des grilles, et donnant sur une large rue où passent tous les brillans équipages qui vont jusqu'à la pointe de Pausilippe, comme, à Paris, on va jusqu'à la barrière de l'Étoile. Le coupé, le tilbury, le landau s'arrêtent assez volontiers devant les grilles, et déposent, avant de continuer leur course, l'élégante, le dandy, le milord, qui sont bien aises de faire une station pour se montrer. Enfin, tout est là parisien jusqu'aux sentinelles suisses qui gardent les avenues (pardonnez-moi cette petite erreur : quand j'ai quitté Paris les Suisses y étaient encore). Je me suis donc promené aujourd'hui sur la copie de mon domaine, et je crois avoir retrouvé plusieurs des jolies anglaises, anciennes habituées de l'allée des Feuillans. C'était cette finesse, ce bon goût, ce charme de la capitale ; au lieu de l'attifement des Napolitaines, qui entassent tout ensemble et le marabou et le bonnet du matin ; je reconnaissais cette simplicité élégante, ce je ne sais quoi que la duchesse italienne désespère d'attraper. Si je faisais un journal des modes, je vous dirais que tout le monde était en noir de la tête aux pieds. Adieu, dans ce pays, mes prétentions d'élégant; devais-je prévoir qu'un roi allait mourir et qu'il me fallait apporter une garde-robe de deuil ; j'espère qu'à Rome le pape ne s'avisera pas d'en faire autant.

Je suis, etc.

LETTRE XLVIII.

Au Même.

Sorrente, près Naples, lundi 22 novembre 1830.

Edouard et moi, ce matin, au moment d'entreprendre une nouvelle excursion, nous avons fait emplette, sous les auspices d'un dandy lazzaroni, d'un joli bonnet rouge et d'une redingote à capuchon ; puis, revêtus de notre nouvel uniforme, en présence de tous les marinari, qui riaient de se voir ainsi travestis, dans une jolie barque à voile, nous nous sommes dirigés sur Castellamare ; une brise légère nous secondait, et nous fendions les vagues avec vitesse. Portici, Resine, Torre Græco, l'Annunziata, au loin Pompéia, passèrent tour à tour devant nos yeux, et cette lanterne magique de la nature, d'un effet ravissant, nous fit trouver trop courtes les trois heures que nous mîmes dans notre traversée. A midi nous avons touché Castellamare, et nous avons monté au château royal de Quisisiania. Pour y arriver, nous passâmes par une allée très-longue formée d'arbres qui se réunissaient en un joli bosquet, et remarquable surtout par une température très-fraîche sans aucun rapport avec le climat de Naples. Parvenus dans la partie la plus élevée du parc, nous avons été transportés par une vue magnifique et bien digne d'être le vis-à-vis du belvédère de Pausilippe. Naples, le Vésuve, Pompéia, Ischia, Procida, se déployaient à chaque horizon de la mer avec un pittoresque sans égal, et l'on ne pouvait se rassasier d'une nature si sublime et si miraculeuse; mais il fallut subir le sort de tous les voyageurs qui ne peuvent admirer long-temps l'objet qui les réjouit; et, après une trop courte station, nous descendîmes, et nous continuâmes notre route vers Sorrente, pressés que nous étions d'y arriver, afin de jouir aussi de son panorama avant le coucher du soleil. Toujours secondés par le vent, une heure nous a suffi pour atteindre le but de notre journée, et, après avoir déposé nos petits paquets à l'auberge, nous nous sommes mis en route pour gravir la montagne. — Sorrente est déjà située sur un rocher élevé au-dessus de la mer, et cependant nous fûmes près de deux heures avant d'arriver au sommet de la montagne qui la domine encore. Que de regrets, que de malédictions! Malgré tous nos efforts, malgré les excitans d'enthousiasme que nos cannes avaient donnés à nos montures, elles n'avaient pu se presser assez vite pour arriver à temps: le soleil était presque couché, et nous ne pouvions plus plonger dans l'espace : nous avions, des deux côtés, deux baies délicieuses, et c'était pour ne les juger qu'à demi! — A notre retour, nos maudites bêtes, qui avaient été assez peu enthousiastes pour ne pas avoir su l'emporter en vitesse sur les coursiers du soleil, souffrirent de notre mauvaise humeur.

Arrivés à Sorrente, avec un dîner *cosi, cosi*, nous attendait un spectacle bien amusant et bien comique. La padrone de notre auberge, heureuse mère de trois filles et de deux fils, ayant encore pour titre une qualité que je laisse deviner, vint, à notre dessert, s'établir derrière nous avec toute sa portée. De ses trois filles, une seule était aux champs; et ces deux nouvelles Grâces, sous la présidence de leur vénérable chaperon, tout en nous séduisant par leurs talens enchanteurs, nous firent bien regretter la troisième. Aux danses nationales succéda la guitare, à la guitare la walse de notre pays, et puis on revint aux danses nationales. Malheureusement nous étions deux pour une; et ces charmantes syrènes semblaient beau vouloir se mettre en quatre, elles ne pouvaient suffire à tout le monde. La mère, qui, par son gracieux embonpoint, se flattait de compter pour deux, paraissait désirer qu'on la tirât au doigt mouillé; mais on n'alla pas jusque là. Pour terminer le divertissement, on fit avaler du punch à la mère Gigogne et à ses enfans; et ces demoiselles, pour avoir voulu contenter tout le monde, laissèrent passer la nuit sans contenter personne. La mère m'a bien engagé de dire à tous mes amis et connaissances de descendre chez elle quand ils viendront à Sorrente, et de raconter la manière charmante avec laquelle elle nous a reçus. Vous voyez, mon ami, que je m'acquitte de ma promesse; et je vous prie, en allant à l'Hôtel de Paris, de parler de ma recommandation.

Je suis, etc.

LETTRE XLIX.

Au Même.

Naples, mardi 23 novembre 1830.

Décidément les dieux ne sont pas pour nous, et le terrible Éole ne veut pas, pendant deux jours, nous être favorable. Aujourd'hui les vents se déchaînent avec fureur contre notre nacelle, et nous ferment le port de Caprée. C'est encore un voyage manqué, et avant que le dieu, par un souffle plus pernicieux, nous joue un plus mauvais tour et nous fasse rester à Sorrente, il faut avec promptitude nous rembarquer pour Naples. Comme Ulysse, je crie à mes compagnons : Fuyons cette plage perfide, j'entends déjà nos sirènes de la veille qui se sont levées pour nous retenir et qui chantent pour nous enchanter. Vite du coton dans les oreilles, partons, je ne tiens plus à leurs accents. — Mais quelle est cette maison située sur le haut du rocher de Sorrente ? j'y vois écrit le nom du Tasse. Etourdi que j'étais !... j'allais quitter cette terre, sans saluer le lieu de la naissance du grand homme. — De quel terrible retour j'étais menacé ! Adieu ma bravoure de Livourne, la mer s'était souvenue de mes désirs de tempête et elle est venue remplir mes souhaits. Une pluie à verse dont nos redingotes de lazzaroni ne pouvaient pas même nous garantir, un gros vent qui luttait avec avantage contre nos faibles rames, et d'énormes vagues qui nous enlevaient dans les airs pour nous faire retomber ensuite dans un vide effrayant, c'est ce qui valut au ciel mille imprécations. Le capitaine anglais Speeck, dont j'ai déjà parlé, et moi, nous fûmes terriblement malades ; il avait beau me crier à travers ses nausées : C'est bien bon, c'est excellent pour la santé, je n'ai jamais pu comprendre le bénéfice de ces souffrances. J'ai maudit la mer, la pluie, les vents, je me suis maudit moi-même, et, comme le corbeau, j'ai juré, mais un peu tard, qu'on ne m'y prendrait plus.

Je suis etc.

LETTRE L.

Au Même.

Naples, mercredi 24 novembre 1830.

Le musée de peintures modernes à Naples est une plaisanterie, et ce n'est qu'à la galerie des statues antiques, aux salles où sont renfermés les bronzes, les marbres et les peintures à fresque trouvés dans les trois villes neuves romaines, que l'on peut aller chercher de l'admiration. Aujourd'hui nous n'avons pu tout parcourir, et il en reste encore au moins pour une séance; c'est par les peintures à fresque que nous avons commencé. La plupart sont encore assez bien conservées pour pouvoir en juger. Peu de correction de dessin, peu de goût dans le style, mais de l'effet d'ensemble; il y a du mouvement, de la vie, et c'est quelquefois bien entendu. Plusieurs sujets sérieux, beaucoup d'allégories, des sacrifices aux dieux. La satire semble leur plaire par dessus tout; ils ne faisaient pas mal les caricatures. La fuite d'Énée de la ville de Troie, portant son père sur ses épaules et tenant son fils par la main, avec des têtes de singes à grand nez, est peut-être ce qui a donné l'idée à Granville de ses caricatures avec des têtes d'animaux. — En passant dans la salle des bronzes on y remarque toujours une grande négligence de dessin, de la raideur dans les formes, et le ciseau romain est bien loin du ciseau grec. Tous les bustes cependant ont beaucoup de caractère, et ces Tibère, ces Auguste, ces Néron, semblent parler et ont dû être ressemblans. Plusieurs ouvrages grecs ont été trouvés dans les fouilles d'Herculanum et Pompéia; mais c'est dans la salle dite Farnèse qu'il faut plus admirer ces maîtres du marbre. — Voyez ce fameux Hercule comme il repose, et son repos c'est la force. Ses membres semblent affaissés sous la fatigue et sa fatigue, fait trembler. On a toujours représenté Hercule dans un de ses exploits. Qu'elle fût bien plus grande l'idée de Κλγεαι αθηαιος, Hercule oisif et se reposant. Pour faire sentir Hercule, on étalait les efforts d'un homme robuste; on le reconnaît ici, et il repose. Dans ces membres que de muscles, que de vigueur; il est appuyé sur sa massue couverte de la peau néméenne et son bras qui tombe avec nonchalance, on craint de le voir se relever. Sa figure est froide quoique sans dédain; il a triomphé de tout, mais il n'est point fier de ses victoires : ses victoires n'étaient rien pour lui. — Ce colosse est de marbre, il m'a fait trembler. — En fuyant Hercule, je me suis trouvé sous le fameux taureau Farnèse. Dircé est liée par les cheveux aux cornes de l'animal furieux. C'est Antiope sa rivale qui a ordonné son supplice. C'est elle qui, par pitié veut l'épargner; avec quelle promptitude ses deux fils Zéto et Amphion s'élancent pour la délivrer. Avec quelle force ils retiennent le taureau qui s'élance. C'est une composition admirable et au-dessus de tout ce que j'ai vu en ce genre. Il paraît que ce chef-d'œuvre avait été horriblement mutilé; à un artiste de Milan on doit de le revoir tout entier. Honneur à ce moderne : on le croirait de la même main,

Je suis etc.

Naples, *vendredi 26 novembre* 1830. Je — quitte Naples ce matin entraîné, par l'amitié et l'amitié qui m'en traîne me fait de nouveau braver la mer. Ce n'est plus près du Vésuve que me balance la barque qui ; m'agite entre des rochers qui s'élèvent au milieu de la mer, et qui, après avoir été forteresses, sont redevenus rochers; je passe en les évitant. Les riantes campagnes de Portici ne réjouissent plus mes yeux, mais c'est à l'aride nature, à des bords escarpés. que mon âme se consacre. A peine si je touche à l'ermitage adossé aux ruines de l'école de Virgile, notre esquif marche avec vitesse; nous quittons la rive, et bientôt nous sommes entrés dans le port de Procida. Procida n'a que son nom célèbre, et je m'étonne encore qui lui a acquis sa célébrité. Ischia et le cap

Misène se disputent et réclament chacun les droits de la paternité. Un tremblement de terre a fait une île d'un côté d'une des deux, et les savans naturalistes n'ont pas encore décidé sa véritable famille. — D'assez jolis points de vue, une grande fertilité, des femmes avec des costumes imités des Grecs et que j'aime mieux voir à l'Opéra, ont bientôt satisfait ma curiosité, et à moitié fâché de m'être détourné pour si peu de chose, j'ai repris la route du cap Misène.

Je venais de parcourir la patrie et l'ancien domaine du Giovani, ordonnateur des fameuses vêpres siciliennes, et mon cœur français a frémi à ces souvenirs d'horreur. — En partant, nous avons jeté quelques monnaies au milieu de l'eau, et ces habitans, comme de misérables oiseaux de proie, avides de quelques sous, se sont jetés à l'envi dans la mer, et nous ont donné le spectacle de leur avidité.

Mais nous avons atteint le cap Misène, et, avec Mme de Staël, nous parvenons au sommet, près de l'ancienne maison de Lucullus. C'est là qu'improvisa Corinne avec toute sa mélancolie attendrissante; c'est là qu'inspirée par la belle nature qui l'entourait, elle chanta avec tant de mélodie et de sublimité. Je suis les charmes de sa lyre avec un bonheur sans égal; j'étudie avec elle tous les lieux qui furent dignes de son improvisation, et je me sens plus qu'heureux de pouvoir parcourir en détail ce que ses accens plaintifs ont célébré. Ici même où je suis, l'infortuné Misène fut plongé dans les flots par un Triton jaloux de sa gloire, et qu'il avait défié. C'est de ce promontoire que partit Pline pour aller observer le phénomène du Vésuve. Conquérant de la science, la science le fit immortel, la science le fit mourir !

Si je quitte mon observatoire admirable, si je côtoie le bords de la mer morte, je me trouve tout à coup sous un température plus douce ; le climat change, ici plus d'hiver, je vais quitter la terre, et j'entre aux Champs-Elysées. Le cactus à larges feuilles, le sauvage aloès, le pin d'Amérique, dont le sommet élevé semble, dans les airs, un nuage de verdure; le citronnier en pleine terre, avec son parfum délicieux, tout est là un printemps éternel, et me fait croire à la fable poétique. Je serais volontiers resté au séjour des élus; mais le temps n'est pas encore venu pour moi, et je reviens sur la terre. — L'on me fait descendre dans une espèce de labyrinthe appelé les *Cento Camerelle*. Je me traîne à genoux dans ces cellules horribles, bâties, dit-on, par Néron pour renfermer ses victimes, et je reconnais là des rivales des cachots de Venise. Néron, immortel de cruauté, se montre, plus loin, sous la forme de parricide : le tombeau d'Agrippine est là à quelques pas de la mer. Le monstre avait choisi les flots pour sa tombe ; ses cendres sont à côté du cercueil humide qu'il lui avait destiné. — La piscine, admirable, est un reste magnifique d'un grand réservoir que Lucullus fit construire pour fournir de l'eau douce à toute la flotte romaine qui était arrêtée dans le port de Misène. L'on descend dans cette superbe construction par deux escaliers, chacun de quarante gradins, divisés en plusieurs arcades soutenues par 48 pilastres. Sa longueur est de 278 palmes, sa largeur de 93, et sa hauteur de 25. Ce sont des ruines dignes de la grandeur romaine.

Quand nous nous rembarquâmes, il était déjà tard ; le vent avait changé tout à coup, et nous allions être obligés de lutter encore avec lui. Nous fûmes bien long-temps sans pouvoir perdre de vue le cap Misène ; le vent était plus fort que nos cinq rameurs, et nous semblions reculer au lieu d'avancer. Pressé d'arriver à Naples pour six heures, et voyant l'heure de ma parole déjà passée, j'accusais le pilote de s'endormir, et je crois l'avoir menacé du sort de Palinure. — Nous étions à Naples à huit heures. — Le fanal du Vésuve brillait ce soir avec éclat.

LETTRE LI.

Au Même.

Naples, samedi 27 novembre 1830.

Nous avons fait aujourd'hui notre seconde séance au Musée, et elle ne nous a pas paru moins intéressante que la première. Nous n'avions plus à admirer des statues, mais des milliers d'objets d'une grande curiosité. Nous avons commencé par la salle des pièces de bronze, qui sont au nombre de treize mille. Des vases superbes, des autels pour les sacrifices de la forme la plus gracieuse, des balances avec des poids représentant des animaux, une innombrable quantité de petits dieux pénates, des armures énormes qui furent trouvées sur des cadavres : voilà à peu près ce qui nous a le plus frappés dans cette salle. Nous avons passé ensuite dans celle des vases de terre, et où l'on a placé une quantité de petits riens fort intéressans. Ce sont des dés à jouer, des tours pour filer, et tous les instrumens propres à la toilette des femmes; ils sont en très-grand nombre. On y remarque même un petit pot de rouge pour la figure. — Il paraît que les femmes ont été coquettes dans tous les temps. — On nous a montré aussi des restes de confitures, des olives, des pains pétris très-bien conservés. Enfin, nous sommes allés dans une salle de vases étrusques, remarquables toujours par leur gracieuseté, et la bibliothèque, où sont renfermés plusieurs manuscrits d'une grande antiquité. Je ne les ai pas beaucoup admirés; vous savez que je ne suis pas très-amateur de ce genre de mérite. — Voilà tout ce qu'il est permis de voir au Musée de Naples. Le roi, seconde Barbe-Bleue, interdit à tous les yeux un certain petit cabinet, et il faut une permission expresse pour y parvenir. Curieux comme une femme, j'ai sollicité cette permission, et grâce à ma qualité d'homme, on m'a introduit dans ce séjour d'horreur. A Pompéia, je m'étais scandalisé en voyant les lieux du vice : jugez quelles furent mes imprécations en voyant leurs ornemens. Le dieu de la honte est ici par centaines, sous toutes les formes, sous tous les aspects. Les sonnettes, les lampes, les balances, les autels, le représentent autant de fois dans des attitudes plus ou moins divines. Les femmes, craignant sans doute de le perdre, se le pendaient au cou en forme de colliers, et, s'en servant à chaque instant, elles ne pouvaient jamais redouter d'être privées de leur joli pénate. J'ai ri, je l'avoue, de la beauté des dieux. Les Romains, dans ce temps-là, les faisaient plus beaux que nous.

Je suis, etc.

Naples, *lundi* 29 *novembre* 1830. — Quels sont donc ces souterrains que je viens de parcourir? Qui a pu faire creuser dans le roc cette énorme maison à trois étages infinis? Quel fut le roi de cette ville mystérieuse, immense piédestal de Naples? Où est le peuple qui habita ces obscures galeries, encore couvertes de peintures et d'inscriptions? Quel dieu y était adoré, et quels sont ces autels? Effrayante idée : je marche au milieu des morts, et ces voûtes silencieuses, tapissées de têtes décharnées, ne sont pas encore désertes; cité des morts, ses habitans ne la quitteront jamais. Jadis elle offrait un refuge aux nouveaux chrétiens persécutés, et c'est de ce grand tombeau que la religion du Christ a surgi tout à coup. L'obscurité enfanta la lumière des peuples. — Les catacombes de Saint-Janvier excitent la terreur.

LETTRE LII.

Au Même.

Naples, mardi 30 novembre 1830.

Nouvelle officielle extraite du journal de Naples : le pape st mort ce matin, et le conclave va s'assembler pour lui ommer un successeur. — Du conclave dépend le carnaval de Rome. Peu curieux de voir s'échapper, tous les soirs, par la cheminée du palais Quirinal, la fumée des bulletins avec l'espérance de chaque cardinal, j'attendrai tranquillement à Naples l'issue de cette lutte, où président la discorde et l'ambition. — Maintenant donc, cher ami, je ne serai plus si exact dans mon journal ; je tairai souvent bien des jours : pour votre curiosité, ils seraient trop peu intéressans.

Je suis, etc.

LETTRE LIII.

Au Même.

Naples, vendredi 3 décembre 1830.

Si Naples n'était pas la patrie des polichinels, vous chercheriez sans doute bien long-temps pour savoir où la grande société de Naples va passer ses soirées tous les vendredis ; mais il n'est que trop vrai, la noblesse a consacré ce jour au ère de la bêtise spirituelle, et Santo-Carlo cède une fois par emaine au petit théâtre San-Carlino. — Aujourd'hui donc ai voulu être à la mode, et, après mon dîné, montant en oiture, j'ai crié à mon cocher : *San-Carlino !* Je fus bien étonné, au bout de cinq minutes, de me voir déposer devant une vilaine petite maison qui ressemblait plus à une échoppe qu'à une salle de spectacle ; mais une longue file d'équipages faisait foi, et, par un petit escalier de la largeur d'un pied, je suis parvenu à la seule loge que j'ai trouvée libre. — Me voilà dans la salle, et je ne puis en croire mes yeux. J'avais vu, dans quelques petites provinces en France, des salles de spectacle formées au milieu d'une grange, et je ne me doutais pas qu'il faudrait les regretter. San-Carlino est une chambre sans doute moins grande que mon appartement modeste, et dans laquelle on est parvenu à former deux petits rangs de loges bien exiguës. Elle est si étroite, que, d'un côté à l'autre, deux personnes pourraient, pour ainsi dire, se donner la main. La scène contient difficilement cinq personnes, et la sixième, quand la pièce l'exige, soit pour représenter un marché, ou une révolte, est obligée de se tenir à moitié dans les coulisses. Quant au genre de comédies, c'est une mauvaise copie du théâtre des Variétés. Cependant il faut rendre justice aux acteurs, qui ont eu le talent de me faire rire sans que je pusse comprendre un mot de leur langage poissard et lazzarone. — J'ai trouvé là un Odry et un Vernet, et, pour les applaudir, une foule d'élégantes qui riaient jusqu'aux larmes de leurs charges incroyables. — Polichinel aussi fut bien plaisant : en vérité, je conçois l'amour de la nation.

Je suis, etc.

LETTRE LIV.

Au Même.

Naples, mercredi 8 décembre 1830.

Depuis quelques jours, mes oreilles étaient frappées d'un son tout particulier ; je n'entendais partout que les modulations fatigantes et monotones de la cornemuse, et, sans prendre aucune information, je n'avais vu dans ces concerts ambulans que les collègues de nos joueurs d'orgues ; mais, grâce à la fête du jour, je viens d'avoir là-dessus de plus amples instructions, et bientôt il faudra me résigner à les perdre. C'est à la Madona et au Bambino qu'ils viennent rendre hommage, et leurs concerts sont tout à la Vierge. Chaque année donc, avant la Conception, tous les bergers des Abruzzes quittent leurs troupeaux et leurs montagnes, et viennent à Naples faire leur adoration. S'unissant deux à deux, ils se divisent tous les quartiers de la ville, et à chaque coin de rue de leur ressort où se trouvent peintes les malones, ils la régalent par leurs accens. L'un, avec sa cornemuse, est chargé de la basse, et cette basse n'est pour ainsi dire qu'un son prolongé, et presque toujours la même note ;

l'autre a le chalumeau, et exécute les variations. Chacun d'eux fait sa partie avec le plus grand sang-froid, et la foule qui s'arrête près d'eux ne détourne en rien leur attention. Leur costume est aussi bizarre que leurs duos. Le chapeau tyrolien orné de plumes, le gilet rouge, la culotte verte, la sandale romaine attachée par des cordons qui, comme le cothurne, forment des dessins autour de leur jambe, et par-dessus leur habit bleu, un petit manteau de poil de chèvre; ajoutez une outre pour se rafraîchir, et leur instrument d'une forme si pastorale : tout cela présente un ensemble champêtre qui plaît d'autant plus qu'on le trouve au milieu de la grande ville de Naples.—C'était donc aujourd'hui la fête de la Conception, et pour eux redoublement d'efforts et de musique. Une partie était restée à son poste respectif ; l'autre suivait la madone, habillée de rubans de clinquans, couverte de fleurs, et qui se promenait, avec un cortége nombreux, dans toutes les rues de Naples. Recevant des offrandes de la plupart des boutiques, elle entrait plus particulièrement chez les marchands de chandelles, et ceux-ci obtenaient sa protection en proportion du riche don qu'ils lui présentaient. — Les confréries, en ce jour, font leur provision de lumières pour toute l'année. — Partout des boîtes étaient tirées sur son passage, et faisaient peur au Saint-Esprit, représenté par un petit pigeon attaché par la patte à la madone, dans l'intérieur de son ventre. A chaque coin de rue, la robe s'ouvrait et le prisonnier s'envolait de la longueur de la corde, puis le gardien rattrapait le Saint-Esprit et le remettait en cage. — J'ai suivi pendant quelque temps cette bizarre procession. La bonne foi semblait présider à toute la cérémonie. — L'ignorance du peuple est superstitieuse.

Je suis, etc.

LETTRE LV.

Au Même.

Naples, lundi 20 décembre 1830.

Par je ne sais quelle inspiration, aujourd'hui je suis retourné au Musée, et j'ai découvert un trésor qui m'avait échappé, une Vénus appelée Callipige, plus séduisante que Vénus même. Ce n'est plus la Vénus de Médicis, avec sa divinité; ce n'est plus la Vénus de Canova, avec sa pudeur : c'est ce qu'il y a de plus voluptueux dans la volupté. Devant elle, je ne sais plus adorer; devant elle, je ne sais plus craindre, je ne puis rester immobile : je la touche, ma main parcourt avec bonheur des charmes qu'elle prend plaisir à me montrer. Elle veut de l'amour et du plaisir, et, relevant sa draperie avec un rafinement de volupté sans égal, elle retourne la tête pour regarder ce que je n'ose dire; mais, ce qu'il y a de plus appétissant, quel sourire ! comme il dit le plaisir ! il fuit le respect et l'admiration. Aimez-moi, voyez-moi, et dites que je dois savoir aimer; voilà ce qu'elle demande à l'audacieux qu'elle agace. C'en est fait, je la fuis : je crains ce marbre; il brûle....!

Je suis, etc.

LETTRE LVI.

Au Même.

Naples, mardi 21 décembre 1830.

Ce matin, vers onze heures, je me rendais à déjeuner, quand j'entendis tout à coup des feux de pelotons qui se succédaient avec rapidité. Ne sachant d'où venait ce tapage, avec le peuple curieux je me mis à courir, et, arrivé dans la rue de Tolède, je distinguai bientôt des régimens rangés sur toute la longueur de la rue, et qui faisaient feu de deux minutes en deux minutes ; ce que j'avais pris pour une émeute ou une révolte, car maintenant tout le monde s'en mêle, n'était autre chose que les honneurs funèbres qu'on rendait au roi mort, François Ier : un service se faisait pour lui dans la cathédrale, et les troupes stationnées dans la rue tiraient continuellement. Je n'ai pas compris, en vérité, un tel usage. Les bourres brûlantes allaient frapper les fenêtres des maisons vis-à-vis, et il aurait suffi d'une baguette oubliée pour commettre un accident. — L'idée me vint de vouloir assister au service, et je me dirigeai vers la cathédrale, malgré les dires de mes compagnons, qui prétendaient que l'on ne pouvait entrer sans billet. Je me fiai sur mon audace, et, grâce à elle, je parvins à mes fins. Une foule immense cherchait à pénétrer, et moi, mêlé à cette foule, je fus d'abord, par la sentinelle, repoussé comme les autres; mais tout à coup je pris un air d'autorité, et dans mon peu de science italienne, m'adressant au soldat, je lui recommandai de ne laisser entrer personne, et d'exercer la plus grande surveillance. Avec humilité il m'ouvrit aussitôt le passage, et j'entrai avec arrogance, fier de mon effronterie. — L'église était entièrement tendue de noir, et mille lampes en forme de couronnes, suspendues à la voûte, éclairaient un superbe catafalque aussi haut que la voûte même. Ce catafalque, formé d'armes de toute espèce, ressemblait à un grand trophée; ce n'étaient pas, il est vrai, les dépouilles d'un ennemi arrangées pour un triomphe, mais c'était le tombeau d'un roi, caché sous le symbole de la victoire : les sabres, les épées, les fusils, les hallebardes, mêlés avec un art infini; plus bas, des canons, des mortiers, des boulets, rangés çà et là, et des drapeaux flottans de toutes parts; c'était quelque chose de grand et d'imposant à voir. — Les grandes dignités de la cour y assistaient. — La cour a beaucoup de jolies femmes. — Quand je suis sorti, j'ai retrouvé mes compagnons à la porte : mes ordres avaient fait effet, et leurs efforts avaient été inutiles.

Je suis, etc.

LETTRE LVII.

Au Même.

Naples, vendredi 24 décembre 1830.

NAPLES, la veille de Noël, est un grand marché où tout se vend, où tout s'achète. C'est un jour, pour ainsi dire, sans lendemain, et dont tout le monde veut profiter. Le riche, le pauvre, le grand seigneur, le lazzaroni, semblent craindre pour la journée suivante la fin du monde, et entassent à l'envi, pour ce dernier jour, tout ce qu'ils peuvent éprouver de jouissances et de plaisirs. De grand matin, déjà des milliers de pétards annonçaient la fête nationale : c'était un bruit plus confus que de coutume. Le rôle de spectateur de ce grand festin de Naples excita donc ma curiosité, et je me mis en route pour parcourir la ville. La rue de Tolède, le centre habituel de la population, était aussi en ce jour le centre de la fête. D'espace en espace, elle était garnie de chaque côté par des boutiques ambulantes de comestibles arrangés avec un art et un luxe infinis : des figues, des olives, des bonbons de toute espèce et de toutes les couleurs, rangés en différens comparimens, composaient les pans de ces boutiques; des milliers d'oranges, de citrons, suspendus par de petits rubans, formaient des festons autour de ces parois, et pendaient en guirlandes gracieuses; une madone, éclairée par une grande quantité de bougies, se plaisait au fond de cette petite chapelle de gastronome, et ajoutait encore à la bizarrerie de ces riches échoppes. Les pâtissiers, les limonadiers avaient suivi le même exemple, et les moules de brioches servaient de base à l'autel de la vierge. — Pour admirer, pour voir et pour acheter, et plus encore pour voler, se pressaient des milliers de personnes; des voitures, des charrettes, des chevaux circulaient dans tous les sens, et produisaient une confusion inimaginable. Si vous leviez la tête, vous voyiez tous les balcons couverts de poulets, de canards, de dindons, victimes destinées au gala de la soirée : on ne voyait qu'apprêts, que préparatifs. — Ce sont douze heures de plaisirs continus.

Le soir, je n'assistai pas à un de ces mille extra, mais je fus du moins témoin de la joie extérieure qu'ils inspirèrent. Des pétards, des fusées, des boîtes, se firent entendre continuellement pendant toute la nuit. Les heureux de ce jour, du haut de leurs balcons, s'amusaient à les jeter sur la tête des passans, et l'on voyait s'exécuter au-dessus de soi un assez brillant feu d'artifice, mais bien dangereux pour les habits. A minuit, je fus entendre la messe à la chapelle royale. — Les soupers n'étaient sans doute pas encore finis, et je revins chez moi fatigué d'avoir attendu : il n'y eût presque personne. — Dormir cette nuit, je n'ose pas y compter; le bruit va toujours en augmentant, et la fusillade semble redoubler : en vérité, si Jésus-Christ s'est fait naître une fois au milieu du silence et de l'obscurité, depuis il a bien pris sa revanche.

Je suis, etc.

LETTRE LVIII.

Au Même.

Naples, samedi 25 décembre 1830.

Le jour de Noël est non-seulement moins remarquable que la veille, mais il offre avec le jour précédent un contraste extraordinaire, et fort déplaisant même pour les incrédules. Sachez donc qu'au lieu de cette vente universelle, de cette infinité de marchandises de toute espèce, toutes les boutiques sont fermées, et qu'il est impossible de se rien procurer : les boulangers, les bouchers ne veulent rien vous fournir; on a dû faire ses provisions d'avance ; et j'ai eu beau me plaindre, je n'ai pu obtenir du pain frais. — Les églises étaient encore plus remplies que de coutume ; plusieurs y étaient venus par curiosité, peu par piété, et beaucoup pour faire l'amour. J'étais du nombre des curieux. — J'entends en ce moment le son de la cornemuse. C'est aujourd'hui, pour la dernière fois, que nous jouissons du concert de ces montagnards dont je vous ai déjà parlé : par leur talent, ils ont facilité l'enfantement de la madone ; ou plutôt, de même que les Corybantes, que Rhée, craignant la cruauté de Saturne, avait placés autour de Jupiter enfant pour étouffer ses cris, ils ont caché au monde les cris du bambino; et, fiers d'avoir rempli leur tâche, demain ils retournent aux montagnes. — J'en suis fâché : mes oreilles étaient habituées à leurs accens, et commençaient à goûter avec charme leurs variations pastorales.

Je suis, etc.

LETTRE LIX.

Au Même.

Naples, mercredi 29 décembre 1830.

A Paris, en lisant les belles descriptions de Naples, avec son printemps éternel, j'enviais le bonheur de ses habitans; aujourd'hui, que j'en goûte la douceur, il me plaît moins, et je me trouve quelquefois regrettant le froid de notre chère patrie. Ce printemps éternel, si vanté, si délicieux, est à la vérité bien doux de température : on n'a jamais besoin de faire du feu; mais, avec de si grands avantages, j'y trouve de grands inconvéniens. Au lieu de ces belles gelées, où le soleil, luttant contre elles, nous réjouit encore, ce sont des pluies énormes comme on n'en voit jamais en France, et qui durent souvent pendant des mois entiers sans discontinuer un seul instant. Rien d'ailleurs pour s'en garantir ; les voitures mêmes, faites pour l'été, sont toutes découvertes, et l'on est nécessairement obligé de rester chez soi. Depuis quatre ou cinq jours ce fléau a commencé, et les Napolitains nous le pronostiquaient pour un mois au moins, quand, heureusement, ce matin, j'ai revu le soleil. Comme un prisonnier heureux d'avoir recouvré sa liberté, vite j'ai proposé une excursion, et, après notre déjeuner, nous nous sommes acheminés vers le château Saint-Elme. Après nous être égarés vingt fois, après avoir monté, descendu et puis remonté sans cesse, nous sommes parvenus à cette forteresse située sur la colline même contre laquelle Naples est adossée. Ce château fort, entièrement bâti sur des rochers et dominant toute la ville, est plus propre à la contenir qu'à la défendre contre l'ennemi. Le gouvernement absolu a besoin de tels soutiens; il règne par la crainte, et c'est par une menace continuelle qu'il obtient la tranquillité.

Au-dessus du pont-levis du château qui, par lui-même, n'a rien d'extraordinaire, j'ai remarqué, en relief, les deux ailes de l'aigle française. — L'oiseau impérial a disparu : il n'a plus besoin de ses ailes, il a plané jusqu'aux cieux. — Au bas des fortifications, nous visitâmes la magnifique chartreuse de Saint-Martin, que plusieurs auteurs donnent pour rivale à celle de Pavie. J'avoue que je suis loin d'être de leur avis, et quoique de très-belles peintures de l'Espagnolet, du Guide, de superbes mosaïques, une grande richesse d'ornemens, la rendent très-remarquable, elle ne peut-être comparée à la merveilleuse chartreuse de Pavie, qui surpasse toute imagination par sa magnificence. La balustrade qui entoure le maître autel toute revêtue de jaspes, d'agathes, de pierres précieuses ; la marqueterie de la sacristie, qui, par des bois de couleurs, exécute avec un art inconcevable plusieurs traits de l'histoire des Juifs; le pavé en mosaïque, représentant des dessins très-compliqués, sont les trois objets les plus frappans. — Le couvent, qui renferme cette chapelle, a été transformé en hôtel des Invalides : nous avons remarqué, parmi ces anciens vétérans, beaucoup d'aveugles; c'est une maladie très-commune à Naples, et que l'on attribue à la force et à l'ardeur du soleil.

De la terrasse du couvent, on jouit d'une vue magnifique; à ses pieds, toute la ville de Naples, avec ses toits blancs et ses rues étroites; à droite de la mer, le golfe, le port, Portici, le Vésuve et tous les coteaux qui l'entourent; à gauche, toute la campagne de Capoue, se perdant au milieu d'un immense horizon. Nous sommes restés long-temps en contemplation devant cet admirable panorama. Aujourd'hui le ciel avait repris sa sérénité, le soleil était encore brûlant, et Naples était enchanteur. Je ne le maudirai plus.

Je suis, etc.

LETTRE LX.

Au Même

Naples, jeudi 30 décembre 1830.

Le beau ciel bleu de l'Italie a continué, et nous en profitons encore pour faire une nouvelle excursion. Nous prenons une voiture, et c'est à Portici que nous allons passer notre journée. Le Palais-Royal de Portici fut bâti en 1736, par Charles III. Situé près du mont Vésuve, il se trouve assis sur une couche de lave, et les fondations ont pour base l'ancienne ville d'Herculanum. La cour du château, de forme octogone, environnée de bâtimens neufs, a l'inconvénient d'être traversée par le grand chemin. L'intérieur même du palais, meublé, dit-on, autrefois avec élégance par Murat, est maintenant d'une très-grande simplicité. On trouve cependant plus de luxe dans les appartemens de la reine : on y remarque, entre autres, un pavé en mosaïques de Pompéia, et une chambre toute en porcelaine, d'une bizarrerie et d'un effet original et séduisant : un certain petit boudoir a causé mon étonnement, et j'ai eu beaucoup de peine à le comprendre. La famille des usurpateurs l'occupe tout entier, et on les voit chargés et parés de tous leurs attributs royaux : d'abord, c'est Napoléon, en robe de satin blanc, avec sa couronne de laurier; puis Murat, avec son bâton de maréchal, ressemblant à un tambour major ou à un marchand de thé suisse; Madame mère; enfin la femme et les enfans de Joseph, vêtus à l'antique, avec des tailles courtes et des figures on ne peut plus communes. Gérard a fait de bien belles choses : ici je ne l'ai pas reconnu. — Les jardins m'ont dédommagé de l'ennui de visiter une résidence si peu royale. Nous touchons au mois de janvier, et pas un arbre dépouillé de ses feuilles : des bosquets d'orangers, des petits bois de chênes verts; partout des fruits, des fleurs, partout une riante verdure. Quelques pavillons pour la chasse; et des statues prises à Pompéia, disposées çà et là, en font les principaux ornemens. Dans un des côtés se trouve une assez belle ménagerie; l'autre côté, qui est la partie principale du jardin, s'étend jusqu'au rivage de la mer, et est bordé, dans toute sa longueur, de deux terrasses qui sont de niveau avec les appartemens du roi. Sur un joli belvédère, au milieu de ces massifs de verdure si rians et si délicieux, nous avons joui quelque temps de l'admirable coup d'œil de la mer et de ses bords enchantés : deux faquins royaux, sous prétexte que nous dérangions la reine, qui craignait de passer près de nous, sont venus nous chasser de notre charmante position. La reine est bien peu hospitalière. — Il a fallu céder. — A cinq heures, nous étions de retour à Naples.

Je suis, etc.

NAPLES, *vendredi* 31 *décembre* 1830. — Le militaire, à Naples, se trouve avoir sur le peuple bourgeois une suprématie tyrannique et plus que révoltante : tout lui est permis;

toutes les faveurs, c'est à lui qu'on les accorde ; dans les lieux publics, des places lui sont réservées : c'est le fort qui écrase le faible; et il ne sait pas user de sa force pour être généreux : partout il fait sentir son joug, et il se croit avoir le droit d'être injuste parce qu'il est le maître absolu. Aujourd'hui, j'étais sorti à cheval pour me promener à la Strada-Nuova, quand, dans la rue de Tolède, je fus témoin d'un fait qui me prouva jusqu'où pouvait aller son arrogance. Un cocher de fiacre s'appliquait, au milieu de la foule, à diriger sa voiture, lorsqu'arriva derrière lui un officier à cheval. Par je ne sais quel principe (le droit du maître sans doute), il crie au cocher de lui faire place ; mais celui-ci, occupé de ses chevaux, ne l'entendit pas, ou plutôt, embarrassé au milieu des voitures, il ne put se mettre de côté assez vite ; le cavalier, qui avait à la main un gros fouet de manége, en déchargea un coup énorme sur la figure de ce pauvre diable, et passa outre sans y faire attention. Le malheureux, tout en sang, et le visage déchiré, n'osa dire un seul mot : il n'y avait en lui que le sentiment de la peur; il avait reconnu un uniforme. — C'était en quelque sorte se dégrader; celui qui abuse ainsi de sa position et de son autorité devient bien méprisable : il n'y a pas de courage à frapper qui vous craint.

LETTRE LXI.

Au Même.

Naples, mercredi 12 janvier 1831.

Le sacre de Ferdinand II, qui, selon l'ordre des usages monarchiques, devrait se faire à Palerme, n'aura pas lieu, et cette cérémonie, inutile à la force de sa couronne, doit être remplacée par une autre plus longue à la vérité, puisqu'elle dure trois jours, mais beaucoup moins dispendieuse, et par conséquent plus en rapport avec les idées du nouveau monarque. C'est aujourd'hui que cette grande cérémonie a commencé; et moi, curieux voyageur, je compte passer ces trois journées à voir et à faire des remarques : bonnes ou mauvaises, je vous les communiquerai comme je vous l'ai promis.

Ce premier jour est consacré à Dieu dans la personne du clergé, qui veut bien le reconnaître pour roi; et c'est à Saint-Janvier, pour remercier le ciel de ses bienfaits, qu'il porte ses premiers pas. Grande procession donc par la rue de Tolède, avec des voitures, des chevaux, des régimens de domestiques et les militaires obligés. Le jeune roi, vêtu en lancier, entend la messe à Saint-Janvier, et revient, avec le même cortége, à son palais. Je ne ferai pas là-dessus grande description, ou plutôt je vous renverrai au chapitre où je parle de l'enterrement de François Ier : c'était tout à fait la même chose; rien de changé que le roi; le même silence et le même calme. J'ai demandé qui pouvait occasioner cet accueil si froid : les uns m'ont répondu que le peuple avait perdu l'usage de crier; d'autres ont prétendu que le peuple n'était pas encore assez content, ou plutôt que le roi n'avait pas voulu payer de crieurs à la police; pour moi, qui ne soupçonne jamais le mal, j'ai préféré croire que la pluie avait détruit l'enthousiasme. La pluie a tombé par torrens pendant toute la cérémonie, et les costumes de la livrée royale ont dû souffrir horriblement : les domestiques et les pages, placés à côté de la voiture, la tête nue, marchaient, avec leurs bas de soie blancs, au milieu de l'énorme ruisseau formé par la pluie : et je laisse à penser dans quel état ils se trouvaient à leur retour. Le ciel, pour aujourd'hui, a été d'un augure peu favorable.

Je suis, etc.

LETTRE LXII.

Au Même.

Naples, jeudi 13 janvier 1831.

Trop petit pour assister à la présentation au roi de tous les grands du royaume, et au baise-main solennel des dames de la cour, formalisées, par parenthèse, de ce que dans le programme on leur prescrivait, en baisant la main du roi, de ne pas trop se presser, je ne vous parlerai pas de la seconde journée, consacrée entièrement à cet objet, et c'est à San-Carlo que je vous conduirai pour vous faire voir un des plus beaux coups d'œil qu'on ait jamais admirés. San-Carlo est une salle immense, et beaucoup plus grande que l'Opéra de Paris. Elle est décorée avec un goût et un art infinis. Ses six étages de loges sont embellis par des ornemens dorés différens en dessins l'un de l'autre, et d'une grande richesse. La loge de la cour se trouve au milieu, toute brillante de glaces, de satin, de pierres précieuses; et pour éclairer cette masse énorme toute resplendissante d'or, sont placés, de loges en loges, de superbes candélabres. — Ce soir, le roi, pour la première fois depuis son avènement au trône, se rendait au spectacle, et la pompe de la fête répondit à la solennité du jour : San-Carlo fut encore plus magnifique et plus éclatant que de coutume. Cette vaste enceinte, éblouissante d'or, illuminée par des milliers de bougies ; les loges entièrement ornées de guirlandes de roses formant les chiffres royaux, une multitude infinie de femmes couvertes de diamans et de pierreries, le parterre occupé presque totalement par les officiers de la garde, et présentant un ensemble d'uniformes les plus riches et les plus gracieux ; ajoutez à cela les applaudissemens sans nombre prodigués au jeune roi, qui saluait son peuple avec une grâce presque modeste : toutes ces beautés réunies avaient quelque chose d'enivrant qui m'enchanta et m'arracha mille exclamations. Rien à Paris ne peut se comparer à cette magnificence. — Quant au spectacle même, j'en fus peu content : c'était une cantate mauvaise comme tout ce qui est pièce de circonstance. Les chanteurs chantèrent très-mal, parce qu'ils voulaient bien chanter, ce qui arrive toujours. — Après la cantate, du plafond de la salle l'on vit voler partout des milliers de papiers de toutes les couleurs, sur lesquels étaient écrits des vers en l'honneur du roi, et cette espèce de baptême de louanges renouvela l'enthousiasme et les applaudissemens. — Le jeune roi a dû être plus content de ce jour que de sa première journée. Il a fait paraître, ce matin même, des ordonnances prononçant l'amnistie de beaucoup d'exilés : aussi à l'accueil de la veille a succédé un véritable enthousiasme. De mauvaises langues prétendent que l'enthousiasme s'est dû aux militaires remplissant le parterre. Il y a peut-être dans cette assertion quelque chose de vrai ; cependant tout le monde semblait heureux, il y avait entraînement général.

Je suis, etc.

LETTRE LXIII.

Au Même.

Naples, vendredi 14 janvier 1831.

C'était aujourd'hui le dernier jour de gala, et il a été le plus solennel. Le roi s'est montré à son peuple, et le peuple l'a reçu avec bonheur, comme un roi imbu des nouvelles idées, et qui doit le rendre heureux. A onze heures, il est sorti de son palais à cheval, en habit de colonel de dragons, et a traversé toute la rue de Tolède pour se rendre au Campo et passer la revue de ses troupes. Une foule immense de peuple le précédait en criant : *Vive le roi!* et lui, plein de confiance, sans aucune crainte, marchait presque seul en avant de son état-major, entouré de toute cette masse de lazzaroni. A une heure, il a quitté le Campo, et il a fait sa rentrée solennelle dans Naples, suivi de toutes les troupes. L'enthousiasme était vraiment universel; tous les balcons, auxquels pendaient des tapisseries de toutes les couleurs (car ici l'usage n'est pas de mettre des drapeaux), étaient couverts de monde qui mêlaient leurs cris à ceux de la populace. — Dans l'état-major on remarquait les frères du roi; le plus jeune, habillé en lancier, et lui servant d'aide-de-camp, est excessivement gracieux. Je ne vous parlerai pas des troupes, dont je me suis déjà occupé avec vous. Si on les juge d'après leur uniforme, elles peuvent être comparées aux premières de l'Europe: elles ont conservé l'élégance de Murat, mais leur courage a fini, dit-on, avec lui.

Le roi donc est approuvé roi, et voilà qu'au moment où tout le continent est en proie aux violentes secousses des révolutions, au moment où le mot d'absolutisme est foulé aux pieds par celui de liberté, que l'avènement au trône le plus despotique s'est fait sans la moindre difficulté, sans le moindre mouvement; rien n'a troublé la tranquillité, et les cris seuls de *vive le roi!* ont accueilli le nouveau règne. Il faut sans doute attribuer ce calme à l'ignorance et à la faiblesse du peuple napolitain. Cependant je serais assez porté à croire que la conduite du nouveau roi a déterminé, en partie, celle du peuple. Agé à peine de vingt ans, il a signalé ses premiers pas au trône par de grandes réformes sur le luxe de sa maison et de sa cour, par le renvoi de ministres indignes, par le rappel et l'amnistie de beaucoup d'exilés. Toutes ses idées ont semblé tourner vers une constitution, et on a préféré l'attendre de sa bonté, plutôt que de l'arracher par la force. Le peuple a bien senti son nouveau joug, mais il s'est plu à le supporter encore, en voyant qu'on voulait l'adoucir. Ferdinand II a fait des espèces de concessions sans qu'on les lui demandât, et le peuple n'a point connu sa force. Dès le moment que le peuple peut juger de son pouvoir, il ne connaît plus d'autorité, il renverse tout, et lui-même devient pouvoir. — Des exemples bien récens nous ont prouvé cette vérité.

Je suis, etc.

LETTRE LXIV.

Au Même.

Naples, samedi 15 janvier 1831.

Depuis bien long-temps je cause avec vous du beau pays de Naples et de ses environs, et je ne vous ai encore rien dit de ses habitans. C'est une négligence que je veux réparer sur-le-champ. Je commence donc par le peuple ; un autre jour, je léguerai un chapitre à la classe élevée. Y a-t-il plus de mendians à Naples que dans tout le reste de l'Italie ? Je ne pourrais l'affirmer. Y a-t-il plus de voleurs ? Je n'en fais aucun doute : c'est le métier proprement dit du Napolitain, et l'étranger peut répondre qu'il exerce son industrie en ce genre très-scrupuleusement. Chaque jour je n'entends que des plaintes d'amis volés, et souvent moi-même je me suis uni à eux pour pleurer leur sort que je partageais. L'escamotage des mouchoirs surtout est une des grandes branches de leur commerce ; ils se les attribuent avec une adresse sans égale. Mon ami Raimond, qui s'était fait sans doute remarquer par un maître de l'art pour aller soupirer tous les jours sous les fenêtres d'une belle Napolitaine, fut plus maltraité que tous les autres. Pendant six jours de suite, et à la même heure, six lui furent escamotés. Après le sixième, il voulut faire une expérience, et attacha le mouchoir au fond de sa poche pour pouvoir le sentir et attraper le coupable en flagrant délit. Mais l'expérience était trop tardive. Le voleur, soit qu'il s'en fût douté, soit qu'il n'eût besoin que d'une demi-douzaine de cette espèce, ne revint pas, et Raimond fut obligé d'abandonner ses projets de vengeance. J'en fus presque charmé pour sa redingote; car le voleur, en voyant le mouchoir attaché, aurait simplement, pour plus de sûreté, coupé la poche. Mes amis les Anglais ne furent pas épargnés. En vain criaient-ils *Goddem!* pour maudire le voleur, le foulard avait disparu. Pour moi, je fus plus heureux, je n'en perdis qu'un seul. J'ai pris l'habitude de le mettre dans mon chapeau, et tout fins renards qu'ils sont, ils n'ont pas encore trouvé le moyen de se faire saluer par le corbeau pour lui faire tomber sa proie. Mais, si j'ai été assez heureux pour conserver mes mouchoirs, je n'ai pas eu le même talent pour garder ma bourse. Dans un mois de temps, un honnête portier nous a volé à peu près une soixantaine de piastres et quantité de petits objets. Je fus long-temps sans pouvoir le croire, voyant toujours cet homme, en rentrant chez moi, au milieu des christs, des chapelets, chantant des cantiques avec toute sa famille. Aussi, au moment de l'accusation, les invocations à tous les saints et à toutes les saintes ne furent pas épargnées. Je n'avais pas retrouvé chez lui, il est vrai, l'argent volé, mais des souliers, des canifs cachés dans sa case, y étaient venus, à l'entendre, par l'opération du Saint-Esprit, et il fallait le croire sur parole. — Je demandai au patron de la maison de renvoyer sur-le-champ son portier. J'allai à la police faire ma déposition, et, au moyen des preuves les plus convaincantes, demander l'arrestation du coupable. Qu'arriva-t-il de toutes mes poursuites? Après m'avoir tenu pendant trois heures pour écrire le procès-verbal le plus simple, on m'assura que l'affaire serait poussée avec activité, que mon accusé serait détenu long-temps. Le patron, de son côté, vint dans mon nouveau logement m'avertir qu'il avait chassé son portier et toute sa famille; et voilà tout à coup qu'au bout de deux jours je rencontre, avec un beau manteau, agréable produit de mon argent, mon portier que je croyais au cachot. Je le suis, et je le vois revenir simplement dans sa loge, à son ancienne demeure. Mon premier mouvement fut d'accuser le patron comme complice; mais j'avais aussi à accuser la police à la police, et il était inutile de demander au juge sa propre condamnation. Des coups de bâton auraient été la seule vengeance à employer. J'ai préféré n'y plus penser. Le portier, le patron, la police, unis par le même métier, se donnent la main : c'est à qui volera le plus. Pour obtenir justice, il faut payer plus que l'objet de la plainte. On est volé de cent francs, vous en payez deux cents, et l'on vous rend votre argent volé.

Ainsi, si vous rattrappez d'un côté, l'on vous vole de l'autre. C'est même avec nonchalance que se fait la recherche de l'auteur d'un meurtre ou d'un assassinat. J'appris, il y a quelques jours, qu'une patrouille entendant crier à l'assassin, et apercevant un homme qui courait à toutes jambes, ne s'occupa pas de l'arrêter, le laissa passer au milieu d'elle, et, s'avançant vers celui qui venait d'être frappé, se contenta de lui promettre de faire des recherches quand, pour n'avoir pas fait son devoir, il n'était plus temps. Voilà la police de Naples; les voleurs ne doivent-ils pas y accourir de toutes parts? Beaucoup de victimes, et l'impunité assurée.

L'on trouve aussi à Naples une sorte de mendians toute particulière, c'est une espèce de pauvres soi-disant honteux, moins dégoûtans peut-être que les malheureux couverts de haillons, mais qui n'a pour elle aucun intérêt. Ces mendians ou mendiantes (car les hommes et les femmes exercent également cette profession) sont très-bien mis ; ressemblant à un bon rentier ou à une bonne roturière, ils s'avancent en plein jour près de vous, vous ôtent leur chapeau moitié saluant moitié suppliant; et marmonant quelques prières, ils vous demandent l'aumône pour la nombreuse famille que leur imagination fait mourir de faim. Je fus souvent tenté à mon tour de les prier de changer d'habit; je n'aurais pas perdu au change.

— Les femmes de la même espèce m'ont aussi bien étonné. Je ne savais ce que cela voulait dire en voyant une jolie femme, arrivant près de moi, me prenant la main, la baisant, et me faisant mille caresses. Ne comprenant pas bien le langage napolitain, je ne pouvais m'imaginer ce qu'elle voulait de moi, ou plutôt je m'imaginais toute autre chose. J'ai regardé, dans une jolie femme, cette mendicité comme une espèce de vertu ; l'on en voit tant, comme elle, gagner leur vie d'une autre manière, beaucoup plus douce et plus commode. Mauvais sujet que je suis, je fus prêt de lui en donner le conseil. — Dans cette classe de pauvres, il en est encore une sorte plus honteuse que celle dont je viens de parler. Ceux-là ne vous accostent plus ; ils sont à genoux, tout le long de la rue, les hommes, la figure couverte d'un mouchoir, les femmes en chapeau avec des voiles. Sans rien dire, sans rien demander, un petit plat, ou le fond d'un chapeau font leur seule prière; j'en ai vu un jour, une quinzaine rangés à la file. Je n'aime pas cette pauvreté qui se cache ; rarement elle se trouve vraie.

Naples est un pays civilisé, et cependant les mœurs napolitaines ont quelque chose de barbare, ou plutôt tiennent encore beaucoup à la nature. La vie du lazzaroni, de l'homme du peuple, ressemble à la vie brute. Il vit au jour le jour, et ne pense jamais au lendemain ; trouvant le moyen de se nourrir pour presque rien, il semble n'avoir aucun besoin : il vit oisif, et paraît heureux. Pour trois grains par jour (quinze centimes) il achète autant de macaroni qu'il peut en manger. Le poisson lui coûte le même prix, et les boutiques ambulantes d'acquaiolo le régalent aussi à peu de frais de limonades et d'orangeades glacées. — Son costume, d'un caractère tout particulier, a quelque aspect de sauvage qui convient à sa manière de vivre, et qui plaît infiniment au milieu des costumes de la civilisation. Le bonnet rouge, qui contraste avec ses cheveux noirs; sa figure hâlée, et ses yeux pleins de feu; le petit manteau brun et les caleçons blancs, ressortant sur ses jambes brunes et musclées, l'on croit se trouver dans un nouveau monde. Pas d'occupations, une fois la pêche du jour terminée, il ne pense plus qu'au repos. Couché dans le long panier qui a contenu le produit de sa pêche, il s'en sert comme d'un lit, et, sans parler, il admire son climat et ne demande rien. La nonchalance est son principal caractère ; tant qu'il n'a pas gagné sa journée, son intérêt peut l'émouvoir, mais, dès qu'il l'a gagnée, l'on ne peut plus rien en obtenir. C'est l'ignorance la plus complète ; et il ne veut point faire un pas pour en sortir. Il est né pêcheur, et il vit sans s'imaginer qu'il peut-être autre chose. Une révolution, à Naples, est ce qui s'appelle impossible ; l'absolutisme peut dominer, la basse classe est esclave, sans ambition ; pour s'en affranchir, il faudrait déranger sa vie accoutumée; elle aime mieux rester esclave.

Je suis, etc.

LETTRE LXV.

Au Même.

Naples, lundi 17 janvier 1831.

Nous sommes sortis aujourd'hui de Naples, quittant notre vie depuis long-temps casanière, et nous sommes allés passer notre journée à Caserte. Caserte, qui passe pour être une des maisons royales les plus belles de l'Italie, a été bâtie sur les plans de Vanvitelli, architecte romain, qui en commença la construction en 1752, sous le règne de Charles III. L'extérieur du château même, quoique rappelant beaucoup, par sa longue étendue et par son portique du milieu, le château des Tuileries, a de plus que ce dernier de l'élégance et de la régularité. L'intérieur se divise en quatre grandes cours, et, d'une superbe rotonde placée tout à fait au milieu, on les voit toutes les quatre en même temps. Pour arriver à cette rotonde, qui conduit à tous les appartemens, on monte un escalier magnifique entièrement de marbre de différentes couleurs. — Nous avons ensuite visité une multitude de salles admirables de grandeur, mais la plupart entièrement démeublées et ornées seulement de quelques mauvais tableaux et d'une immense quantité de bustes du fondateur Charles III.

Dans l'une d'elles, cependant, l'on remarque la statue du fameux Alexandre Farnèse. — Une salle de bains où l'on s'est plu à réunir toutes les Vénus possibles, m'a surpris pour un roi très-chrétien. — Tous les appartemens peuvent très-bien se diviser en deux. Ceux de la branche régnante et ceux de Murat. Ce dernier avait voulu faire arranger une partie du palais entièrement pour lui, mais sa chute est arrivée avant qu'il ait pu achever ce qu'il avait commencé. Ces salles immenses sont restées avec leur échafaudage ; l'argent manque pour finir. Celles qui ont été terminées sont les plus belles du palais. La salle de spectacle est charmante, c'est San-Carlo en miniature. — Avant de quitter le palais, j'ai voulu voir l'appartement de notre chère duchesse de Berry. Il est petit, bien modeste, mais il est grand par ses souvenirs. — Là, un Français pleure sur sa patrie ! !

Si le palais de Caserte m'a rappelé les Tuileries, ses jardins réguliers, plantés symétriquement, m'ont rappelé Versailles. Un canal immense de sept cent quatre-vingts pas, où vient se jeter une superbe cascade, formant cent autres cascades sur autant de degrés différens, est ce qui m'a frappé davantage. On a fait faire aux eaux des milliers de tours de force. Elles sont amenées là de la distance de quinze à vingt mille, par un aqueduc superbe, traversant plusieurs montagnes par le moyen de canaux creusés dans le roc même. Cet aqueduc passe au-dessus de la vallée de Maddelona, par un pont magnifique, digne de rivaliser avec ce qu'il y a de plus beau en ce genre dans l'antiquité. Il est à trois étages. Le premier a dix-neuf arche, le second, vingt-sept et le troisième quarante-trois. C'est avant de visiter Caserte que nous avons admiré cette merville. Le paysage, en cet endroit, est on ne peut plus pittoresque. D'anciennes tours du temps des Normands, bâties sur des rochers; d'un côté des montagnes au loin couvertes de neige; de l'autre, la mer se prolongeant à l'infini, et le pont, avec son aspect antique, forment un coup d'œil peut-être un peu sévère mais ravissant. — Les statues à Caserte, de même que dans toute l'Italie, sont en profusion. Il y a aussi, dit-on, à Caserte, un jardin anglais assez remarquable; mais il était trop tard, et il nous fallut revenir à Naples sans l'avoir vu. Un jardin anglais est une chose rare en Italie; mais j'en ai vu en France et en Suisse des milliers. Je n'ai pas de regrets. — Quoiqu'étant partis de très-bonne heure de Naples, nous ne fûmes de retour qu'à huit heures du soir. — Caserte est à dix-huit milles de Naples.

Je suis, etc.

———

NAPLES, *mardi* 18 *janvier* 1831. — Capo di Monte que nous avons visité aujourd'hui, est une autre résidence royale beaucoup plus petite que Caserte, et bien moins remarquable. Un grand parc régulier avec des bosquets taillés en charmille, de grands appartemens meublés fort simplement, enfin une demeure de prince assez ordinaire. — Je n'oublierai cependant pas une salle de bal immense nouvellement terminée et décorée avec beaucoup de goût. Le marbre n'est épargné nulle part. C'est la pierre de l'Italie. — La vue est superbe et domine la baie délicieuse de Naples.

———

NAPLES, *jeudi* 20 *janvier* 1831. Un chapitre sur les mœurs des Napolitaines; jeune homme de vingt-trois ans, c'est une tâche bien difficile à remplir avec impartialité : la corruption plaît à la jeunesse, et elle voudrait toujours l'excuser. Je veux cependant prendre un caractère sérieux ; je serai juge impartial. Que les femmes me pardonnent, cette fois, si je suis un peu sévère : elles doivent savoir que je n'ai pas toujours été philosophe. — J'excuse volontiers les femmes que l'amour a séduites ; mais celles qui font de l'amour au moyen de l'intérêt ne me semblent pas dignes d'indulgence : je ferai donc la guerre au beau sexe napolitain.

La corruption des mœurs, à Naples, se trouve poussée au dernier point : point de décence, point de retenue. Les femmes sont une marchandise dont les propriétaires trafiquent eux-mêmes : ils la louent au jour, au mois, à l'année, selon qu'elle est plus ou moins en réputation. Le prix convenu et le contrat passé, la femme devient la propriété du locataire, qui s'en sert comme il veut. En contractant ce mariage annuel, elle lui jure fidélité, au risque de faire de temps en temps, à son insu, un autre mariage journalier. Le mari, le père, la mère, le frère, répondent de ce qu'ils ont loué ; j'ai vu même une mère conduire sa fille chez son amant, et l'attendre à la porte jusqu'à ce qu'elle eût fini la tâche que le contrat lui imposait. Et qu'on ne vienne pas croire que ce trafic ait lieu seulement dans la classe roturière : j'ai vu la femme d'un inspecteur général des douanes voulant se louer au mois, et la fille d'une marquise, âgée de dix-huit ans, qui se donnait à l'année. Six cents ducats, dit-on, sont en général, par mois, le prix courant. Les marquises et les duchesses, toutes vaines et ambitieuses à l'excès, mais généralement fort pauvres, trouvent ainsi le moyen de satisfaire leur amour-propre et leur vanité ; et l'élégant équipage qui se promène à la *Strada-Nuova* n'est, la plupart du temps, que l'honnête produit de la location. — Dans la grande société, la société de la cour, on ne compte peut-être plus par piastres : c'est par diamans, et la cherté monte en raison de la noblesse. Je voyais, l'autre jour, une princesse la tête ornée d'un diadème magnifique en diamans, et un colonel étranger le regarder avec envie : « Ne vous étonnez pas de la chose la plus simple, me dit-on ; il regarde son bien : il doit savoir ce qu'il lui a coûté. » Le colonel est affreux, la princesse est charmante : ce que c'est que les diamans pour unir les deux extrêmes ! quelle attraction !

Le ton des femmes est extrêmement libre, et quelquefois même inconvenant. Je fus témoin, dans un bal, de la querelle de cette même princesse avec une autre duchesse ; et ces deux dames se traitèrent comme des femmes de la halle. Les amans, du reste, sont une chose reçue : il n'est pas rare d'entendre annoncer dans un salon, en même temps, l'amant et la maîtresse. Pour le mari, on n'en parle jamais : on prétend même que, pour faire plaisir à sa femme, c'est lui qui sert de domestique et qui endosse la livrée, quand l'année a été mauvaise, et que leur petit commerce ne leur a pas permis d'avoir un valet de chambre. — Un mari me parlait, il y a quelque temps, de l'obligation qu'il avait à l'amant de sa femme pour la manière dont celui-ci l'avait soignée dans une maladie qu'elle avait faite. Il me raconta que c'était ce cher amant qui la mettait au bain, qui la déshabillait, qui la couchait même, le tout avec une telle ingénuité, que je ne savais s'il voulait rire ou abuser de ma crédulité.

A toutes ces règles générales j'ai entendu cependant, je l'avoue, citer quelques exceptions. On ne m'a pas montré de femmes sans amans, car c'est une chose qui leur est nécessaire, mais des femmes avec des amans aimés. Ces femmes ont alors une espèce de vertu. Infidèles, il est vrai, au lien conjugal, qui n'est pour elles qu'un brevet de licence, elles sont d'une fidélité à toute épreuve pour celui qu'elles ont choisi, et sont capables de faire pour lui les plus grands sacrifices. Moins coquettes que nos Parisiennes, elles sont jalouses à l'excès ; et les morts d'amour, en Italie, sont moins rares qu'en France. J'ai dit que le mariage était un brevet de licence ; car une jeune personne, avant d'être mariée, fait l'amour, mais l'amour sentimental. Autant, munie d'un mari, elle tient peu à la vertu, autant, sans lui, en général, il est difficile de l'obtenir : un mari est un portier qui vous indique le chemin ; c'est la clé des champs qu'on leur donne ; elles savent en profiter.

Napolitaines, ne m'en voulez pas si je vous juge si mal au moral ; vous avez des qualités qui vous rendent encore bien séduisantes, et qui font passer sur vos défauts : vous êtes jolies, très-jolies ; vous avez de grands yeux noirs, de belles dents blanches, un teint brun méridional qui inspire ; vous avez dans la taille quelque chose de souple, un laissé-aller qui charme à l'infini, et, pour faire valoir tous ces attraits, une volupté sans égale. En vérité, ne vous plaignez pas de ma critique ; malgré cela, je vous aime à la folie.

LETTRE LXVI.

Au Même.

Naples, samedi 20 janvier 1837.

Deux villes sont à Naples : Naples ancienne et Naples moderne. Jusqu'ici, je ne connaissais que la nouvelle, composée de la rue de Tolède, de la Chiaia et du port ; je n'ai pas voulu partir sans connaître l'autre, et, dès sept heures du matin, je me suis mis en route pour la vieille cité. J'ai passé d'abord sous l'ancienne porte de Capoue, et je suis arrivé à un vieux palais, autrefois la demeure royale, la *Vicaria*. De hautes murailles bien noires, bien pesantes forment tout l'extérieur, dont la façade est ornée de têtes de morts placées dans des espèces de pots à feu, et des restes de mains et de bras cloués dans les intervalles : c'est là qu'autrefois on exposait les membres des condamnés à mort qui avaient péri sur l'échafaud. Aujourd'hui une partie de ce vieux palais est consacrée aux tribunaux : l'autre a été transformée en prison : on ne pouvait lui donner une meilleure destination. Des fenêtres des prisons, je vis pendre jusqu'à terre une multitude de petits paniers attachés par des ficelles, et qui attendaient chacun une légère offrande : c'est une espèce de loterie : au plus heureux. — Je n'ai pas compris comment la police pouvait permettre cette manière de demander ; au lieu d'argent, il serait bien facile de leur procurer des instrumens pour s'évader : elle se fie sans doute à l'envie et à la jalousie que les prisonniers ont entre eux : l'un dénoncerait l'autre. — Près de ce quartier des prisons est une rue qui sert aussi de prison à la basse classe des filles publiques. Le lazzaroni, pour deux ou trois grains, trouve là du gibier tout prêt et cerné comme dans un parc. Elles sont gardées par des sentinelles à chaque coin de la rue. Il faut, en traversant ce séjour, avoir soin de passer au milieu, de peur de gagner de la vermine. Elles sont toutes devant leurs portes, les robes presque levées ; et étalant, sans qu'on les en prie, leurs charmes aux passans, elles implorent de vous la charité de quelques grains. — Cette rue m'a fait horreur : j'avais cru me trouver au milieu de bêtes brutes.

Notre curiosité en ce genre bientôt satisfaite, nous nous enfonçons toujours plus avant, et nous nous trouvons peu à peu dans des rues sales, étroites, bordées de chaque côté par de petites boutiques auxquelles sont pendus des tas de guenilles et de chiffons. Une masse de peuple à demi-nu, couvert de haillons, garnit ces cloaques infects, et une foule de petites cuisines ambulantes achèvent de les encombrer. Quelques tonneaux sont placés çà et là, servant de table aux mangeurs de macaroni et de châtaignes cuites à l'eau. — Mais tout à coup nous arrivons à une grande place, et au nom de la *Piazza del Mercato* se rattachent mille souvenirs : c'est ici que Manfred et Coradin furent décapités par les ordres de Charles d'Anjou, le 26 octobre 1268 ; c'est là que, le 16 juin 1647, éclata la fameuse révolution de Masaniello ; c'est là qu'il fut déclaré roi par le peuple révolté ; c'est là aussi que sa tête fut promenée par le peuple qui l'avait élevé. Plus loin, j'entre à l'église *del Carmine*, et je vois la sacristie où il régna, la chaire où il harangua le peuple, le balcon où il se montra pour la dernière fois, et où il reçut la mort. Des milliers de pêcheurs sont encore là, sur cette place, comme autrefois : un homme les réveilla un instant; après lui, ils sont retombés dans leur assoupissement. — Dans cette église, on remarque un Christ pour lequel le peuple a une grande dévotion. Dans le temps des troubles de Naples, un boulet entrant dans l'église devait, par sa direction, frapper la tête du Christ : le Christ détourna la tête, et le boulet ne lui fit aucun mal. Il a la tête penchée, c'est là le plus vrai de l'histoire. — On compte à Naples trois cents églises; je vous ai parlé de deux : l'église de Saint-Janvier, ou la cathédrale, sera la dernière. La cathédrale, en elle-même, m'a paru peu extraordinaire : quelques tombeaux gothiques, des colonnes de marbre rare en font le principal mérite. C'est pour la chapelle même de Saint-Janvier que je réserve toute votre admiration. La chapelle de Saint-Janvier, presque attenante à la cathédrale, n'a pas la même juridiction; c'est un chapitre à part et tout particulier pour elle. Ses richesses sont immenses, et passent l'imagination : on compte seulement pour huit millions de brillans qui servent à orner trente-six statues d'argent massif d'une grande beauté, lors des processions solennelles. Le devant d'autel est en bas-relief aussi en argent, d'un travail admirable. Derrière l'autel même est la statue en bronze de Saint-Janvier, au-dessous de laquelle se trouve un petit tabernacle renfermant la tête et deux ampoules du sang du saint. Qui n'a entendu parler du miracle de la liquéfaction du sang, qui se fait trois fois l'année? Quand le miracle s'accomplit de suite, le peuple est dans une joie universelle; si, au contraire, il tarde à s'opérer, Naples, se croyant menacée d'une grande calamité, devient dans une extrême agitation : tous adressent des prières au ciel, tous invoquent le saint par mille vœux différens. — Le miracle s'est, dit-on, quelquefois fait attendre ; mais il n'a jamais manqué. — Les clés du tabernacle sont entre les mains du roi et de l'archevêque ; et ils ne peuvent l'ouvrir l'un sans l'autre.

Vis-à-vis de cette riche chapelle se trouve celle de Saint-Restitue, bâtie autrefois par le grand Constantin sur les ruines du temple d'Apollon. — Les colonnes du paganisme soutiennent la voûte du vrai Dieu. — Comme miracles, la sculpture nous en a montré trois dans la chapelle Saint-Sévère ; ce sont trois statues représentant le Vice, la Modestie et le Christ mort : la première se trouve entièrement enveloppée dans un filet, et, à travers les mailles très-fines, on aperçoit le corps parfaitement bien taillé et fini ; sur la Modestie et le Christ mort est jeté un long voile qui, quoique les couvrant, a tellement de transparence, si je puis m'exprimer ainsi, que l'on distingue très-bien toutes les formes, parfaitement dessinées. C'est un tour de force inconcevable, inconnu même chez les Grecs. J'ai appris encore avec étonnement que chacun de ces chefs-d'œuvre appartient à un auteur différent.

Pour rentrer dans la ville moderne, j'ai pris un autre chemin ; je suis revenu par le côté de la mer. Beaucoup de pêcheurs étaient occupés après leur barque, et un grand nombre de femmes, assises près d'eux, travaillaient avec activité à raccommoder leurs filets, ou à en fabriquer de nouveaux. Je me rappelai la place du marché dans *la Muette de Portici* à l'Opéra; elle ne manque pas d'exactitude. En arrivant près du port, j'aperçus une vingtaine de lazzaroni, les uns couchés, les autres debout, mais tous immobiles, la bouche béante, et semblant écouter avec grande attention un homme qui leur parlait avec feu. Je m'approchai, et me mêlant à l'auditoire, j'écoutai avec curiosité l'éloquence de l'orateur. C'était un improvisateur fameux, ou plutôt un commentateur d'une multitude de poëtes dont il récitait les vers avec emphase. Rinaldo ou Renaud semblait être son héros favori, et les hauts faits dont il le parait excitaient l'enthousiasme de tous les auditeurs. Cette scène me sembla d'un caractère tout particulier. Je m'imaginai voir, dans ces hommes bruts, ignorans, les Arabes du désert à la veillée.

Je suis, etc.

LETTRE LXVII.

Au Même.

Naples, mardi, 26 janvier 1831.

Les hivers de Naples sont-ils bien brillans ? C'est une question fort embarrassante, et les étrangers la décident chaque année. — L'étranger est obligé de faire aux Napolitains les honneurs de son propre pays : c'est lui qui se charge des fêtes, des bals, des plaisirs ; enfin, c'est pour ainsi dire lui qui donne à son hôte l'hospitalité. Quelques myladis et les maisons des ambassadeurs font, en général, tous les frais. Les quartiers de noblesse ne peuvent, à ces nobles ruinés, leur tenir lieu de richesse ; et trop pauvres pour recevoir chez eux, ils vont chez les autres étaler leur sotte vanité. En effet, l'argent est rare à Naples, mais il n'en est pas ainsi des titres : il pleut des princes, des ducs et des marquis. Naples est le magasin général ; c'est une grande fabrique où il y en a par milliers. J'ai eu l'honneur d'être présenté à une vingtaine de ces grands seigneurs, et j'ai encore bien de la peine à classer dans ma tête leurs honneurs et leurs dignités. J'avoue qu'ils ont un peu dégénéré, et que leur antique race doit se trouver par eux bien mal représentée. S'il m'est permis de m'exprimer ainsi, ils ressemblent, la plupart, à de vrais saute-ruisseaux, et jamais je ne me serais avisé, en les voyant, de les deviner de si noble origine. N'ayant pour tout bien et pour tout mérite que leur naissance, ils en sont fiers à l'excès, et se font une loi de mépriser qui, par leur blason, ne peut les égaler. Pour donner une espèce d'indemnité aux étrangers qui les régalent, ils ont fait tous ensemble une association, et, dans un local qu'ils louent, ils donnent un bal par semaine, sans rafraîchissemens, bien entendu, car ils n'ont pas de quoi les payer. Pour être admis dans ces bals, qu'ils ont surnommés académies, il faut prouver ses quartiers de noblesse. Deux de mes amis, pour n'avoir pas eu de particule devant leur nom, n'ont pu obtenir l'immense privilége de leur société. En vérité, s'ils n'ont que de la noblesse, ils savent la faire valoir ; et quand ils sont obligés de causer avec des roturiers, ils les gratifient du titre de comte et de marquis, comme pour les élever à leur hauteur. Les mendians vous appellent excellence, les ducs vous appellent duc pour mendier vos suffrages.

Les bals de Naples ont, cette année, un avantage de plus. Autrefois l'étiquette de la cour ne permettait pas au roi d'aller au bal chez des particuliers; le jeune roi s'est trouvé gêné de cet usage, peu en rapport avec ses plaisirs, et il s'est prononcé dans l'intention de violer cette règle antique. Ayant toujours été tenu très-sévèrement, et ayant peu goûté de plaisirs, il veut en jouir, et il a profité de la fête de la reine d'Espagne pour aller au bal donné en son honneur. Ce bal était chez le ministre de Sardaigne. Le roi aime beaucoup le clinquant et l'effet; aussi est-il arrivé là habillé en colonel de dragons, avec son casque et ses éperons, comme s'il allait livrer bataille. Il avait cependant oublié ses moustaches postiches, voulant sans doute paraître plus doux près des jolies femmes. Il se les réserve quand il veut prendre l'air tout à fait guerrier; et le jour de son entrée à Naples, il n'en avait pas négligé l'effet, il en avait une très-belle paire. Manie d'enfant qui lui passera quand il aura de la barbe au menton. — Du reste, le plus noble de son royaume, je l'ai trouvé le plus simple de sa cour. Il avait quelque chose de très-modeste, d'embarrassé, qui plaisait infiniment. Il semblait tourmenté de voir qu'on le regardait, qu'on s'occupait de lui, et il cherchait à se cacher dans la foule. D'une honnêteté plus qu'ordinaire, je l'ai vu demander excuse par trois fois à un jeune homme qu'il avait heurté en valsant. Quant à son extérieur, il est très-gros, mais très-grand, de manière à supporter sa grosseur. Il paraît beaucoup plus âgé qu'il ne l'est réellement. C'est un défaut qui sied très-bien à un roi. Les deux autres frères (car le troisième est trop jeune encore pour aller au bal) l'accompagnaient. Ils sont aussi gros que lui, mais beaucoup moins grands. Le prince Charles est d'une affabilité charmante. Ils ont paru s'amuser extrêmement : valse, contredanse, galope, ils n'en ont pas manqué une. J'ai trouvé ce bal superbe. Ces masses énormes d'uniformes tout brodés d'or faisaient un effet magnifique.

Je suis, etc.

LETTRE LXVIII.

Au Même.

Naples, samedi 29 janvier 1831.

Hier soir, au bal, un des mille et un princes mes amis me dit : « Venez-vous demain à la course de chevaux? Deux des miens courent par complaisance. J'ai bien voulu amuser la société de Naples par la bagatelle d'un pari d'une centaine de guinées. Venez-y, cher comte, vous me ferez grand plaisir. » A ce compliment flatteur de comte, je ne sus pas résister, et je me suis rendu à cheval, ce matin, au Champ-de-Mars, où la course avait lieu. Toute la grande société de Naples y était assemblée, et avait cherché à étaler son aisance et à écraser son voisin. Le coupé de remise singeait le coupé du maître. Le propriétaire d'une voiture à deux chevaux en avait loué deux autres pour conduire ses quatre chevaux en grandes guides. Chacun avait voulu se surpasser : c'était un petit

Longchamps. Mon aimable ami de la veille se remuait de tous côtés avec une activité sans égale. Le galop de son cheval ne pouvait suffire pour porter ses sages avis. Il plaçait les dames, les déplaçait, puis les replaçait encore, se battant les flancs pour être plus remarqué. Quand une femme le rappelait, il était content, il avait atteint son but. — Les chevaux coururent, et mon ami, vaincu une fois, triompha l'autre. Je m'affligeai de sa première défaite, comme lui coûtant bien cher; et lui se rejeta sur la modicité du pari. — Ce soir, je comprends mieux son air d'indifférence, car je viens d'apprendre que le pari était simulé, que les chevaux qui ont couru par complaisance ne lui appartenaient pas, et qu'ils étaient seulement sous son nom. — Beaucoup de dames firent, avec les jeunes gens qui les entouraient, une infinité de paris. Par galanterie, les hommes ont presque tous perdu. — A une bien jolie Romaine enrhumée je dois une boîte de jujubes.

Je suis, etc.

NAPLES, *dimanche 13 février* 1831. — Le carnaval est commencé à Naples, et j'en aurai vu les premiers échantillons; ce matin, le Corso, ce soir, le bal de l'Opéra. — Les plaisirs du Corso consistent en deux longues files de voitures dans la rue de Tolède, qui s'avancent bien lentement, et où, de temps en temps, sont placés quatre mauvais masques aussi silencieux qu'un mercredi des cendres. Les personnes de vos connaissances placées aux balcons, vous assaillent de bonbons en plâtre appelés *confetti*. Enfin, toute cette fête de joie ressemble à une fête de deuil. — Le bal de l'Opéra est encore plus mesquin. Point de dominos, point de femmes pour nous intriguer. — L'esprit d'intrigue n'est point connu à Naples. Les femmes se masquent sans intention, et au lieu de donner à cet usage ce qu'il a de piquant et d'esprit, elles ne le font servir qu'à leur coquetterie. Quatre hommes, ce soir, payés sans doute pour amuser le public, vêtus en turcs, costume obligé de la classe du peuple, dansaient la tareutelle au milieu de la salle. Je ne puis juger, dit-on, par ce jour, du carnaval de Naples; j'abandonne sur lui toutes mes observations et mes critiques. J'aime mieux les faire à Rome; et le pape est maintenant le seul opposant.

Je suis, etc.

LETTRE LXIX.

Au Même.

Naples, samedi 3 février 1831.

Il était temps, peu s'en est fallu pour le pauvre peuple romain, il aurait été obligé de se passer de carnaval. Le pape vient d'être nommé, et sa nomination m'a chassé de Naples aussitôt. Je pars demain pour la grande cité, et je vais jouir de ses folies. Pardonnez-moi, cher ami, si je quitte si brusquement Naples sans lui faire mes adieux. Pendant que le peuple romain expiera, en carême, les nombreux péchés qu'il va commettre, je retournerai vers cette ville charmante, que j'affectionne, et je mettrai peut-être à profit les quarante jours de pénitence, pour visiter la Sicile. Que de beaux projets devant moi! Adieu.

Je suis, etc.

FIN DE LA PREMIÈRE PARTIE.

DEUXIÈME PARTIE.

MES SOUVENIRS DE BONHEUR.

OU

NEUF MOIS EN ITALIE.

~~~~~~~~~~~~~~~~~~~~~~~~~~~~~~~~~~~~~

LETTRE PREMIÈRE.

A M. Mennessier.

<div style="text-align: right">Carigliano, dimanche 6 février 1831.</div>

Sur la route de Rome, rappelez-vous, mon ami, l'enthousiasme que produisait en moi cette pensée, au commencement de mon voyage. Ce mot seul me subjuguait et me ravissait de plaisir. Comment se fait-il donc qu'aujourd'hui si près d'atteindre au but si long-temps désiré, je me trouve sans émotion, et dans une indifférence presque mêlée de regrets? Ai-je dégénéré dans mes impressions, dans ma manière de sentir? L'Italie, avec son ciel brûlant, aurait-elle refroid ma jeune tête si avide de ses beautés? ou ne sont-ce pas plutô des regrets, des souvenirs encore tout récens qui modèrent ma vieille impatience? J'accuserai peut-être aussi, avec raison, mon long séjour à Naples: je me suis endormi trop souvent près de l'objet de mes vœux ; ce nom qui me semblait si grand, mon oreille s'y est faite, s'y est accoutumée: j'ai entendu parler de Rome comme, en ma province, on parle de Paris, et autant mon émotion eût été forte en me voyant transporté tout à coup du sein de ma patrie au milieu de la grande ville romaine, autant elle se trouve diminuée par le rapprochement de ma course. L'habitude, la possibilité de réaliser en un instant ce rêve de toute ma vie, en a détruit l'effet et a perdu mes sensations. — De Naples à Mola di Gaeta, où nous couchons, point d'événemens ni de curiosités; j'ai quitté Naples avant le jour pour pouvoir le quitter, et Capoue, avec ses sales rues et sa triste situation, n'a pas fait de moi un autre Annibal. Nous avons passé le Volturne, laissant à notre droite quelques morceaux d'amphithéâtre, un arc de triomphe, seuls restes de l'ancienne ville ; et, joignant la voie Appienne à Carigliano, nous avons bientôt atteint notre coucher. Je suis toujours sur le territoire napolitain.

Je suis, etc.

LETTRE II.

Au Même.

Velletri, lundi 7 février 1831.

En nommant Fondi et Terracine, les deux premières villes que nous avons traversées ce matin, l'on devrait s'attendre à une aventure de brigands. C'est un pays depuis un temps immémorial si célèbre en ce genre, qu'il semble qu'un voyageur, qui voyage pour son plaisir et pour raconter, doit avoir celui d'être dévalisé. Nous n'avons pas eu ce bonheur. Nous avons vu des montagnes arides, escarpées, qui s'avancent jusque sur la route ; des ravins profonds, dignes repaires des assassins ; des gendarmes échelonnés çà et là ; mais, du haut de ces gorges effrayantes, le bandit, armé de son fusil bronzé, ne nous est pas apparu, ni à travers ces broussailles épaisses n'a pas brillé son œil étincelant et terrible.

A quelques pas de Fondi se trouve la grotte dans laquelle Tacite dit que Séjan, favori de Tibère, sauva la vie à cet empereur. Terracine rappelle son ancien nom d'Anxur, par les ruines d'un temple dédié à Jupiter-Anxurus, et les restes d'un superbe palais font oublier les Volsques pour le barbare conquérant. Ce palais est situé au sommet de la colline au bas de laquelle passe la grande route, et produit de loin un effet majestueux. Nous y sommes montés avec assez de peine; mais le plaisir de revoir encore les îles environantes de Naples nous a délassés, et nous avions déjà parcouru les longues galeries du palais que, charmés par la vue délicieuse qui s'offrait devant nous, nous ne pensions plus à nous remettre en route. — Terracine, ville frontière, est aussi célèbre par ses douaniers. — C'est en sortant de Terracine que nous avons trouvé les Marais Pontins. On les traverse par la fameuse Linsa Pia, construite sur l'ancienne voie Appienne par le pape Pie VI, et qui offre vingt-cinq milles d'un terrain plat et uni ; deux grands canaux recevant par d'autres plus petit. les eaux stagnantes pour leur donner écoulement, bordent la route. L'air y est malsain pendant un certain temps de l'année. — A Torre de Tre Ponti cette route finit, et il faut peu de temps pour gagner Velletri. Velletri, que nous venons de parcourir, et où nous passons la nuit, me fait sentir que j'ai changé de peuple ; c'est déjà un tout autre caractère de figures, d'autres costumes, d'autres usages: nous sommes presque Romains. — A demain la grande réalité.

Je suis, etc.

LETTRE III.

Au Même.

Rome, mardi 8 février 1831.

Je ne puis vous parler aujourd'hui du commencement de ma journée ; mon imagination l'emporte et m'ordonne de tout franchir pour arriver plus vite devant l'objet de mes vœux ? Que me font Albano, Larricia, Marino, avec leurs jolies situations, leurs jolis paysages ? Je ne veux rien mêler à la grande impression qui m'attend, et mon âme s'élance en avant pour découvrir ce qui doit la combler de joie.

Derrière cette espèce de forêt de joncs et de roseaux, quelle est cette plaine immense, effrayante de stérilité ?... C'est la campagne de Rome. Pas un arbre, pas une fleur, pas un buisson pour indiquer la vie : un sol aride, un gazon d'un vert jaune et desséché, brûlé par le soleil, et, au milieu de cette terre morte, des ruines à moitié debout, mais près de s'écrouler. D'un côté, quelques tombeaux çà et là ; de l'autre, un long rideau d'aqueducs qui se prolonge à l'infini ; et, devant soi, dans le lointain, Rome, toujours reine du monde, Rome qui a cessé d'exister, et qui cependant règne encore. En un instant on embrasse toute son histoire : ses rois, ses consuls, ses tribuns, ses empereurs, se montrent tous, à la fois, au milieu de leurs ruines; et, en levant les yeux, se découvre dans les airs la croix de Constantin, qui plane jusqu'aux cieux avec l'immense coupole de Michel-Ange. Spectacle admirable, sensations inouïes qu'en vain l'on chercherait à rendre : Rome moderne est là, rivalisant avec Rome antique, l'une toute brillante de majesté, et qui étale avec pompe ses richesses royales; l'autre, puissance tombée, qui vous effraie et vous impose encore par ses vastes décombres. — Mais nous avons touché cette ville de prodiges, nous sommes au milieu d'elle, et je ne puis le croire encore. Je vois tout d'un œil avide, sans oser m'arrêter à rien; je m'étonne de moi-même, et je doute de mon bonheur. Rome est là, tout autour de moi, et c'est Rome que je vais contempler, visiter dans tous ses détails! Je vais retrouver tant de grands souvenirs! Il y a deux jours, je craignais d'avoir perdu mon enthousiasme; aujourd'hui, je ne sais plus le contenir. En vain je voudrais oublier où je suis; il est une voix impérieuse qui me crie continuellement : « Souviens-toi que tu es à Rome! »

Je suis, etc.

LETTRE IV.

Au Même.

Rome, mercredi 9 février 1831.

Gloire au premier temple chrétien, honneur au génie de Michel-Ange! J'ai vu Saint-Pierre, et j'ai été frappé d'étonnement : j'ai contemplé ce qu'il y a de plus beau dans le monde, et je suis resté ébahi devant tant de magnificence. J'avais vu plusieurs fois représenter l'extérieur de Saint-Pierre; mais aucun tableau ne pouvait me donner l'idée de la réalité. En vain je chercherais à vous dépeindre ce que j'ai ressenti quand je me suis trouvé en présence d'une si grande merveille ; ce prodige passait bien au-delà de tous mes rêves : cette façade majestueuse couronnée de statues gigantesques, et au-dessus de laquelle s'élève la miraculeuse coupole; chaque côté, ces superbes portiques à colonnes tout à jours, et surmontés aussi de statues; au milieu de la place, ce magnifique obélisque, ces fontaines jaillissantes ; tout cet ensemble vous effraie, vous saisit par sa grandeur, et vous vous écriez : « C'est la reine du monde! » Irai-je, après avoir admiré cette masse sublime, m'unir à tant de critiques? et, m'appesantissant sur les détails, vous parlerai-je de quelques-uns de ses défauts? Vous dirai-je que la façade eût été plus admirable si les colonnes eussent été à jours comme celles des portiques? que ces larges balcons, quoique d'un bel effet, semblent convenir davantage à un palais qu'à un temple? que la place n'est pas assez grande, et qu'il faudrait qu'elle s'étendît jusqu'au Titre? Ce sont des défauts que je trouve admirables tels qu'ils sont, et je n'oserais les blâmer. Mais nous pénétrons sous le portique de la basilique même, et, après avoir remarqué aux deux extrémités deux statues équestres de Constantin et de Charlemagne, disposées avec art, de manière à produire, au moyen du jour venant d'en haut, un très-bel effet, nous entrons dans le temple.

Ici, j'avouerai que l'intérieur, au premier abord, n'a pas produit en moi cette impression si forte de l'extérieur de l'édifice. La justesse extraordinaire des proportions trompa mes yeux par l'absence de comparaison, et, dans le premier moment, cette perfection de l'art m'enleva l'effet du gigantesque: je ne trouvais pas ce grand, ce colossal auquel je m'attendais pour répondre dignement à l'extérieur, et ce n'est qu'en me retournant, après avoir traversé l'église dans toute sa longueur, que je me suis aperçu de son immensité. Alors, considérant l'un après l'autre chaque objet, je suis resté confondu de leur grandeur réelle, et j'ai jugé de cette harmonie parfaite qui pouvait m'avoir ainsi abusé. — Pour vous en donner un exemple, deux anges en marbre, soutenant un bénitier, me paraissaient moins grands que nature, et, quand je me suis approché, je les ai trouvés d'une grandeur colossale. Après avoir tout vu sans détailler, j'ai repris le tout en détail, et j'ai peine encore à comprendre comment on est parvenu à réunir ensemble tant de richesses et de chefs-d'œuvre.

Saint-Pierre, la plus grande église du monde, l'ouvrage de trente papes, a 575 pieds de longueur sur 418 de hauteur; et dans cette enceinte énorme, il faut dire que l'on ne peut y faire un pas sans avoir quelque chose à admirer. La description de toutes les beautés qui sont renfermées sous ces voûtes immenses demanderait des volumes. Je ne sais, en vérité, que vous citer au milieu de cet amas de prodiges; tout y est surprenant : c'est plutôt, à proprement parler, un musée magnifique qu'un temple pour prier; c'est une magnificence d'ornemens inconcevable. En entrant, on aperçoit, au-dessous de la vaste coupole, le grand baldaquin du maître-autel, soutenu par quatre colonnes spirales en bronze doré, de quarante-huit pieds et demi de hauteur. Par-devant brûlent continuellement les cent douze lampes éclairant les reliques de saint Pierre; à droite est la fameuse statue de saint Pierre, célèbre par la vénération qu'elle inspire aux fidèles : le doigt de pied du saint est tout usé par les baisers sans nombre que la dévotion y a imprimés.—Cette statue est une ancienne statue de Jupiter.—Nous avons tous baisé le doigt du dieu converti. — Dans les deux côtés de l'église, c'est une infinité de chapelles et plus riches et plus belles, toutes remplies de colonnes des marbres les plus rares. De tous côtés, des tableaux en mosaïque représentant les peintures de nos plus grands maîtres : ici, c'est le tombeau de Christine, reine de Suède; là, celui de Clément XIII, au-dessus duquel le génie de la mort et deux lions endormis immortalisent Canova; partout des bronzes, des stucs dorés : c'est une foule de trésors que l'imagination éblouie confond et ne peut démêler. J'avouerai même que cette réunion de tant de richesses a produit en moi un sentiment qui m'a déplu. A force de voir, d'admirer, j'ai fini par oublier que j'étais dans le premier palais du Christianisme : j'aurais voulu me sentir pénétré de quelque chose de religieux, et je me promenais dans une belle galerie. Le gothique m'aurait semblé convenir davantage; j'aurais préféré moins de luxe, et, au lieu de ces larges piliers carrés ornés de statues, et qui coupent l'église en trois parties, voir une voûte immense soutenue par de simples colonnes; j'aurais mieux aimé aussi que ce jour répandu partout fût diminué par des vitraux de couleur, ce qui aurait donné quelque chose d'obscur et plus en harmonie avec la religion. — L'intérieur de Saint-Pierre, avec son luxe éclatant, me semble fait pour le premier des rois : celui de Milan, avec sa simplicité, plairait davantage à la divinité.

Après être sortis du temple, nous sommes montés au haut de la coupole. Plus on s'approche, moins on conçoit comment on est parvenu à élever si haut une masse si grande; elle a elle-même 616 palmes de haut. La boule dorée qui soutient la croix peut contenir quinze personnes. Du sommet de la coupole, nous avons joui de toute la vue de Rome. — En vain j'ai cherché les sept collines; on ne peut les reconnaître. — En redescendant, nous sommes entrés dans les galeries formées tout autour de l'intérieur de la coupole, et nous avons vu les fidèles errans çà et là comme des points noirs et presque imperceptibles. C'était une hauteur effrayante. Les mosaïques de la coupole, qui d'en bas paraissaient si fines et si délicates, sont, de près, très-brutes et excessivement grossières : ainsi le demande l'effet. Après Saint-Pierre, je ne pouvais visiter d'autres monumens, et je me suis livré tout entier aux plaisirs du carnaval. — Demain je vous en parlerai : je croirais aujourd'hui profaner le grandiose de mon sujet.

Je suis, etc.

LETTRE V.

Au Même.

Rome, jeudi 10 février 1830.

Métamorphose de Rome, voilà comment je pourrais intituler ce chapitre. Dieux de la folie, vous qui présidez à ces huit jours de plaisirs, inspirez-moi, pénétrez-moi de votre gaîté folle, et faites que je n'oublie rien de vos incroyables extravagances. Dès le mardi qui précède le mardi gras, le peuple romain n'est plus romain, il oublie ses formes accoutumées, son caractère habituel, et, changeant à chaque instant de costume, il prend tour à tour le langage et le ton du personnage qu'il veut représenter. Dès qu'il a endossé un nouvel uniforme, il en remplit le rôle avec une exactitude scrupuleuse, et, seul avec lui-même, il fait ce que dans aucun pays l'on ne verrait jamais : il conserve sa bizarrerie et se rit à lui-même de sa bêtise. Nobles, bourgeois, ouvriers, grands seigneurs, tous se mêlent, se confondent et se livrent à la joie générale. A deux heures de l'après-midi, la cloche du Capitole donne le signal de la fête, et la folie romaine commence ses bacchanales. C'est la rue du Corso qui est choisie pour le grand théâtre des plaisirs. Cette rue immense, très-droite, garnie des deux côtés par de larges trottoirs, commence au palais de Venise, et, après une demi-lieue de long, vient aboutir à la plus belle place de Rome, appelée la place du Peuple. Comme dans toute l'Italie, les fenêtres sont garnies de balcons, et à tous ces balcons sont suspendues des tapisseries de toutes les couleurs, de manière que la rue semble elle-même déguisée et avoir choisi un costume d'arlequin. Voilà la décoration du théâtre; assistons maintenant à la représentation. Voyez, par ces rues adjacentes, cette infinité de voitures, chargées de masques, qui se pressent à l'envi pour entrer sur la scène. Elles se rangent à la file, comme à Longchamps, de chaque côté de la rue; elles se voient en passant vis-à-vis l'une de l'autre, elles se reconnaissent, elles se rient, et la bataille est engagée. A l'instant l'on voit pleuvoir dans tous les sens une pluie de petites balles de bonbons; chacun, portant avec soi une bourriche de cette singulière mitraille, poursuit son ennemi avec un acharnement sans égal. Mais, dans cette assemblée de fous, les ennemis sont ceux que l'on aime; et plus on a d'amis, plus on a d'adversaires. Le milieu de la rue, les trottoirs, les fenêtres, les balcons sont aussi couverts de masques qui se mêlent au combat, et qui le rendent mille fois plus comique. (Pour faciliter l'attaque, des cornets en fer-blanc servent à lancer les *confetti* très-haut, et des voitures l'on parvient facilement au troisième étage.) Ici, c'est un paillasse qui vient en sournois près de votre voiture, pendant que vous n'y pensez pas, vous jeter dans la figure une poignée de poudre blanche; là, ce sont deux jeunes gens qui, du haut d'un balcon, au moment où vous passez, laissent tomber sur votre tête un sac de farine; plus loin, c'est une jolie dame de votre connaissance, fâchée de ne pas être reconnue, qui vous accable de bouquets pour vous faire porter les yeux de son côté ; ailleurs, la galanterie aura remplacé les balles de plâtre par des bonbons ; enfin, de toutes parts des travestissemens plus burlesques les uns que les autres. Un médecin vous lorgne d'un air pédant ; un polichinel français se bat avec son confrère le napolitain ; un arlequin fait la cour à sa Colombine ; un brigand calabrois arrête les voitures, et ne les quitte qu'accablé par vos coups. On crie, on se pousse, on se repousse, on plaisante ceux que l'on ne connaît pas, et serait bafoué celui qui se fâcherait. C'est un désordre, une confusion générale : les uns quittent leurs voitures pour mieux attaquer ; d'autres les remplacent pour se faire reconnaître. Chacun prend à tâche de pouvoir se dire : C'est moi qui me suis amusé davantage. C'est la folie qui règne ; toutes les classes sont devenues égales : le pape n'a plus de droit jusqu'au mercredi des Cendres, et le cardinal qui traverse le Corso au moment de la fête n'est pas à l'abri des attaques bonboniales.

Mais à cinq heures, la cloche du Capitole, se faisant entendre de nouveau, vient avertir les voitures de se retirer. La foule s'écarte, se range sur les trottoirs ; un escadron de cavalerie traverse le Corso au grand trot ; puis les chevaux libres s'élancent et parcourent la lice. On ne peut rendre le brillant, le magique de cette dernière scène de la fête. Pour mieux juger de l'effet qu'elle produit, montez sur ces gradins élevés sur la place du Peuple, et vous partagerez l'enthousiasme général ; vous vous sentirez électrisé en voyant cette folle joie qui anime tout, en entendant ces cris, ces clameurs bruyantes de l'assemblée : c'est un spectacle tout nouveau pour les yeux d'un Français ; il croit tout à coup avoir reculé de quelques siècles. — Puis devant cette barrière, qui les retient encore, voyez comme ces chevaux calabrois frémissent d'impatience, comme ils voudraient s'élancer. Leurs narines sont ouvertes, leurs yeux brillent avec fureur: ils se raidissent, ils s'enlèvent en l'air pour se détacher de la main qui les arrête; et les petites pointes de fer dont ils sont hérissés qui viennent ajouter à leur ardeur naturelle! ils se regardent l'un l'autre avec jalousie : ils savent qu'ils vont se mesurer. Leurs patrons, au bonnet rouge et à la veste brodée, ne retiennent plus leur impétuosité, la barrière tombe, et, dégagés de tous liens, les voilà qui franchissent l'espace avec une rapidité sans égale; le plus agile est vainqueur et reçoit le prix de son triomphe. Alors la fête, poussée à son comble, cesse pour la journée; l'ivresse s'endort jusqu'au lendemain, puis, le lendemain, se réveille plus folle et plus brillante.

Etranger au milieu de cette fête, je ne m'en suis pas aperçu. D'anciens amis se sont retrouvés là pour me saluer; de jolies Romaines hospitalières m'ont envoyé leurs bouquets; quelques Napolitaines ne m'ont pas oublié; et quand je suis revenu chez moi, en me regardant dans la glace, j'ai été effrayé de mes nombreuses blessures. Ah! que j'étais blanc!!! Dans le nombre immense des voitures on remarquait celle de la famille Bonaparte; elle était toute remplie de bouquets, d'oranges, de bonbons. Quand un Français était reconnu, il en était accablé. Illustres exilés, vous aimez encore la France, et votre regard semble toujours dire, en nous voyant : Souvenez-vous de nous!

Je suis, etc.

LETTRE VI.

Au même.

Rome, vendredi 11 février 183..

Il est bien téméraire à moi d'entreprendre en un jour de décrire le Vatican, quand des années entières suffiraient à peine pour bien l'admirer et le parcourir en détail. — Des milliers de chefs-d'œuvre pour orner quatre mille quatre cent vingt-deux salles, tant chambres que galeries, vingt-deux cours à traverser, voilà de quoi se compose le plus grand palais de l'Europe. — Avant d'entrer dans cet intérieur magique, où toutes mes paroles ne seront que louanges et qu'exclamations, je m'arrête devant l'extérieur, et je me surprends à critiquer. Le Vatican n'a pas de façade ; il est si mal placé, que, sans sa masse énorme, je prierais Dieu de le transplanter ailleurs. A la gauche de Saint-Pierre, et appuyant contre lui ses bâtimens sans nombre, il le gêne, et, sans l'écraser, c'est un laid et lourd rival qui le dépare. Chaque pape ajoute à ce grand palais un autre palais, et tous ces palais décousus étonnent par leur immensité, mais déplaisent par leur peu d'ensemble.

Dépêchons-nous d'entrer pour ne pas nous fâcher contre le mauvais goût des papes. Le grand escalier serait beau, s'il ne touchait pas Saint-Pierre. — Nous laissons à notre droite la chapelle Sixtine, pour en parler le mercredi des cendres à l'office du pape, et après avoir parcouru quelques salles remarquables par leur nudité, nous avons visité la galerie de tableaux. Celle de Florence possède mille chefs-d'œuvres, celle-ci n'en a que quinze à vous montrer; et cependant ce petit nombre est prêt à lutter à forces égales contre tous : c'est le bataillon sacré. Chacun d'eux peut commander à tous : C'est l'ancien Sénat de Rome, une assemblée de rois. Les dieux de la peinture ont exposé chacun leur plus belle création. Le Guide est admirable dans saint Jérôme et saint Thomas, dans son crucifiement de saint Pierre ; le Dominiquin est sublime dans sa fameuse communion de saint Jérôme ; Barroche est plein de poésie dans sa sainte Micheline. Raphaël monte au ciel avec Jésus-Christ dans son ascension ; et Laurens, quoique avec son air moderne dans son portrait du roi d'Angleterre, ne se trouve pas déplacé au milieu de ces vieux immortels. — Mais je continue mon examen rapide, et j'arrive au musée des statues. Ici je ne vous donnerai que peu de détails, je craindrais d'être trop long. Les Médicis même ne pourraient rivaliser. Les salles sont magnifiques, toutes ceintrées, et ornées de colonnes des marbres les plus rares. A chaque pas vous admirez, à chaque pas vos yeux s'étonnent de tous ces miracles de l'art. Ici c'est Silène, le Nil par Phidias, Démosthènes dans le même style qu'Aristide de Naples. Là le buste de César Auguste ressemble à Bonaparte. Mille salles se succèdent, et c'est une foule de chefs-d'œuvre ; les gladiateurs de Canova, ainsi que son Persée ; un poète admirable de vérité, et qui semble

... une rime; puis des vases antiques d'une grande rareté. Dans une rotonde élégante, petit modèle panthéonique, un vase en porphyre immense de soixante-douze palmes de circonférence (la palme vaut huit pouces). Le fameux Laocoon. Je suis frappé de le trouver beaucoup plus petit que toutes les copies. A l'Apollon du Belvédère je m'agenouille, et ces beautés, qui viennent de passer sous mes yeux, sont oubliées. Quelle forme! quelle divinité! quelle noblesse! Jupiter l'envoya sur la terre; sur la terre il était un dieu. — Une Vénus accroupie m'a plu après l'Apollon. — A la fin de chaque explication, entendez-vous notre cicerone : *Viene da Parigi*. Notre course est donc peut-être inutile; qui sait s'ils n'y retourneront pas? — Après les salles des statues, suivant attentivement notre guide, crainte de nous égarer au milieu de ce brillant labyrinthe, nous avons traversé la bibliothèque, immense de longueur, de quatre cent vingt pas, et décorée avec beaucoup de luxe. Bientôt nous sommes arrivés aux grandes chambres de Raphaël. Malédiction à la barbarie tudesque qui a méconnu tout leur prix et les a mutilées. Des soldats allemands du connétable de Bourbon transformèrent ces chambres en corps-de-garde, et ne craignirent pas, en faisant du feu au milieu, d'endommager ces murailles plus précieuses que l'or même. Malgré toutes ces mutilations, combien il reste encore d'espace à l'admiration pour s'élever! Le tableau de la prison de saint Pierre, éclairé à la fois par trois lumières, surpasse Raphaël même. — Nous avons visité ensuite les loges dites de Raphaël. Ce n'est pas tout à fait à juste titre que ce nom leur est donné; elles ne sont pas peintes par lui, c'est seulement d'après ses cartons. Pour faire leur éloge, je pourrais dire qu'on ne soupçonnerait pas la main du copiste. C'est comme

l'original. Raphaël peut y mettre son nom. — La fabrique de mosaïques a terminé notre longue promenade féerie, et nous a paru d'un grand intérêt. Nous avons vu travailler ces admirables chefs-d'œuvre ; j'allais vous donner mes minces renseignemens sur ce genre de travail, quand, par hasard, Mariana-Staarke m'est tombé sous la main. J'ai trouvé la description si exacte, que, par paresse, et par une espèce de modestie, il m'a semblé plus court de le laisser parler :

« La matière qu'on emploie est composée de minéraux
« mis en poudre, dont on forme de petites pièces carrées
« qui se joignent exactement, et qu'on a taillées en pointes
« par le bas pour les enfoncer dans un mastic extrèmement
« astringent, et qui durcit peu de temps après avoir été ap-
« pliqué. Ces petites pièces de couleurs et de nuances diffé-
« rentes sont distinguées par des numéros. La table de pierre
« qui doit recevoir la mosaïque, encadrée de bandes de fer,
« est taillée irrégulièrement, afin que le mastic qu'on y ap-
« plique ait beaucoup plus de prise. C'est dans ce mastic que
« le peintre enfonce les petites pièces du minéral, dont la
« couleur est analogue à celle du modèle qu'il a devant les
« yeux. Lorsque le mastic a pris assez de consistance, on
« polit les tableaux, ainsi que les glaces ou le marbre, ce
« qui leur donne un lustre qui ne s'efface jamais. Il est tout
« au plus nécessaire de les frotter pour en ôter la poussière.
« Le mastic dont on se sert est composé de chaux vive éteinte
« dans de l'eau que l'on fait égoutter. On met dans la chaux
« de la poudre de pierre travertine, et l'on arrose ce mélange
« d'huile de lin. Il faut environ huit années de travail pour
« copier en mosaïques un des grands tableaux de l'église
« Saint-Pierre. »

J'ajouterai à ces détails que le peintre a non-seulement

le modèle devant les yeux, mais qu'ayant fait sur le papier une grande esquisse du dessin qu'il veut copier, il la découpe par morceaux, et les plaçant l'un après l'autre avec un poinçon, il la calque sur la terre gluante.

A la sortie du Vatican, je suis rentré dans Saint-Pierre, et j'ai été bien inspiré. Nous avons assisté à un service pour l'ancien pape, et nous avons reçu par trois fois la bénédiction du nouveau. Pour nous que d'indulgences!... Des cardinaux drapés à l'italienne ; des évêques d'Orient couverts d'hermine, avec des barbes grises et vénérables, voilà qui a séduit nos yeux. Des voix féminines et masculines tout ensemble, m'ont fait tressaillir pour la nature. Hélas! je ne m'étais pas trompé! Commes elles chantent, ces malheureuses victimes : elles ont beau chanter!...

Je suis, etc.

LETTRE VII.

Au Même.

Rome, samedi 12 février 1831.

Toujours des métamorphoses à Rome ; avant hier, le dieu de la folie les présidait ; aujourd'hui celui de la discorde est venu le remplacer. Révolution, révolution, a crié cette divinité comospolite, et le séjour du plaisir a été changé tout à coup en celui de la terreur. Le domino, nouveau recéleur de poignards, a rêvé dans sa démence le règne de la liberté, et, la joie fuyant épouvantée par les conspirations, à la grande rumeur générale a succédé un silence universel. Un ordre spontané de sa sainteté vient de suspendre la fête; plus de masques, plus de Corso, de confetti, tout est supprimé, jusqu'aux moccoletti (1) du mardi gras. Les quinze cents hommes du pape se promènent par les rues avec un air sombre et la démarche menaçante; chacun s'accoste en tremblant pour savoir ce qu'il y a. On voit des appareils de guerre, le calme le plus complet, et l'on ne peut rien comprendre à la cause de toutes ces précautions sinistres. Une proclamation de sa sainteté paraît enfin, et vient apprendre au peuple consterné et paisible que si Bologne, Ancône et les provinces papales sont en insurrection, lui aussi a conspiré, et qu'il veut une révolution. On lui fait savoir que saint Pierre et saint Paul ont sauvé Rome des carbonari aussi clairement que Cicéron de Catilina, et on lui ordonne une neuvaine pour les remercier en guise de triomphe. Le peuple se résigne, échange son carnaval pour une neuvaine, et rentre chez lui pour échapper au danger.—Vous qui avez lu dans les journaux tous les désordres affreux passés à Rome, les voilà tels qu'ils ont été. La renommée aime à grossir. Le pape a eu peur, les étrangers ont eu peur, les Romains ont eu peur, et de toute cette peur il n'en est résulté que de la peur. Avouons cependant que le fils d'un médecin, échauffé,

(1) On appelle *moccoletti* de petites chandelles que l'on allume le mardi gras à six heures du soir, et que chacun cherche à s'éteindre mutuellement. C'est le jeu de tout le carnaval que les Romains aiment avec le plus de fureur.

malade des idées nouvelles, a tiré sur une sentinelle un coup de pistolet pour exciter une vaine émeute ; mais le bataillon voisin de la victime a fait feu sur l'écervelé, et sa fièvre a été guérie.

Ce soir il y avait bal chez le prince Gargarin, ambassadeur de Russie. La difficulté de faire sortir les braves cochers romains cachés au fond de leur tannière, nous a privés de quelques nobles ruinés sans équipages. Mais la fête n'a pas moins été complète, et l'on a dansé jusqu'au jour. Quelques alarmistes étrangers avaient dit : Craignons la contre-révolution. L'on a ri de la contre-révolution d'une révolution qui n'existait pas.

Je suis, etc.

LETTRE VIII.

Au Même.

Rome, dimanche 13 février 1831.

En vérité, je ne sais pourquoi j'ai détaillé aussi longuement Saint-Pierre et le Vatican ; les descriptions sur Rome sont si connues, tant d'ouvrages en ont précisé si bien et si souvent les admirables beautés, qu'un voyageur maintenant, dans une relation, devrait consigner son séjour dans cette grande cité par ce seul mot : J'ai été à Rome. Je ne vois donc, pour excuser mes deux chapitres, que la sublimité de leur objet, et, laissant dorénavant le voyageur recourir aux guides qu'il trouvera à Rome et qui le serviront mieux que moi, je laisserai là les détails et je ne ferai plus qu'indiquer le nom des lieux que j'aurai visités. En vain Rome moderne a étalé aujourd'hui devant mes yeux des palais, des places, des fontaines magnifiques; en vain elle est venue m'éblouir par la richesse de ses nombreuses et superbes églises, sa rivale, avec les vieux et innombrables restes de sa splendeur, l'a laissée bien loin derrière elle, et, dans la balance de mes impressions, l'or a fléchi contre la pierre antique. Avant cependant d'arriver à cette terre encombrée de grands souvenirs, je ne puis oublier les deux plus remarquables églises de Rome après Saint-Pierre, Sainte-Marie-Majeure et Saint-Jean-de-Latran. L'une et l'autre sont d'une richesse inconcevable. La première, dont la voûte a été entièrement dorée avec le premier or du Pérou, est ornée de chapelles magnifiques, et soutenues par de belles colonnes à jours, restes d'un temple de Junon : elle vous montre à la fois tous ses trésors. C'est ainsi que j'aurais désiré Saint-Pierre. La seconde, outre la fameuse chapelle Corsini qu'elle renferme et qui passe, avec raison, pour la plus élégante que l'on connaisse en Europe, est remarquable par la profusion de ses colonnes des marbres les plus recherchés. Dans les pilastres, on admire les douze statues des apôtres, sculptées par Rusconi et Legros. Près de Saint-Jean-de-Latran se trouve l'escalier saint, celui que monta, dit-on, J.-C. en allant chez Caïphe; on le monte à genoux. Je l'ai monté. — C'est fatigant. — Mais j'ai avancé quelques pas, puis je me suis écrié avec transport : le Colisée ! Je l'ai vue, je l'ai touchée cette ruine prodigieuse, et mon âme a été saisie de respect et d'admiration. J'ai considéré avec enthousiasme cette immense enceinte, ces portiques, ces colonnes s'élevant les unes sur les autres, et cette masse effrayante, à demi tombée, m'a donné à elle seule l'idée de la grandeur romaine. C'est bien là l'œuvre du plus grand peuple de la terre ! — Mais je suis entré dans l'intérieur, et cette impression de terreur et de regrets s'est fait sentir davantage. Cette vaste arène, qui a retenti tant de fois des cris des victimes, des rugissemens des lions et des applaudissemens des Romains, est maintenant déserte et silencieuse comme un tombeau; ces innombrables gradins tout couverts de spectateurs, sont à moitié renversés les uns sur les autres, et les ronces et les arbustes qui croissent au milieu de ces décombres, avec leur aspect sauvage et solitaire, attestent qu'ils ne sont plus foulés aux pieds. Où les tyrans sacrifiaient leurs victimes, la religion a élevé l'autel de la miséricorde, et la croix du Sauveur, placée douze fois au milieu de ces débris de la puissance césarienne, est venue arrêter la main des barbares qui ne craignaient pas d'y venir chercher les bases de leurs palais. Le Colisée est devenu le chemin de la Croix ! Sublime reste du peuple roi, l'homme, dans sa rage de détruire, l'avait dégradé; propriété de Dieu, sa fureur a été suspendue, et, honteux de sa barbarie, lui-même s'est empressé de soutenir ce qu'il avait ébranlé, et chaque jour il répare avec soin les affreux ravages du temps. — J'ai parcouru cette belle ruine dans tous les sens, j'ai monté ces gradins chancelans sous mes pas, et, parvenu au sommet, j'ai plané sur Rome antique. C'est de ce belvédère imposant que mes yeux ont parcouru avec ivresse l'ancienne maîtresse du monde. Cette Rome mutilée n'est plus que l'ombre de Rome; et cependant, d'après ce squelette immense, l'on peut se faire une idée du colosse romain. Tout est grand, tout est majestueux. C'est un peuple-roi qui a bâti. — A mes pieds l'arc de Constantin, sous lequel passaient les triomphateurs pour aller au Capitole; ici, l'arc de Titus, la pyramide de Caïus; puis, à quelque distance, le mont Palatin couvert des ruines du palais des Césars. En avant de moi, l'ancien Forum romanum, sur lequel Rome semble avoir réuni, comme dernier effort, sa splendeur expirante. Les temples de la Paix, de Romulus et de Rémus, celui de la Fortune, de Jupiter-Tonnant, de Jupiter-Stator, se disputent votre admiration par quelques colonnes et quelques chapiteaux; et, avant de descendre dans la tombe, ils élèvent encore la tête, comme pour défier le Temps qui écrase leur vieillesse, et implorer, malgré lui, un souvenir. — Mais je suis descendu de mon sublime observatoire et j'ai pris plaisir à fouler aux pieds cette poussière si riche d'immortalité, et qu'ont foulé avant moi tant d'empereurs, de consuls, de héros. Je me suis appuyé contre les colonnes des temples, je me suis assis sur ces vieux débris, et j'ai comparé Rome d'autrefois avec Rome d'aujourd'hui. Effrayans ravages du temps! cette enceinte, qui fut autrefois le lieu le plus brillant, le plus fréquenté, d'où sortaient en foule les décrets qui devaient commander au monde, cette enceinte est ravagée et n'est plus qu'un désert. Le Forum est appelé *Campo Cacino* (1). Le Romain n'y passe jamais; les trophées de ses ancêtres lui rappellent trop sa servitude, et le voyageur seul vient troubler le silence de ces champs dévastés

Je suis etc.

(1) Le Champ des Vaches.

Rome, *lundi* 14 *février* 1831. — J'ai revu la Suisse près de Rome, et je l'ai trouvée cent fois plus belle; elle n'a plus ces nuages brumeux, ce temps sombre, cette teinte obscure: elle est toute brillante du beau ciel de l'Italie. L'effroi que cause la nature dans ses sublimes accidens est tempéré à l'instant par la joie qu'inspire un beau jour, et ce contraste de gaîté et de terreur tout à la fois a des charmes inexprimables. O Tivoli! séjour de délices, vous réunissez à vous seul toute espèce d'enchantemens, et les belles horreurs de la Suisse et les rians attraits de l'Italie. Ici, vous effrayez l'homme avide d'émotions fortes; là, vous souriez avec grâce à celui qui aime un léger tableau, et près de vous tous deux se sentent heureux. L'un, la tête appuyée contre le gracieux petit temple de Vesta, peut ravir sa pensée devant des précipices énormes, des torrens, des cascades; il peut contempler, immobile, l'eau venant se briser avec fracas contre les rochers, puis retombant avec un bruit terrible au milieu d'un gouffre sans fond; il peut descendre dans cette grotte miraculeuse de Neptune, et, s'abritant sous ses arcades à jours, voir ces flots épouvantables qui s'élancent dans l'abîme avec fureur. L'autre, assis à l'ombre d'un platane ou d'un olivier, considère avec ravissement ces champs émaillés de fleurs, ces berceaux formés par la vigne gracieuse: il rêve au doux murmure de ces jolies cascatelles qui tombent en gerbes brillantes du haut de ces riantes collines, et il respire avec ivresse cet air toujours embaumé par les parfums d'un printemps éternel. — Avec quels regrets je me suis éloigné de cette retraite délicieuse!!! Je n'ai fait qu'entrevoir cette vallée si belle, et déjà il faut la quitter! Je ne reverrai plus ces lieux divins qu'habita l'Arioste, et qu'Horace et Properce ont chantés sur leur lyre immortelle. Des souvenirs, mais des regrets, voilà ce qui reste à l'étranger.

En revenant à Rome, nous avons parcouru la villa Adriana. Dans ces immenses ruines, l'on cherche en vain à reconnaître les palais magnifiques qu'avait fait bâtir l'empereur Adrien; et sans le doigt de notre cicerone, je n'aurais pas retrouvé les cent chambres où étaient logées les gardes prétoriennes. La villa Adriana, avec ses restes de palais à demi couverts de mousse et de verdure, et qu'on aperçoit de tous côtés à travers des massifs d'arbres, est d'un pittoresque inouï. Je l'ai trouvée bien placée près de Tivoli.

LETTRE IX.

Au Même.

Rome, mardi 15 février 1831.

Aujourd'hui une longue excursion dans Rome. Pressé que je suis de retourner à Naples pour m'embarquer pour la Sicile, j'ai voulu tout visiter en gros avant mon départ, et, avec le plus de briéveté possible, je vais vous mettre au courant de cette longue course, dont je suis encore fatigué. Je me suis transporté d'abord au Tibre, devant le Ponte-Rotto, bâti par Scipion l'Africain, près du temple de la Fortune, et j'ai remarqué le peu de largeur et la couleur sale des eaux bourbeuses de ce fleuve si célèbre. Au milieu de lui s'élève une île que l'on prétend avoir été formée par les blés de Tarquin le Superbe, que le peuple jeta en ce lieu, après l'avoir chassé de Rome. — Continuant ma route du côté de Rome antique, j'ai admiré le temple de Vesta, petite rotonde à colonnes fort gracieuses; et, après avoir passé sous l'arc de Janus, sous lequel, pendant la pluie, les marchands venaient se mettre à l'abri, avoir visité le grand cloaque dont il reste peu de chose, et laissé à ma gauche, sur la colline, l'ancien palais des Césars, je me suis arrêté à la porte des Thermes de Caracalla, loués à un cultivateur. Il s'est fait attendre pour m'ouvrir; je suis entré, qu'ai-je vu? un champ de pommes de terre. — J'ai fui, honteux d'une si grande profanation, et, après avoir traversé en courant l'immense cirque de Caracalla, long de quatre cent cinquante-huit pas, je suis arrivé tout haletant au tombeau des Scipion, long-temps inconnu. De grands souterrains, une obscurité profonde, m'ont fait désirer l'illumination des *Notti romane*; profane, je n'ai pas vu l'assemblée des grands romains.—Puis le tombeau de Cecilia Metella. Le pittoresque fait son seul mérite. — De tombeaux en tombeaux, j'ai pénétré dans les catacombes de Saint-Sébastien. Malgré leur célébrité, je suis loin de les trouver aussi belles que celles de Naples. Eudore et Cymodocée se sont présentés à mon esprit, et les descriptions de Châteaubriand m'ont fait rêver les chants religieux des premiers chrétiens. Mes pas errans se sont bientôt fatigués dans ce ténébreux labyrinthe, et je suis allé, avec Numa, me reposer à la fontaine Egérie. La nymphe m'a conseillé de ne pas perdre mon temps avec elle, n'ayant plus par elle-même aucun attrait, et je me suis empressé de lui obéir. Je voulais passer le Tibre sur le pont d'Horatius Coclès ; mais il est encore coupé ; il n'y a plus que quelques restes d'arches à fleur d'eau, et il m'a fallu rebrousser chemin. Je suis venu donc me plaindre de la cruauté et des ravages du temps devant la statue de Pasquin : il s'est mis à rire de mon accusation ; et, irrité de sa satire, je suis monté au Capitole pour demander son interdiction. Dans ce nouveau Capitole, qui n'est autre chose qu'un musée où l'on a réuni, avec quelques belles statues, une collection d'empereurs et de philosophes, je n'ai trouvé qu'un sénateur (1) pour me juger. Cet unique vieux reste m'a traité comme un plébéien, et m'a condamné à être jeté du haut de la roche Tarpéienne. — Je l'ai vraiment sautée, cette roche Tarpéienne ! — Heureusement que, comme le sénat, elle a perdu de sa splendeur, et qu'elle est devenue la boutique d'un savetier. Je ne me suis pas fait de mal en la sautant, grâce sans doute aux dieux propices, et, transporté d'enthousiasme et d'admiration, je suis allé les remercier dans leur temple divin, et leur adresser mes derniers hommages de la journée. O sublime Panthéon ! quel aspect magnifique et imposant vous étalez à mes yeux étonnés ! Quelle façade majestueuse ! Comment se fait-il que Michel-Ange, après vous avoir enlevé votre coupole, vous ait laissé possesseur unique de ce merveilleux péristyle ? Ces colonnes à jours, toutes noircies par le temps, comme elles commandent le respect ! Votre enceinte est pleine de simplicité. En y entrant, l'on se sent ému, et la religion chrétienne, qui s'est

(1) Aujourd'hui il n'y a plus à Rome qu'un seul sénateur ; c'est seulement pour en conserver le nom.

emparée de cet antique palais du paganisme, ne pouvait pas choisir de lieu plus propice pour faire prier la divinité. Le Panthéon a changé de nom; on l'appelle la Rotonde. N'est-elle pas encore le Panthéon? Elle renferme les cendres de Raphaël.

Je suis, etc.

LETTRE X.

Au Même.

Rome, mercredi 16 février 1831.

A onze heures, MM. les cardinaux, dans leurs voitures fermées surmontées de petits créneaux, flanquées, sur le devant et sur le derrière, d'une demi-douzaine de domestiques à livrée qui soutenaient en l'air leurs parapluies dorés, se sont dirigés vers le Vatican pour aller assister à la messe du mercredi des Cendres. Moi-même, aussi avide qu'eux de ne rien perdre de la fête, après avoir mis l'habit et le pantalon noirs, rigoureuse étiquette de la cour papale, je me suis rendu en toute hâte et je suis arrivé en même temps qu'eux sous les portiques de Saint-Pierre. Un bataillon de soldats bariolés de rouge, noir et jaune, et ressemblant parfaitement à des valets de carreau, garnissaient les avenues des portiques : cette milice arlequine, après m'avoir détaillé de la tête aux pieds, et s'être assurée que j'étais dans le costume de rigueur, m'a laissé passer avec la gent à calottes rouges. J'ai monté l'escalier au milieu d'une foule de diplomates chamarrés d'or et d'argent; j'ai pénétré dans la fameuse chapelle, et, pendant que la cour papale se faisait attendre, j'ai profité de ce moment pour l'examiner plus à mon aise. La chapelle Sixtine ne mérite pas sa réputation : c'est une grande salle presque carrée, dont les murs sont entièrement couverts de peintures à fresque horriblement mutilées. Du reste, aucun autre ornement : un autel fort simple, un fauteuil sous un dais mesquin pour sa sainteté, une chaire roulante en bois pour le prédicateur, des bancs pour les cardinaux, des bancs pour les ambassadeurs, et quelques chaises pour le public. Le fameux Jugement dernier de Michel-Ange, qui occupe le pan de la muraille contre lequel est adossé l'autel, est à peine reconnaissable, et se trouve presque entièrement caché par les draperies rouges surmontées de petits plumets qui s'élèvent au-dessus de l'autel. Cependant, dans ces restes sublimes, le génie de Michel-Ange s'aperçoit encore, et le temps n'a pas effacé sa vengeance sur le cardinal son ennemi, qu'il a précipité dans les enfers au milieu des diables et des serpens. — Mais sa sainteté est entrée soutenue par une trentaine d'acolytes : ils l'ont assise sur son fauteuil ; les cardinaux ont pris place chacun dans leurs stalles respectives, et l'office a commencé.

N'allez-vous pas trouver indigne d'entendre, pendant la cérémonie, des remarques et des critiques? Ah! si elles ne n'avaient pas été faites par un monsignor à la redingotte noire et aux bas de soie violets, je serais aussi scandalisé que vous. A peine si, moi, j'osais jeter de temps en temps sur tout ce qui se passait, un regard d'une sainte curiosité, et c'est un évêque en herbe qui, sans craindre les foudres de l'Eglise, est venu me mettre au courant de chaque personnage marquant de la cour. « Vous reconnaissez sans doute le pape, m'a-t-il dit, aux honneurs qu'on lui rend. Ce nouveau pape est vieux ; cependant il est encore trop jeune pour l'ambition des cardinaux : il marche facilement, et s'il a tant d'acolytes pour le soutenir, c'est seulement une habitude de la papauté. Il est d'une belle figure, et vous devez trouver que son air est tout à fait vénérable. Jeune de régner, il est déjà aimé par le peuple romain comme un vieux roi chéri de ses sujets, et comme si sa jeunesse avait été royale. Vous me direz peut-être qu'une insurrection vient d'éclater dans ses provinces : le fait est vrai; mais c'est le gouvernement seul qu'elles ont voulu renverser; et ce qui le prouve, c'est que, il y a deux jours, quelques-uns ayant parlé de sa sûreté menacée, le peuple à l'instant est venu pour le défendre : il a dételé ses chevaux, a traîné lui-même sa voiture au milieu de Rome, défiant ainsi ses ennemis de venir s'emparer du père entouré de ses enfans. Ancien supérieur des Camaldules, il vit d'austérités : celui-là n'est pas devenu pape par ambition. Parmi tous ces cardinaux, remarquez Bernetti, aujourd'hui gouverneur de Rome; de l'esprit, de la finesse, du talent : connaissant le peuple romain, et le maniant avec adresse, grâce à la superstition, l'astucieux cardinal se cache sous la figure de saint Pierre ou de saint Paul pour découvrir les conspirations. Ici, Justiniani, Albani, tous deux, que la malheureuse diplomatie a toujours fait rouler au bas du trône au moment où ils allaient l'atteindre; c'est pour eux un véritable supplice, que cependant ils voudraient toujours recommencer : c'est encore un attrait d'essayer une couronne. — Voyez-vous aussi là-bas cette figure française? Dans cette contenance élégante, ces cheveux noirs bouclés, cette draperie arrangée avec art, ces manchettes brodées, n'avez-vous pas deviné le beau cardinal de Rohan? C'est toujours lui, c'est toujours le même ; il n'y a que les épaulettes de changées. Son ambition a été bien servie : le nom de Rohan l'a fait cardinal ; mais aussi le nom de Français empêche le cardinal d'être pape. » — Ici l'explication de mon cicerone à soutane s'est trouvée interrompue par la voix du prédicateur, qui commença un long sermon sur le néant des choses humaines. Son texte était : « Homme, souviens-toi que tu es poussière, et que tu retourneras en poussière. » Il a tonné, crié, gesticulé comme un Italien, et, habitué sans doute au ton monotone de sa voix, chacun des cardinaux, peu effrayé de sa terrible sentence, s'est endormi en rêvant la papauté. Moi-même, craignant d'en faire autant, je n'ai pas eu le courage d'attendre pour leur voir ouvrir les yeux, et, désertant cette cour du Seigneur endormie dans la salle du conseil, j'ai laissé mon bavard monsignor continuer notre conversation avec son autre voisin.

Je suis, etc.

Rome, *jeudi 17 février* 1831. — J'ai quitté Rome avec bien de la précipitation ; mais c'est pour y revenir. Je connais maintenant, il est vrai, cette ville si intéressante, et qui a excité tant de fois mon enthousiasme ; mais je ne l'ai vue que superficiellement, et, après avoir tout embrassé en grand, j'ai besoin de tout revoir en détail. J'ai satisfait ma curiosité; mais je veux parcourir encore ces lieux qui m'ont tant ému, et j'aperçois d'avance de bien douces impressions qui me sont échappées : je ne me suis pas égaré, le soir, dans Rome antique ; je n'ai pas admiré le Colisée à la lueur du flambeau de la nuit, et je n'ai pas rêvé la religion au pied des portiques de Michel-Ange ; — et puis toutes ces superbes galeries que je n'ai pas encore visitées, et les belles Romaines, dont je n'ai pas dit un mot. Voilà devant moi mille plaisirs qui me sont réservés. Adieu, Rome : ne t'offense pas si mon cœur, bondissant de joie, bat avec violence ; c'est seulement en te quittant que je me rappelle avoir quitté Naples.

Capoue, *vendredi* 18 *février* 1831. — Les étrangers fuient Rome : la prétendue révolution a semé parmi eux la terreur, et tous se dirigent avec précipitation soit sur Florence, soit sur Naples. Maudite révolution! elle me suit partout, et se plaît à traverser tous mes projets. Pour être resté, hier soir, trop tard à Terracine, j'ai passé une partie de la journée à attendre à chaque relais des chevaux de poste pour me mettre en route. A trois heures je devrais être à Naples : il est minuit, et je suis enfermé dans la méchante ville de Capoue. Heureusement que se trouve enfermée avec moi une jolie Romaine de ma connaissance, qui vient de Naples, et qui part pour Rome : nous avons passé la soirée ensemble. C'est le plus beau et le plus aimable des lutins. Il portait un poignard à sa ceinture pour se défendre contre les voleurs : — croirait-on qu'il m'a menacé?

LETTRE XI.

Au Même.

Naples, samedi 19 février 1831.

Je suis à Naples, et je suis heureux. Je n'ai que trois jours à y passer, et, malgré l'amitié que j'ai pour vous, je ne puis, à vous écrire, perdre un seul de mes instants. Adieu donc, jusqu'à mercredi, à dix heures du matin, sur le bateau à vapeur. — Savez-vous comme on s'aime après douze jours d'absence.

Je suis, etc.

LETTRE XII.

Au Même.

Palerme, jeudi 24 février 1831.

Je suis parti pour Rome ; Naples emporta mes regrets. Me voilà embarqué pour la Sicile ; Naples est encore un souvenir qui m'occupe d'avantage que les jouissances qui m'attendent. Hier, à dix heures du matin, sur le superbe bâtiment à vapeur *Francesco Ier*, je lui ai donc fait mes adieux. Un ciel pur, et nous promettant la traversée la plus heureuse, me laissa voir pendant long-temps les bords enchantés de ma patrie adoptive. Monté sur le pont, je distinguais avec bonheur les jolies terrasses napolitaines, d'un effet si original et si agréable. Mes yeux erraient avec délices dans ce lointain ravissant, et mon mouchoir s'agitait encore que je ne pouvais plus apercevoir celui que, pendant quelques instans, j'avais vu lui répondre. Quand j'eus perdu de vue la terre, je descendis dans ma petite cahutte, et, comme si j'avais peur de revoir le jour sans être heureux je n'osai plus en sortir. — Dans mon passage de Livourne à Naples, le caractère de mes compagnons était plus que comique; des maris, des épouses, des bonnes, des vieillards, un singe, faisaient un assemblage bizarre et digne de descriptions. Aujourd'hui pas une femme à Raimond pour lui faire la cour, et à moi pour exercer mes critiques. Notre colonie n'était composée que de Palermitains ou de jeunes aventureux, comme nous. — Tout le jour se passa donc assez tranquillement : chacun dans sa case, plus ou moins bien portant; mais la nuit vint, et avec elle une révolution dans notre petit royaume. A Livourne, nous avions eu à rire; ici il fallut avoir peur. Une tempête affreuse nous assaillit tout à coup : les vagues étaient énormes, et nous enlevaient à une hauteur prodigieuse. Deux chocs, d'une violence extraordinaire, et qui se succédèrent à peu d'intervalles l'un de l'autre, firent croire que nous allions périr. Tout fut bouleversé, renversé et jeté çà et là. Chacun se leva, se mit à courir pour savoir ce qu'il y avait à faire. L'un criait à travers les nausées qui l'accablaient, *che sta*, l'autre disait avec désespoir, *siamo perduti*; tantôt on croyait que le navire faisait eau, tantôt c'était la machine qui venait de sauter. Pour moi, au milieu de cette terreur générale, accablé de souffrances, je ne ressentis aucune espèce de sensation; j'étais froid au danger comme une sorte de brute, et sans bouger, immobile, j'attendis patiemment la mort, qu'on nous présageait. J'étais sans pensées, parents, amis, je n'avais plus de souvenirs, j'étais dans un assoupissement total. — Mais tranquillisez-vous sur notre sort. De tous ces accidens, dont nous pensions être les victimes, il ne résulta que le bouleversement général de tous les estomacs. La mer ne voulait de nous qu'un demi-martyre, et, restant agitée, elle se contenta de transformer en peu de temps la colonie en hôpital; et, cette fois, moi, de retrouver mes facultés pour rire. Voyez ce malheureux dans son rez-de-chaussée, fatigué de trop d'efforts, qui cherche un instant de repos; il a maudit la tempête, il ne sait pas ce qui l'attend encore. C'est le propriétaire du premier piano, qui n'est plus maître de son estomac, et qui répand sur son voisin ce qu'il ne peut plus garder chez lui. La fureur de la victime est à son comble. Ici c'est un petit Polonais, qui, avec sa petite voix aigüe, se plaint de ce que, par mégarde, sa valise a été prise pour cuvette; là c'est un mouvement inattendu qui a renversé sur son grabat le vase qu'une main trop débile a laissée chanceler, et le bruit du roulis, des roues de la machine qui se mêle aux cris des agonisans. Concert de désespoir, qui ne fut interrompu qu'à notre entrée à midi dans le port de Palerme. — Nous avons donc salué la ville où règne un printemps éternel par un vent affreux et une pluie à torrens. Parlerai-je encore de tous nos embarras pour arriver à terre : chacun par ce déluge se poussant, se repoussant, se jetant pêle-mêle avec les paquets dans les barques : ce fut la débarcation la plus comique pour les spectateurs, et en même temps pour nous la plus désagréable qu'il soit possible d'imaginer. Dieux! qu'il est beau le ciel de la Sicile!!! barbotant et enfonçant à mi-jambes dans les énormes torrens formés par la pluie, après avoir couru par un aussi joli temps, d'hôtels en hôtels, sans pouvoir trouver le moindre appartement, nous allions être obligés d'adopter la rue pour un asile, quand un de ces messieurs a déterré une espèce de masure, où l'on nous a loué trois petits trous, qu'à Palerme on appelle chambres. — Devant une mauvaise braisière, nous passons toute notre journée à nous sécher et à nous chauffer. Une humidité horrible, de petites fenêtres, avec des carreaux cassés, une pluie effroyable. Dieux! qu'il est beau le ciel de la Sicile.

LETTRE XIII.

Au Même.

Palerme, vendredi 25 février 183.

A sept heures du matin, j'étais à ma fenêtre pour savoir des nouvelles du temps, et d'épais nuages disputaient encore au soleil la gloire de nous tourmenter. Qu'allions-nous faire? En Sicile, se plaindre du soleil! De toute manière notre premier devoir était de connaître la ville. Moitié donc à la crainte, moitié à l'espérance d'une longue humeur pour l'avenir, nous avons commencé nos excursions dans l'intérieur de la cité. Palerme, par son aspect, ne m'a pas paru ressembler à une ville de l'Italie, ou plutôt elle s'est trouvée réaliser toutes les idées que je m'étais faites sur l'Italie même avant de la parcourir. Ce caractère original, ce cachet unique, que, depuis le commencement de mon voyage, je cherche en vain, je l'ai trouvé là; et, quoique l'obscurité d'un temps nébuleux et chargé de pluie, en change une partie de l'effet et en diminue l'illusion magique, je me trouve transporté en un pays nouveau qui séduit mon imagination par un charme tout particulier. Palerme, dans son ensemble, est une jolie décoration. Entièrement carrée, elle est séparée en quatre quartiers bien égaux, divisée par deux rues superbes qui se coupent en deux, et qui figurent la croix. Du centre de ces deux rues, qui forme une place, l'on aperçoit en même temps les quatre portes de la ville, et la mer que l'on admire dans le lointain, à travers l'une d'elles, produit un effet magique. A ces deux rues principales viennent aboutir toutes les autres petites rues. Enfin, c'est pour ainsi dire un grand jardin avec deux grandes routes transversales, et une infinité de petites allées qui y conduisent. Il est facile ici de se passer de cicérone, il est impossible de se perdre. — Ce qui frappe d'abord à Palerme, c'est la couleur des maisons. C'est une couleur jaune noirâtre, répandue sur toutes, qui ne leur donne peut-être pas un air de vieillesse, mais un air d'antiquité. C'est une teinte bizarre et toute unique comme la nature du pays. Elle provient d'une espèce de poudre, appelée *polvere d'oca*, qu'après avoir broyée et rendue liquide on applique, sur la maçonnerie. Plus encore que dans le reste de l'Italie, on aperçoit peu de toits, les terrasses sont à l'infini, et l'extrémité des maisons est très-souvent terminée par des festons en petites ogives dans le genre du palais ducal à Venise. — La cathédrale, règne par sa bizarrerie d'architecture, sur ce qu'il y a de plus bizarre à Palerme, et cependant, malgré un mélange de tous les goûts, elle est d'un aspect qui plaît en étonnant. Une façade massive, une longueur irrégulière de bâtimens pour soutenir une infinité de petites coupoles recouvertes en tuiles vertes, font ressortir la légèreté de jolies tours, presqu'à jours et d'un style tout gothique. Excessivement gracieuses elles semblent deux petites miniatures de celle de la cathédrale de Florence. Du reste, dès que je me suis trouvé devant la cathédrale, j'ai cru revoir une ancienne connaissance, et je me suis rappelé la muette de Portici. Je n'ai pas reconnu ainsi à Naples, la place du marché, et je ne sais pourquoi je me persuade, que Cicéri s'est trompé et qu'il a copié ses décors à Palerme. — Quand à l'intérieur, il est beaucoup moins remarquable. D'une grande simplicité et d'une architecture sans aucun goût; de petites coupoles dans les allées latérales ressemblant à des lucarnes, et d'énormes piliers massifs pour soutenir la voûte, dans lesquels sont incrustées, de chaque côté, deux petites colonnes de marbre noir. — Il y a là plusieurs tombeaux en porphyre des anciens rois de Sicile. — En quittant la cathédrale, nous nous sommes fait conduire au palais du vice-roi. Le palais! j'ai dit palais avant de le connaître; mais, après l'avoir vu, je l'ai surnommé le vieux couvent, ou plutôt je l'ai comparé à une prison en ruines. C'est la dernière maison de Palerme que je voudrais habiter. L'extérieur du palais n'a pas même pour le distinguer une porte cochère plus large que celle d'un particulier : de petites fenêtres avec des persiennes vertes, et la teinte jaune générale; en entrant, une petite cour remplie de mauvaises herbes, et un escalier si sale et si chargé d'ordures, que l'on ne sait où mettre les pieds : cet escalier est garni, du côté de la cour, par des piliers de trois pieds de hauteur, comme dans les anciens couvens. — Les appartemens répondent à l'escalier. — La chapelle du château, appelée Saint-Pierre, a pour elle le mérite de rappeler l'église Saint-Marc, et toutes les murailles sont en mosaïques, formant des images grossières de saints sur un fond doré. Au-dessous de cette église même est un petit caveau où se trouve un autel chargé de reliques et en grande vénération; il est éclairé par une infinité de lumières, et l'or et les pierreries y sont répandus en profusion, mais tout cela avec absence d'art et une espèce de barbarie. Pour devant de l'autel, par exemple, on voit Jésus portant sa croix, tout habillé en soie bleu de ciel brochée d'or; sa couronne d'épines est de pierres précieuses, et le clou qui lui perce les pieds est une grosse émeraude garnie de diamans. — Pour ne pas me mettre d'une mauvaise humeur complète contre le château, il m'a fallu monter jusqu'au haut de l'édifice, à une terrasse appelée la *Specola*. Là, on jouit de la vue des environs de Palerme : les rochers, les montagnes couvertes de neige, la mer, sont, comme Palerme, d'une nouvelle nature. — Mais je suis sorti du palais du vice-roi, que je viens de m'expliquer demeure royale en remarquant bastions, fortifications et remparts, grand mérite pour un roi despote; et, parvenu au milieu de la belle grande place sur laquelle le château est situé, j'ai admiré une statue colossale en bronze de Philippe IV, entourée d'une macédoine de statues de marbre rappelant toutes les conquêtes et les vertus de ce prince. — J'arrive à la Porte-Neuve; elle forme une espèce d'arc de triomphe couronné par un petit pavillon demi-chinois, demi-gothique, et, de loin, elle produit un effet très-gracieux. — Sur la place de la Municipalité se trouve une magnifique fontaine toute en marbre blanc et d'une superbe composition. — L'église des Jésuites, riche des mosaïques les plus belles, soutenue par des colonnes des marbres les plus rares, ne peut s'appeler une église : c'est une petite galerie.

Palerme réalise, par ses bords, mes rêves sur l'Italie; Palerme réalise aussi, par sa misère, les lectures que j'avais prises pour des contes. Une mendicité aussi basse ne peut s'imaginer. Le mendiant napolitain est riche, comparé avec celui de la Sicile. Il faut voir autour de soi une vingtaine de ces misérables, non plus couverts de haillons, mais entièment nus, maigris et décharnés par la faim et les souffrances. Des lèvres toutes bleues et décolorées vous marmonent mille prières avec une ténacité désespérante, pour que vous déposiez quelques sous dans le petit pot de terre attaché à leur bras par une ficelle. Rien n'est capable de les lasser. Ces régimens de cadavres vous escortent, sans s'inquiéter de vos injures, jusqu'à ce que votre patience, poussée à bout, vienne à les satisfaire. Une monnaie, jetée au milieu d'eux, vous rend témoins de leur ignoble avidité. C'est une bataille horrible à voir. Des hommes, des femmes, des enfans, se roulent pêle-mêle au milieu de la boue, en s'accablant d'injures. Ils ont tous quelque chose d'égaré et de méchant. L'un d'eux, avec de grands yeux noirs, brillans de férocité, une longue chevelure noire était effrayante. — Sur le sol le plus fertile, l'homme le plus misérable.

Je suis, etc.

PALERME, *samedi 26 février* 1831. — Deux jours à Palerme, et j'en connais déjà tous les théâtres. San-Ferdinando, spectacle mal construit, avec des loges semblables à des fours de boulangers, et des acteurs plus détestables encore. — Sainte-Cecilia, bonbonnière pour un Opéra, mais possesseur d'une excellente petite cantatrice, appelée la *Manzocchi*. — Ce soir, à l'aide de mes nouvelles protections, je suis allé sur le théâtre, j'ai pénétré dans sa loge et je l'ai trouvée aussi gracieuse de près que sur la scène. — Il y a une autre salle d'Opéra inutile ; on n'y joue jamais.

LETTRE XIV.

Au Même.

Palerme, dimanche 27 février 1831.

Hier au soir, au théâtre, le consul me présentant à un baron sicilien, me dit : Voilà le premier de tous les fous; sa maison est ce qu'il y a de plus curieux à Palerme, et il se fera un plaisir de vous y recevoir. — Je vous y conduirai. — Et aussitôt rendez-vous fut donné pour aujourd'hui. Nous allâmes donc, ce matin, prendre le consul, impatiens de connaître la plus sage institution du pays; nous trouvâmes le baron au milieu de ses états qui nous attendait. Guide sans pareil, et remplissant son rôle avec une exactitude et une minutie scrupuleuses, il nous a tout fait voir dans les plus grands détails, et sa philanthropie et sa sagesse m'ont paru poussées si loin que je suis encore à me demander s'il ne faut pas appeler cette sagesse d'un nom tout opposé. Le gouvernement donne peu pour entretenir cet établissement. C'est lui qui le dirige et qui soigne tous ses élèves à ses propres frais. Étudiant le système des maisons de fous des anciens, il l'a établi sur le même modèle. En entrant, se trouve le chien en bois sur la porte et sur toutes les murailles de l'intérieur, et dans le jardin, sont peintes des scènes comiques et grivoises, toujours dans le but d'exciter la confiance et la joie. Le grand principe de la maison, c'est l'humanité, le travail et l'apparence d'une confiance entière dans les facultés de ceux qui n'en ont plus l'usage : on leur accorde toute espèce de liberté. Point de chaînes, point de prisons; ils peuvent tout, excepté l'oisiveté. Partagés en plusieurs classes, les plus tranquilles sont employés au service de la maison. Là, tout est fou, les fous gardés par les fous. Chacun d'eux cultive ses goûts : les uns s'occupent au jardinage, d'autres à la maçonnerie, quelques-uns à la sculpture, à la peinture. Nous avons vu plusieurs statues de leur ouvrage ; il est à remarquer qu'elles expriment toujours la folie. Chose aussi extraordinaire, le premier de tous les fous, je veux dire le baron, est parvenu à leur faire jouer la comédie. Ils ont d'abord bâti un très-joli théâtre grec, et, depuis ce temps, chaque année, à la Saint-Pierre, jour pour eux de carnaval, ils donnent une représentation. J'aurais été bien curieux d'y assister. Au moment de partir, nous apprîmes qu'ils allaient dîner, et nous voulûmes être témoins de cette cérémonie. Ils passèrent tous devant nous, ruminant leur folie, et nous en vîmes en un instant des échantillons de toutes les espèces. Un poëte, le menton appuyé dans la main, marmonait le commencement d'un vers dont il ne pouvait attraper la rime; l'amoureux, avec un air égaré, semblait chercher près de lui celle qui l'avait méprisé, et un médecin, à l'attitude pédante et au rire sardonique, nous coudoya avec mépris, pendant qu'un capucin pensif et sombre nous décochait en passant une sentence de l'Ecriture. Deux hommes aussi, comme tout tremblans de froid et se repliant sur eux-mêmes, vinrent se mettre à table. Sentant leur folie au milieu de leur folie même, par désespoir, ils ne voulaient pas manger. Deux garçons leur enfonçaient les morceaux dans la bouche, et, se laissant faire, ils n'aidaient en rien. Après le dîner, quand ils repassèrent devant nous, l'un d'eux tenait encore sur le bord de sa bouche un petit morceau de pain qui n'avait pas passé avec le reste. Sa vue était une chose horrible. Que de fous, que de fous dans un jour ! Je m'aperçois de mes détails, et je les trouve d'une longueur à effrayer. Vite le silence, je ne veux pas, à mon tour, passer pour le premier de tous les fous.

Je suis, etc.

LETTRE XV.

Au Même.

Palerme, lundi 28 février 1831.

Enfin le temps est devenu moins rebelle, et nous a fait la grâce de se mettre au beau. Palerme n'est plus seulement bizarre, il est devenu aussi tout enchanteur. Un ciel brillant de clarté nous anime. Je retire mes malédictions; cette délicieuse journée m'a tout fait oublier. Les deux jeunes princes, *Larderia, la Villa Franca,* avec leur gouverneur, vieil et excellent émigré, nous ont servi de Cicerone, et, sous leurs auspices, nous allons passer tous nos derniers momens de Palerme. Dans un joli coupé, conduit par un jockey anglais, avec un de ces petits-maîtres, suivez-moi dans le cours de mon excursion. C'est à l'*acqua sancta, palazzo Belmonte*, que je me vois d'abord transporté : villa délicieuse, située à moitié de la montagne *dei Pellegrini*. De quelque côté que se portent les yeux, une vue admirable les enchante. Ici tout est pittoresque comme la Suisse, mais brûlant d'éclat, excitant d'enthousiasme; enfin c'est la Sicile. La mer est là plus belle que partout ailleurs, et vous éblouit par ses nuances brillantes et variées. — D'un petit temple à colonnes, placé dans ces immenses jardins, nous l'avons considérée long-temps. — De cette jolie campagne, nous sommes allés à une maison royale appelée la Favorite. Petite, mais d'un ensemble excessivement gracieux, elle représente un kiosque à la chinoise. Partout des chapeaux chinois, des petites sonnettes, jusqu'à une grille entière qui en est bordée. — Par un peu de vent, c'est un assez désagréable concert; nous avons eu l'avantage d'en jouir. — Des bosquets tout en citronniers, des petits bois, des pins coupés en charmilles; outre cela, des fontaines, des cascades et des statues chinoises dans tous les coins, rendent cette maison de plaisance aussi originale qu'attrayante. En partant, j'étais fou de ce joli petit séjour.

Mais je me rapproche de Palerme; je reviens sur le bord de la mer, et c'est au jardin public de la Flore que je me fixe pour terminer mes courses du jour. La Flore renferme en elle tout ce qui peut charmer : située au bord de la mer comme la Villa Reale à Naples, elle est moins grande qu'elle, mais elle est mille fois plus délicieuse. C'est un jardin de féerie. Des statues, des fontaines sont peu rares pour l'Italie ; mais qui peut s'imaginer cette multitude d'allées d'orangers en forme de berceaux, cette odeur suave répandue dans l'air, ce parfum enivrant, cette belle rotonde garnie de tous côtés par des buissons de roses? Je n'ai jamais rien vu, dans ce genre, de plus enchanteur. Au milieu de cet Eden qui crie le plaisir, s'élève un Panthéon sicilien. La coupole est de cyprès. C'est là que l'homme triste et malheureux vient promener ses peines et ses chagrins. Le piédestal du tombeau d'Archimède lui sert de banc pour se reposer, et, pleurant sur la terre des souvenirs, il voit en même temps autour de lui la vie parée de tous ses charmes.

Ce soir, une présentation à une duchesse et à la société de Palerme; mais quelle duchesse et quelle société!... Je me suis cru transporté dans une maison de femmes galantes à Paris. Dix femmes, pour la plupart âgées, c'est-à-dire de trente à trente-cinq ans, assises tout autour d'un tapis vert, regardaient d'un œil avide le sort que leur réservait la rouge ou la noire. A notre entrée, elles levèrent les yeux comme sur une proie; leur regard m'a fait peur : je me suis vu plumé. — Une multitude d'hommes entourait la table, et chaque amant, faisant tranquillement de moitié avec son amante, effectuait les calculs communs, au moyen d'une épingle, sur une petite carte destinée à cet usage. Le grand silence de l'avide galerie n'était interrompu que par les noms souvent répétés de prince, duc, comte et marquis. Tous avaient des quartiers de noblesse! Le maître de la maison, le duc lui-même, tenait la banque.

Puis-je, du reste, juger des femmes de Palerme par le peu que j'en ai vu? En vérité, je n'oserais le faire sans craindre de me mettre à dos une foule immense d'admirateurs. J'a sans doute été plus malheureux que d'autres : pendant mon séjour, je n'ai pu parvenir à découvrir une jolie femme ; toutes excessivement brunes, pâles, sans fraîcheur, et n'ayant rien de piquant. Quant à leur vertu, elle passe pour être encore mille fois plus fragile que leur beauté. Adieu, là le plaisir de faire sa cour et de jouer le sentiment : ce sont des préambules inutiles, et, avec les étrangers surtout, la question s'aborde on ne peut plus franchement. Tout donner est le premier acte de connaissance ; l'intimité vient après. La dépravation du siècle de Louis XV, avec ses plus grands vices, se retrace tout entière. Une trop grande licence me déplaît : j'ai été maussade toute ma soirée. Je regrettais le jour : la nature m'avait semblé si belle !...

Je suis, etc.

LETTRE XVI.

Au Même.

Palerme, mardi 1ᵉʳ mars 1831.

Aujourd'hui, dernier jour que nous passons à Palerme, nous avons fait, avec le prince la Villa Franca, une nouvelle excursion, et, nous dirigeant du côté tout opposé à celui de la veille, nous sommes allés à la Bagueria, c'est-à-dire à quelques villa situées l'une près de l'autre, et auxquelles on a donné ce nom. La première que nous avons visitée fut jadis très-célèbre par ses monstres. Le propriétaire de ce château, aussi bizarre qu'extraordinaire, avait dépensé quatre ou cinq millions pour rassembler, en statues, tout ce qu'il y avait de plus monstrueux et tout ce que son imagination pouvait lui suggérer de plus horrible; dans ses jardins, ses avenues, ses appartemens, il en avait accumulé des milliers. Aujourd'hui tous ces monstres ont été enlevés, et il n'en reste autour de la maison qu'une vingtaine représentant un concert de musique, et qui sont là comme échantillons. L'intérieur du château, malgré sa bizarrerie, est très-remarquable.

Le bizarre inspire le bizarre; notre seconde visite vaut la première. Un couvent de la Trappe! C'est l'idée du second propriétaire. Pour rassembler ses amis, il les avait faits trappistes, et, dans son jardin, il leur avait bâti un petit monastère. Chacun sa cellule, chacun ses occupations; vivre toujours; mais ne parler jamais. Ces amis de cire, tous, dit-on, parfaitement ressemblans, sont dans des attitudes si vraies, qu'il est possible, au premier moment, de s'y méprendre. Comme le Gaulois au sénateur sur sa chaise curule, il me fallut tirer la barbe à l'un d'eux pour sortir de mon incertitude. Une femme, habillée aussi en capucin, a devant elle, dans la cellule vis-à-vis, un jeune homme qui semble bien amoureux. Nouvelle Adélaïde, elle était bien jolie! Le propriétaire ne se serait-il pas mis lui-même sous la figure de Comincio?

La dernière villa surpasse toutes les autres en beauté; elle appartient à la princesse *Volgueranna*, grand'mère de notre aimable guide. — Réception trop aimable, et déjeuner excellent, avec le meilleur vin de l'Italie. — De la terrasse même du jardin, et plus encore d'une petite montagne où se trouve un joli belvédère, on jouit d'une vue délicieuse. J'étais si enthousiasmé, si hors de moi, de cette contrée ravissante, que j'oubliais tout à fait ma patrie : j'aurais voulu y rester toujours.

C'est demain que je quitte Palerme pour faire le tour de la Sicile. Le plaisir m'y retiendrait bien encore; mais il est temps de partir, et quelques jours de plus pourraient m'être funestes. Dans le moment présent, où tous les gouvernemens sont tremblans d'une secousse à laquelle ils n'échapperont pas, tous sont sur les gardes, et trois jeunes Français accompagnés d'un Polonais, arrivés tout-à-coup en Sicile, ont produit une rumeur extraordinaire. Sans nous en douter, on nous a donné un caractère diplomatique, et, nous accusant de venir souffler le feu de la liberté, on a mis à nos trousses quatre ou cinq limiers de police. Le directeur de la police est allé se plaindre à notre consul, qui vainement a cherché à le rassurer. Notre compagnon l'inquiétait, quoique de la Pologne prussienne : le cher directeur est encore à se demander comment il se fait qu'un Polonais puisse être en même temps prussien. Voilà jusqu'où va son érudition. Le consul l'a renvoyé à sa grammaire géographique. Ayant appris notre tournée en Sicile, il nous a dépêché aussitôt un mouchard pour guide, et nous, de bonne foi, et ne nous croyant pas de si grande importance, nous avons accepté ce député de la défiance. Le consul vient de nous écrire ces détails; j'ai été fâché de ne pas l'avoir su plus tôt; nous aurions passé nos conventions à meilleur marché : quel plaisir c'eût été de faire notre voyage aux dépens de la police !.... — Adieu donc à Palerme, à sa belle nature, à son climat si doux ! la grande distance de ma patrie m'en éloigne sans doute pour toujours;

mais mon imagination se transportera souvent sur la plage riante : le printemps de la France me restera comme souvenir de son printemps éternel, et je penserai à Palerme dans mes jours de bonheur.

Je suis, etc.

LETTRE XVII.

Au Même.

Alcamo, mercredi 2 mars 1831.

A sept heures du matin a commencé le grand voyage. Vie d'Arabes, vie de caravane : nous voilà dans le désert pour quarante jours. Montés sur des mules, en guise de chameaux, nous entreprenons, au milieu d'un pays presque sauvage, une route de deux cents lieues, et cette existence nomade, malgré les fatigues qu'elle nous prépare, nous fait entrevoir des jouissances aussi vives que nouvelles. Notre petite troupe errante est composée de sept personnes : trois Français, gais comme le plaisir; un petit comte polonais de dix-sept ans, burlesque à l'infini, destiné à les amuser; un valet de chambre pour les servir; un flicoteur pour leur faire la cuisine, et deux muletiers pour soigner les mules et les bagages. Chacun de nous est dans un accoutrement plus ou moins bizarre : Bellanger, avec son manteau, ressemble à un Ecossais; Raimond a le costume de l'artiste de l'Académie de France ; le petit comte, la tête entourée d'un mouchoir blanc, avec sa large figure ronde, paraît un poupa en nourrice, et moi, avec ma redingotte de lazzaroni et mon parapluie pour me garantir du soleil, j'achève bien le tableau pour en faire une excellente caricature. Le gargotier est le plus élégant de tous nos gens, je dirai même de nous : les grandes bottes à éperons, le pantalon de daim jaune, la casquette à gance d'or: c'est tout à fait le chasseur d'une grande maison. — Processionnellement, nous avons donc traversé le Cassero ; les marchands se sont mis à la porte de leurs boutiques pour nous voir passer, et la gent mendiante, grossissant peu à peu depuis l'auberge, nous a servi de cortége jusqu'aux portes de la ville. — Quelques monnaies et le petit trot de nos mules nous ont débarrassés de leurs importunités. — Pour la dernière fois, nous faisons nos adieux à Palerme, et nous gravissons la montagne qui conduit à Morréale : nous saluons de mille regrets ce pays si beau et si fertile, que nous avons tant admiré. — Morréale rattache à lui un grand souvenir pour des Français : ce sont les restes de saint Louis, envoyés de la Palestine, et déposés dans la cathédrale. — De Morréale à Alcamo, où nous passons la nuit, la nature du pays a changé, et à cette abondance, cette fertilité si remarquable dans les environs de Palerme, succèdent des montagnes sans nombre, arides, sans verdure, de grands rochers et des torrens : image de la Suisse, mais avec des défauts. Je n'ai pas été très-satisfait ; l'attrait seul du désert m'a charmé. — Nous sommes arrivés à Alcamo, dans une mauvaise auberge, fatigués horriblement. Antonio, le cuisinier, qui est allé en courrier nous retenir des lits et nous préparer notre souper, prétend que ce n'est rien encore : que va-t-il donc nous arriver? Bon soir, cher ami; je n'ai plus la force de bavarder.

Je suis, etc.

LETTRE XVIII.

Au Même.

Trapani, jeudi 3 mars et vendredi 4 mars 1831.

Deux dates pour la même lettre, mon ami, vous étonnent peut-être. Je vous étonnerai bien davantage en vous disant que ces deux jours n'en font qu'un, et qu'une division pour moi est impossible. C'est un voyage de quarante-huit heures d'une seule haleine, que je viens d'effectuer, et dont je veux vous fatiguer comme moi. Les milles, sans beauté, je les ferai au galop; et, par ce principe, moi, qui vous ai laissé hier à Alcamo, je vous transporterai tout à coup à Catafimi, où le pays seulement prend un aspect nouveau. De ce petit village nous quittons la grande route, et c'est par le sentier le plus délicieux que nous nous dirigeons vers le fameux temple de Ségeste; des buissons d'aloès et de cactus forment deux haies qui nous entourent; de chaque côté des vergers d'orangers étalent leurs fruits doux, au milieu des oliviers, des amandiers en fleurs, et, au loin, à travers les gorges des montagnes qui terminent l'horizon, apparaît, de moment en moment, le temple majestueux. Mais nous avons tourné la montagne, et la vue complète du prodige ajoute à notre admiration. C'est ce qu'il y a de plus beau comme antique, et le prestige du moderne existe encore. Rien n'est altéré, toutes les colonnes se trouvent debout, toujours belles, toujours majestueuses, comme au temps de leur splendeur. Le temple de Segeste ressemble beaucoup à celui de *Pœstum;* mais il est dans des proportions plus grandes. — Ordre dorique, six colonnes de front sur douze de côté, comme tous les temples d'ordre dorique, formant un carré long. Pas de cannelure; différence de Pœstum. Les colonnes à la base ont vingt pieds de circonférence. — Nous avons déjeuné au milieu du temple, singulier tableau, dont Raimond profita. — Sous le prétexte que nos mules avaient besoin de repos, nos muletiers nous engagèrent à gravir la montagne voisine, où était autrefois située la ville de Segeste. Quelques pierres que nous vîmes jetées çà et là, et n'offrant aucun intérêt, nous firent descendre bien vite, et par la grimace de nos gens, nous comprîmes qu'ils avaient eu quelque autre intention. En effet, ils étaient attrapés. Comptant que nous serions long-temps à admirer, ils voulaient y gagner en restant une journée de plus en route, et nous faire ainsi retourner sur nos pas. Mais nos petites têtes françaises se mutinèrent; nous plaisantâmes de l'objection d'une mauvaise route, et nous dîmes positivement que nous voulions être pour le soir à Trapani. — Ce qui fut dit fut fait. Dieu sait à quel prix, et ce qu'il nous en coûta!... La traverse objectée, je ne la compte pas; un peu de boue dans laquelle on enfonce à mi-jambes, c'est un obstacle bientôt vaincu : mais ce que nous n'avions pas prévu, c'est Trapani, ville fortifiée, Trapani, qui ferme ses portes à une heure fixe : arriver un quart-d'heure après, aller de porte en porte pour séduire le capitaine du poste, écrire au commandant général pour lui demander la permission d'entrer, quand nous sommes liés avec le fils même, et après ces milliers de démarches, nous voir rejetés, repoussés, sans ne savoir que devenir : voilà le sort qui nous était réservé. Un lazzarone eut pitié de notre embarras, et il nous proposa un abri pour nous coucher. Nous acceptâmes son offre, et c'est une petite baraque bâtie sur des roues, où étaient déjà couchés deux personnes et deux chiens, qui dût contenir quatre autres personnes. Après le souper, consistant en un peu de viande froide sur le pouce, nous nous sommes enveloppés dans nos manteaux, étendus par terre, et le jour n'a pas éveillé ceux qui n'avaient pu fermer l'œil. Avec l'aurore nous sommes entrés à Trapani, moulus, harassés, courbaturés, et jurant contre le gouverneur ; et comme, pour terminer la plaisanterie, le gouverneur qui vient nous offrir ses services ; il était bien temps ! Je l'ai prié de nous laisser dormir. — La voiture d'une autre personne, à laquelle nous étions recommandés, nous a fait voir Trapani en détail. Carrières de sel et travail de corail, telle est l'industrie de cette ville. Le mont Erix, situé près de là, est le seul souvenir que laisse l'antiquité. C'est sur cette montagne, la plus élevée de la Sicile après l'Etna, que l'on prétend qu'eut lieu la lutte entre Hercule et Erix, qui y donna son nom. C'est là qu'Enée, accueilli par Aceste, éleva un temple à Vénus, sa mère : Dédale aussi a quelque part à sa célébrité. Quelques colonnes, un puits antique, appelé, selon l'histoire, puits de Vénus et de très-jolies femmes, restes de plus jolies encore, donnent aux voyageurs l'obligation d'y monter. Le mot de jolies femmes me rappelle celles que j'ai vues à Trapani, et leur costume bizarre, qui m'a frappé. Toutes sont couvertes d'une grande mantille noire, drapée à l'italienne, depuis la tête jusqu'aux pieds. Les grands yeux noirs seuls percent à travers le domino; le regard de la volupté n'a pas de masque.

Je suis, etc.

———

Marsala, *samedi 5 mars* 1831. — Aujourd'hui nous avons tout à fait quitté la grande route, et c'est par des sentiers effacés, tracés seulement dans la mémoire routinière des muletiers, que nous avons pris la route de Marsale. Des ravins, des fondrières, des précipices à éviter, des torrens à traverser, vont faire désormais les agrémens de notre voyage. C'est une véritable campagne.—Le pays m'a semblé peu remarquable. Cependant cette belle verdure, ces arbres en fleurs, le climat si doux, dans un moment où nous sommes habitués à voir notre patrie sous l'influence des frimas, avaient un charme qui me séduisait. Je retrouvais là le printemps de la France. Au milieu de cette immense plaine, toute unie de verdure, s'élève, de loin en loin, le superbe palmier. En voyant ses longs rameaux retombant en aigrettes gracieuses, on se sent voisin de l'Afrique. Nous sommes presque dans le désert. — Nous sommes arrivés à Marsala de très-bonne heure, et nous avons eu le temps de le parcourir avant la nuit. Marsala, autrefois l'ancienne Lilibée, est une assez jolie petite ville, et très-célèbre par ses excellens vins. Nous avons visité le grand magasin, qui en expédie pour toute l'Europe. — Nous étions sur le port au moment où le soleil d'un pourpre magnifique se couchait à l'horizon de la mer, derrière les ruines de Carthagène.

LETTRE XIX.

Au Même.

Castel-Vetrano, dimanche 6 mars 1831.

Le pays semble ne pas vouloir s'embellir, et j'attends en vain la vue de la terre promise. Toujours une plaine immense, effrayante d'aridité et sans aucune culture; toujours un paysage uni et dénué de tout charme. A midi nous sommes entrés à Mazzara, petite sosie de Marsala; et pendant la collation de nos bêtes, nous avons parcouru la ville dans nos élégans costumes de voyage. Un dimanche devait nous amener des curieux. Aussi nous eûmes, je crois, à notre suite tous les habitans. Dans les curieuses, malgré les grandes mantes noires, j'ai reconnu beaucoup de jolis visages. — Près de Campo-Bella, à quatre milles de Castel-Vetrano, nous avons quitté la route et les muletiers, et nous enfonçant plus avant dans les terres, nous sommes allés visiter les carrières de marbres, appelées Latomies. C'est de ces carrières que les habitans de Selimunde tiraient les matériaux pour leurs temples, et le moyen dont ils se servaient pour fabriquer leurs colonnes, doit paraître très-curieux. Après avo.. tracé la circonférence de leurs colonnes sur le roc même, ils creusaient tout autour de leur ligne une espèce de galerie souterraine, et de cette manière les hommes pouvaient à leur aise travailler sur place. L'ouvrage fini, on le détachait seulement de son assise. De ces colonnes il reste quelques blocs; elles sont d'une dimension extraordinaire. trente-deux pieds de tour. Dans toute notre journée est arrivé une espèce d'accident : un de nous est tombé de mule, et ne s'étant pas fait de mal, a provoqué les rires de toute la caravane. Vous avez sans doute déjà deviné qui? N'ai-je pas dit que le petit comte polonais étaient destiné à nous amuser.

Je suis, etc.

LETTRE XX.

Au Même.

Lundi 7 mars 1831.

Plus de plaintes, plus d'imprécations, avec le jour ont commencé nos plaisirs, et je ne le vois finir qu'avec regret. Dès notre sortie de Castel-Vetrana, la plaine stérile change tout à fait : des forêts d'oliviers, au milieu des champs de blés, remplacent la terre inculte; c'est la Provence dans ses beaux jours. J'arrive devant un long amas de ruines, et je m'arrête d'étonnement. Voyez ces colonnes qui s'élèvent encore au milieu de tant d'autres brisées, éparses çà et là: chapiteaux, piédestaux, bases, tout se trouve confondu; c'est une ville ruinée par les hommes; c'est Selimunde, saccagée deux fois par le fer d'Annibal et par la férocité des Sarrasins. La main d'Annibal a plus fait que la main du temps : il a tout bouleversé sans pitié; mais le temps a respecté ce qu'il a bouleversé; et, restes immenses de la cruelle barbarie du conquérant, ils demeurent imposans de grandeur et de majesté. Selimunde était située sur deux collines le long de la mer. Examinez peu à peu cette masse de décombres, et vous reconnaîtrez le port, les murailles formant l'enceinte de la ville. Vous monterez encore sur des degrés de palais, vous trouverez des tombeaux, des épitaphes. N'oubliez pas non plus un puits d'une forme singulière, et dont les parois sont formées en brique circulaire. —Mais quittez la ville, et, sur une autre colline, admirez ces trois temples qui servirent de refuge aux femmes échappées au carnage. Ils sont aussi bouleversés. Là est quelque chose de triste qui charme à l'infini. J'errai long-temps au milieu de ce chaos de débris, marchant avec peine parmi des blocs de pierre couchés pêle-mêle les uns sur les autres, des tronçons de colonnes à demi cachés par les ronces : ce silence d'une ville, qui n'est plus, portait dans l'âme une douce mélancolie. Un petit pâtre, appuyé contre une colonne, me regarda long-temps avec une espèce d'étonnement. Il ne comprenait pas mon admiration; je lui semblais sans doute privé de ma raison. —Mais il a fallu abandonner ces ruines, et, après avoir passé par une route de traverse détestable, nous avons atteint le bord de la mer. Voyager au bord de la mer est d'un charme tout particulier. Nous voyions les vagues se briser près de nous, et de temps en temps une belle écume blanche inondait les pieds de nos mules. — Comme des enfans, nous avons ramassé une quantité de petits coquillages. C'est tantôt en côtoyant la mer, tantôt en nous enfonçant dans les terres, puis en côtoyant encore la mer, que nous avons atteint Sciacca. Sciacca est perché sur un rocher, dans la situation la plus pittoresque. — La chambre qu'on vient de nous donner pour passer la nuit est horrible. L'auberge appartient à un tailleur, et c'est dans un petit nid à rats qu'on a placé quatre paillasses, recouvertes d'un drap, en guise de quatre lits. — J'ai presque peur de me coucher ; je viens de découvrir une trappe sous un lit. Je cours après les aventures, demain, j'espère vous raconter une histoire de brigands.

Je suis, etc.

LETTRE XXI.

Au Même.

Siculiano, mardi 8 mars 1831.

Je vous ai promis, hier, une histoire de brigands ; ce n'est pas encore pour cette fois-ci : la trappe ne s'est pas levée, et le tailleur a travaillé toute la nuit à raccommoder nos guenilles. J'avouerai même que la peur ne m'aurait pas du tout empêché de dormir, si un autre fléau n'était pas venu s'opposer à mon repos. Depuis notre entrée en Sicile, les pauvres pendant le jour, les puces et les punaises pendant la nuit, nous ont déclaré la guerre, et cette nuit même, je crois que tous mes ennemis me sont arrivés sur les bras. Jamais je n'ai tant souffert; je me suis promené à plusieurs reprises au milieu de ma chambre, dans un état complet de nudité. Le martyre a duré jusqu'au jour. Ce soir, je prévois le même sort; nous sommes à Siculiano, et l'on nous a mis, pour cette fois, cinq dans la même chambre; chambre située sous une toiture en chaume, sans vitres aux fenêtres, et dans laquelle on entre par une trappe placée au-dessus de l'écurie. Je me crois à *Deux-Mots* dans la forêt; madame Pradher manque cependant, et ce serait une partie fort utile. — La route du jour fut peu agréable. Pays toujours aride; quelquefois la mer, mais la mer, c'est toujours la mer. Nous avons eu à traverser plusieurs torrens assez considérables. L'hiver, ces chemins doivent être absolument impraticables. — Ce beau pays a rivalisé autrefois avec les premiers peuples, de grandeur et de magnificence; aujourd'hui, c'est un désert!...

Je suis, etc.

LETTRE XXII.

Au Même.

Girgente, mercredi 9 mars 1831.

Siculiano est perfide pour le sommeil ; voyageur, n'y couchez jamais. Nous avons secoué nos manteaux sur le seuil de la porte, et nous avons quitté avec horreur cet antre détestable. Le port de Girgente, séparé de la ville, et à quatre milles de distance, nous a fait oublier notre infortune. Dès qu'on y entre, tout s'anime en un instant ; la nature change, elle est riante, belle, fertile : c'est une transformation magique. Avec l'enthousiasme de l'admiration, quatre milles ont passé comme l'éclair, et je suis arrivé à Girgente à onze heures, l'âme toute préparée aux émotions qui m'attendaient.

Girgente est bâti sur une montagne, dans la situation la plus pittoresque ; ses maisons, disposées, échelonnées les unes sur les autres, présentent un très-joli ensemble ; ses petits clochers découverts, ses festons à jours, ses pavillons à pilastres, et qu'on pourrait appeler d'ordre sicilien, séduisent de nouveauté, vous inspirent de plaisir, et une campagne délicieuse, qui l'entoure, encadre bien le tableau : c'est un vallon digne de la Suisse; mais l'aspect majestueux des ruines a remplacé le simple chalet, et le temple imposant de l'antiquité apparaît d'espace en espace au milieu d'un bouquet de verdure.

Nous ne sommes pas restés long-temps dans l'intérieur de Girgente, qui n'offre aucun ancien souvenir, puisque autrefois c'était un bois épais dominant Agrigente; mais nous avons pris des chevaux, et nous sommes allés à la ville ancienne. Le premier temple qui s'offre à nous est celui de Junon; il est d'ordre dorique, les colonnes sont cannelées, et il y en a six de face sur treize de côté : un côté est conservé entièrement; l'autre est en partie renversé. — Colonnes tronquées inégalement, et d'un effet admirable. — On peut juger facilement, par ce qui reste, du plan de tout l'édifice. — Le sanctuaire était couvert, enfermé dans des espèces de murailles, et les colonnes faisaient, à l'extérieur, une galerie tout autour. L'architrave est presque conservé. Il est à remarquer que les marches qui sont autour du temple sont très-élevées, de manière qu'il devait être difficile d'y monter. Le temple lui-même est situé à une très-grande hauteur, au-dessus d'un précipice. De ce temple si superbe, à travers des masses d'oliviers, on en aperçoit un autre encore plus magnifique, celui de la Concorde, et sa façade régulière, si antique et si intacte, s'unit magiquement avec la nature et si jeune et si belle. — De près, elle est loin de m'avoir fait la même impression. — Pendant mon extase, deux corbeaux passaient au-dessus de ma tête; je suivis les augures au temple de la Concorde. — Pour y arriver, je passai près des anciennes murailles de la ville, servant en même temps de rempart et de campo sancto; c'est-à-dire que l'épaisseur des murs étant, dans ce temps-là, moins nécessaire, on creusait des niches dans le roc, où l'on enterrait les morts. Ces tombeaux sont encore très-distincts. Il y avait aussi des tombeaux de famille; il en reste quelques vestiges. Un puits antique, creusé dans le roc même, et propre à conserver le blé, m'a semblé très-curieux. — Je crois avoir vu cette imitation renouvelée dans les campagnes de la Sicile. — Le temple de la Concorde, conservé presque entièrement, et beaucoup plus que celui de Junon, est tout à fait dans les mêmes proportions. De petites arcades dans l'intérieur, sans grâce, qui ne sont pas vis-à-vis des espaces de colonnes, diffèrent seules avec la masse de l'autre sanctuaire, qui se trouve fermé. Ce temple du paganisme, trois fois antique, devint, à sa seconde époque, une église catholique. On accuse les chrétiens de ces arcades sans goût. Du reste, c'est le temple antique le plus complet que l'on connaisse. Je ne vous dirai pas qu'il est aussi celui qui m'a fait le plus d'impression. — Je n'aime pas, dans les ruines, une si grande perfection; je veux une espèce de désordre, de bouleversement; j'aime à voir la main du temps qui a fait crouler quelques bases, renversé quelques colonnes; et, sous ce rapport, le temple de Junon est plus pittoresque. J'ai monté jusqu'aux architraves par des escaliers antiques, formés dans l'épaisseur d'une colonne, et j'y ai joui d'une vue délicieuse : Girgente en amphithéâtre, et, de tous côtés, le nouveau Campo-Vacino, au milieu de la plus riante campagne.

Un peu plus loin est un temple d'Hercule, dont il ne reste plus qu'une colonne au milieu des décombres. Nos cicérone nous ont fait sortir un instant de la ville, pour nous montrer le tombeau de Terrone, ou plutôt. selon d'autres, le monument sépulcral d'un fameux cheval plusieurs fois vainqueur aux jeux olympiques; mais nous sommes rentrés bientôt, et nous nous sommes trouvés dans le fameux temple de Jupiter-Olympien, le plus grand de l'antiquité. — Il fut au paganisme ce que saint Pierre est au monde chrétien, c'était le roi de tous les temples, mais le plus admirable, il a été le plus maltraité. Ce n'est plus rien ; ses ruines sont trop ruines, elles ne font plus plaisir. Restes mutilés, on les admire encore, mais ils donnent aussi bien des regrets ! Le temple de Jupiter avait trois cent soixante pieds de longueur, sur quatre-vingts de largeur et cent vingt de hauteur. Le contour existe encore. Tout était dans des proportions immenses. Les colonnes avaient quarante-huit pieds de circonférence, et il y a des chapiteaux dont les cannelures pourraient facilement contenir un homme. Au milieu du temple est couché un énorme géant de pierre que je pris au premier abord pour le dieu Jupiter lui-même ; mais c'est simplement une des trois statues qui soutenaient l'entrée principale. En sortant de là nous vîmes encore deux autres temples, ceux d'Esculape et de Castor et Pollux, mais il n'y a plus que quelques pierres pour les indiquer. Voilà tout ce qui reste de la fameuse Agrigente, victime tour à tour d'Athènes, de Rome, d'Annibal, pour avoir excité leur envie ; elle était une des premières villes de la Sicile : sa population était de huit cent mille âmes, sa représentante moderne n'en a plus que quatorze mille. — Décadence complète.

Autant Girgente est pittoresque, vue à l'extérieur, autant l'intérieur des rues est horrible et sent la misère. Toutes les femmes sont sur leur porte, quelques-unes à filer, et la plupart se peignant, se cherchant l'une l'autre la vermine dont elles sont couvertes. Elles tendent toutes la main en criant qu'elles meurent de faim : c'est un spectacle dégoûtant. Du reste, la ville est assez animée, il y a du bruit ; sur la plupart des maisons est écrit : *viva il re*. Les opinions sont ici inscrites à la porte. — Nous avons visité avant la fin du jour la cathédrale, que nous avons trouvée semblable à toutes les églises de Sicile : des colonnes soutenant des espèces d'arcades. — Une vierge du Guide et deux sarcophages trouvés à Agrigente, sont les deux seules choses remarquables.

Je suis, etc.

LETTRE XXIII.

Au Même.

Palma, jeudi 10 mars 1831.

En Sicile ne pourrons-nous donc jamais compter sur le ciel ? hier, au temple de Junon, il était si beau ! Je le crois spécialement conjuré contre nous ; l'aventure du jour en est la preuve. Ce matin la pluie qui nous avait précédé et qui nous avait préparé un parquet bien uni, nous accompagna en sortant de Girgente. Nos mules, patinant sur cette espèce de glace, glissaient à chaque pas, et leur contre-danse ne laissait pas que d'inspirer de l'effroi. Mais c'était là le moindre obstacle à notre marche ; nous allions avoir des torrens à passer et la pluie devait les avoir grossis considérablement. En effet, au bout de deux heures de marche il s'en présenta un très-considérable. Point de gué ; comment faire? Qui passera le premier? qui se hasardera? Bellanger se dévoue sans crainte et marche en avant. Mais à peine avait-il fait deux pas, que sa mule enfonce tout à coup dans un trou énorme. En vain cherche-t-il à la faire avancer, la bête, entraînée par le courant n'a plus de force, se laisse tomber sur le derrière, et voilà Bellanger débarrassé de sa mule, à la nage, et le parapluie à la main. Notre cuisinier ne perd pas de temps et se jette dans le torrent pour le retirer. En quelques instans les deux barbets furent sur le rivage. Ils changèrent d'habits, et comme il n'y avait pas eu de mal, les Français, oubliant la peur, se mirent à rire de l'aventure. L'accident fait une page de plus à mon journal et un jour de plus à mon voyage. Nous devions coucher à Alicata, et il fallut demeurer à Palma, pour arrêter les rhumes qui commençaient à se faire entendre. A Palma, un grenier avec quatre matelas, comme à l'ordinaire, mais de plus une femme de chambre qui vous offre ses charmes pour un morceau de pain, et un mari qui est venu nous proposer sa femme pour nous réchauffer. Horrible dépravation! la misère du pays n'excuse pas même une si dégoûtante brutalité.

Je suis, etc.

LETTRE XXIV.

Au Même.

Alicata, vendredi 11 mars 1831.

La colère de Dieu est décidément fixée sur nous ; le torrent nous fut encore funeste, et, semblables aux Egyptiens engloutis dans la Mer Rouge, nous voyons chaque jour les eaux s'accumuler devant nous pour nous barrer le chemin. Hier, un de nous manqua d'en être la victime; aujourd'hui nous avons failli arriver à Alicata en enfans prodigues. Cette nuit, la pluie ayant été continuelle, tous les torrens avaient grossi considérablement. Ce matin donc, arrivés au premier qui se rencontre sur la route (car en Sicile on en trouve à chaque pas), nous vîmes assemblés sur le bord quatre à cinq paysans qui n'osaient traverser, dans la crainte de se mouiller les pieds. Paresseux, lâches, sans énergie comme tous les Italiens, ils regardaient tranquillement passer l'eau, comme si elle devait s'écouler au bout d'un quart-d'heure. Depuis hier nous connaissions ce funeste élément et nous entrâmes dans le fleuve. Après deux ou trois petites stations de nos mules au milieu du torrent, ne sachant si elles devaient avancer reculer, ou se laisser aller au courant, nous sommes arrivés tous les quatre de l'autre côté sains et saufs. Les bagages seuls restaient avec les muletiers. Ils avancèrent peu à peu, montés sur nos mules que nous leur avions envoyées, tenant par la main la corde du mulet chargé ; mais toutes précautions furent inutiles. Aux trois quarts de la traversée, une d'elles, tombant dans un trou, enfonça, et les bagages à l'instant disparurent avec elle. Tous ces muletiers et paysans, au lieu de se jeter à l'eau pour secourir leur mulet, dont la tête enfonçait, courbé sous le poids de sa charge mouillée, se mirent à crier, et, effrayant le second qui marchait paisiblement et qui allait arriver, ils le firent chavirer et il vint rouler avec l'autre. Il n'y avait qu'un parti à prendre, il fallait se dévouer. Nous leur donnâmes l'exemple, et ils nous suivirent au milieu de l'eau. Après mille efforts, les deux bêtes furent retirées ainsi que les bagages tout mouillés, la plupart de nos habits ruinés, mais rien de perdu que le manteau de notre domestique. O mon journal ! j'ai grand plaisir à vous revoir. On aime tant ses amis quand on a été près de les perdre. Mais vous m'avez fait trop peur, je ne vous quitterai plus. Comme Simonide, je porterai mes œuvres avec moi. — Après notre aventure, comme si le ciel était satisfait de sa vengeance, les nuages se dissipèrent et le soleil brûlant vint à propos pour nous sécher. Bientôt nous entrâmes dans une plaine immense de sable. — Aucun arbre, aucun buisson, pas de montagnes ; au loin tout uni et tout stérile, quelques herbes éparses brûlées par le soleil. C'était, je crois, vraiment là l'image du désert de l'Arabie. — Arrivés à Alicata, la majorité ne voulut pas aller plus loin. Il fallait sécher sa *roba* toute mouillée. De nouveaux fleuves étaient à craindre d'Alicata à Terra-Nuova : moi, je fis la simple réflexion qu'on perdait encore un jour, et que les muletiers cherchaient à gagner du temps; je ne fus pas écouté. — Alicata est une jolie petite ville; la mer y est très-belle, mais très-dangereuse..

Je suis, etc.

LETTRE XXV.

Au même.

Lundi 12 mars 1831.

D'ALICATA à Terra-Nuova, on compte dix-huit milles, et le chemin mauvais dont on nous menaçait n'est autre chose que le bord de la mer, que l'on suit continuellement. Un troisième accident a manqué d'arriver par l'imprudence d'un muletier qui avait abandonné sa mule dans la mer; mais elle fut reprise à l'instant. — La ville de Terra-Nuova consiste en une longue rue, animée en proportion comme la rue de Tolède : nous l'avons traversée dans notre équipage comique, et la population nous a fait une si grande réception, qu'il serait ingrat de ne pas en faire mention. Ne trouvant pas l'auberge convenable, nous fûmes obligés de traverser deux fois la ville, et tout Terra-Nuova, sans exagération, voulut bien nous escorter. Pendant qu'Antonio montait dans les auberges pour nous trouver un logement, nous étions obligés de nous arrêter, et, la foule nous entourant de toutes parts, nous semblions des arracheurs de dents, des marchands de thé suisse prêts à débiter notre marchandise. Le petit comte, chargé de la police, faisait former le cercle, et, quoique sans tambour ni grosse caisse, je fus tenté de haranguer l'auditoire, qui me présentait, de dessus ma mule, une surface immense de bonnets de coton blancs (je dis bonnets de coton; car, là, la capote lazzarone n'est plus adoptée : c'est le paysan français à l'air *Jobard*). Notre entrée triomphale fit rumeur, et la police voulut savoir aussitôt quelles étaient nos marchandises. Arriva un premier émissaire : nos passeports ayant été mouillés dans la bagarre, je lui en fis l'observation, et, me croyant sur ma parole, il le jugea inutile. Un second vint ensuite, puis un troisième : tous se contentèrent de notre excuse. Cependant le juge n'était pas tranquille, et, nous prenant sans doute pour des conspirateurs, il vint lui-même, accompagné de six sbires. C'était vraiment là le bourgmestre de Saardam. — J'ai reconnu Potier. — Après avoir mis, pour commencer, les braves sbires à la porte, nous donnâmes nos passeports au juge, interloqué de se voir seul au milieu de trois brigands ; et, furieux de cette méfiance injuste, nous allâmes nous plaindre au consul. Le consul français de Terra-Nuova est établi marchand bonnetier, et fournisseur, sans doute, de tous les beaux bonnets de coton du pays. D'après une lettre de recommandation du consul de Palerme, il nous reçut à merveille, et nous allâmes, escortés par le curé, le bedeau et les matadors de la ville, réprimander le vieux juge. A son tour, il a passé à mon tribunal : j'ai parlé en italien comme un orateur, et j'ai rempli les fonctions du consul. Le bourgmestre de Saardam est dans la stupeur la plus complète : je ne me croyais pas appelé à jouer un rôle à Terra-Nuova. Ce soir, nous serons la conversation de toutes les sociétés. C'est un événement. — Vous, qui aimez à rire, comment n'avez-vous pas vu notre entrée !...

Je suis, etc.

LETTRE XXVI.

fi

Chiaramonte, dimanche 13 mars 1831.

JE ne saurais dire, en vérité, que le pays de Terra-Nuova à Chiaramonte, qu'aujourd'hui nous avons parcouru, est remarquable par sa beauté ; cependant il m'a séduit beaucoup, et, si je puis m'exprimer ainsi, il m'a fait l'effet d'une femme qui plaît sans être belle. Je l'ai trouvé gentil, gracieux, d'une fraîcheur délicieuse. La nature semblait avoir quinze ans. Partout j'apercevais l'olivier enrichi de ses feuilles nouvelles ; ma tête se courbait à chaque instant sous l'amandier en fleurs, et mille jolis buissons de nuances différentes, parsemés des petites fleurs des champs, faisaient de toute la plaine un immense parterre. Tout semblait nouveau, tout disait le printemps, l'air même a quelque chose de vif, de jeune, qui vous transporte, puis les nombreux troupeaux que l'on rencontre à chaque pas, viennent encore animer cette nature riante. Tantôt ce sont des bœufs d'une couleur rougeâtre, qui semblent fiers de leurs superbes cornes de trois pieds de long; tantôt, ce sont des chèvres noires dont les cornes plates luttent de proportion avec celles des bœufs; enfin, j'ai trouvé dans le paysage de ma journée un caractère particulier; je me trouvais entièrement sous l'influence du climat. Mais pourquoi ne pas rencontrer au milieu de ce pays si beau une seule maison? Il n'y a pas un village; nous avons fait jusqu'à vingt-six milles sans trouver une habitation. Dans toute la Sicile on ne remarque que des villes, ce qui provient sans doute des guerres continuelles qui eurent lieu dans cette contrée, et qui, inquiétant tous les habitans, les firent refluer dans des endroits fortifiés. C'est pour remédier, je pense, à l'inconvénient de ce désert, de cette solitude universelle qui prive de toutes ressources, que l'on trouve de trois à quatre milles de distance un abreuvoir pour les bêtes des voyageurs; sans cette précaution, les chameaux seraient absolument nécessaires.

En arrivant à Chiaramonte, pas d'auberges; il fallut aller demander l'hospitalité au couvent. — Nous sommes devant la porte du monastère, et la cloche, annonçant aux frères en prière l'arrivée d'étrangers, s'est fait entendre. Le père gardien s'est montré, et, après avoir fait l'inspection de nos visages, tout en branlant la tête, en voyant celle du petit comte imberbe, il a consenti à nous laisser entrer. Un autre frère, une petite lanterne à la main, est chargé de nous conduire à notre chambre, et nous voilà rôdant, pendant l'obscurité, au milieu de longs corridors, froissant de temps en temps la robe d'un capucin qui rentre dans sa cellule. La chambre qu'on nous a donnée est d'une humidité extraordinaire ; pas de meubles, un lit de joncs avec un matelas sans draps ; c'est un lit de capucin, un lit de pénitent. Le supérieur, d'une belle et vénérable figure, est venu causer avec nous et nous a donné quelqeus détails sur sa maison. Il nous a tout fait voir, cuisine, réfectoire, chapelle, sa cellule même, où j'ai eu l'indiscrétion d'y trouver des citrons et du sucre, ce qui ferait supposer qu'il aime la limonade. J'ai demandé aussi à visiter la cave, mais il m'a trouvé trop exigeant. — Suivez-moi à la sombre demeure de nos frères, nous a-t-il dit d'un ton solennel, c'est le seul trésor du couvent, et nous nous sommes laissés conduire sans savoir ce qui nous attendait. Chacun de nous, tenant à la main un petit cierge allumé, nous suivîmes lentement notre guide silencieux, qui nous fit traverser de longues allées humides, très-étroites et où sa grande ombre se dessinait continuellement sur les murailles, comme un fantôme. Il descendit quelques marches, ouvrit une porte, puis nous nous trouvâmes tout à coup dans une salle immense entourée d'une multitude de capucins immobiles. Ils étaient là tous debout, occupant chacun une petite cellule, nous fixant tous du même regard, d'un regard horrible !!... Nous nous sommes approchés, et à la faible lueur de nos flambeaux, nous avons reconnu l'affreuse réalité, des squelettes habillés, des visages hideux sous le large capuchon du pénitent. En me trouvant au milieu de cette assemblée de morts, un frisson involontaire s'est emparé de tous mes membres ; et c'est avec une sorte d'effroi que j'ai fait le tour de ces voûtes souterraines. Nous marchions à la file l'un de l'autre, sans nous quitter, et, malgré moi, je me suis surpris plusieurs fois à regarder par derrière, pour voir si je n'étais pas suivi. — En sortant, le supérieur remarqua notre pâleur; il a souri. C'était là vraiment une scène d'un roman d'Anne Radcliffe. — Nous avons soupé au réfectoire. Avant de rentrer ici pour me coucher, j'ai fait le capucin. Pendant plus d'une heure j'ai erré tout seul au milieu des corridors, me laissant aller à mes pensées. Le grand silence du monastère, interrompu seulement par le mouvement mesuré de l'horloge, était effrayant. Impie que je suis, croyez-vous que je rêvais Adélaïde, et que toutes mes idées étaient à Naples !

Je suis, etc.

LETTRE XXVII.

Au Même.

Palazzolo, lundi 14 mars 1831.

Méfiez-vous d'un musée d'amateur; c'est un fléau terrible dont on ne peut se débarrasser, et le plaisir que l'on éprouve ne peut compenser en rien la contrariété d'admirer toujours, sans se permettre une seule critique. Voilà deux heures, par exemple, que je passe en revue tous les vases grecs et phéniciens de la terre, que je m'efforce à louer un tas d'assiettes cassées, où sont imprimées quelques figures bizarres; mais ma complaisance à faire l'éloge de ce travail n'a pu rassasier le possesseur, et je serais encore à lui répéter *bello assai*. si je n'avais su profiter d'un moment de discussion avec un de mes compagnons pour le laisser, et m'esquiver sans bruit.

Ce baron, amateur impitoyable d'antiques, est un vieux bonhomme de Palazzolo, chez lequel on nous a menés à notre arrivée dans cette ville. C'est Jean Morin, le factotum de l'endroit. Le baron et les fouilles qu'il a faites, voilà quelles sont ici les deux seules choses curieuses à voir. Je vous ai déjà assez parlé du baron; je le laisse au milieu de ses camées, de sa terra-cotta, déroulant toutes ses reliques enveloppées dans des petits papiers, et je vous dis deux mots sur ses découvertes qui sont plus importantes et qui lui font plus d'honneur. C'est la petite ville d'Acre, colonie de Syracuse, qu'il a ressuscitée. Un théâtre, des catacombres, un puits très-profond, et dans l'intérieur duquel on parvient par trois escaliers, sont des restes d'un grand intérêt. — En quittant ces ruines, nous vîmes, au milieu des champs, au pied d'une croix isolée, quatre femmes qui semblaient être dans une désolation profonde. Nous approchâmes, et nous trouvâmes étendu par terre un cadavre. C'était un vieillard, qui était tombé raide mort en travaillant, et sa femme et ses enfans qui n'avaient pu le porter jusqu'à la ville, l'avaient déposé là, et attendaient de la charité des passans quelques sous pour lui acheter une sépulture. L'âne du malheureux paissait tranquillement près de son maitre mort. C'était un tableau digne d'exercer le pinceau de Schnetz. En voyant cet homme gisant comme un chien mort, j'ai eu contre le gouvernement un sentiment d'indignation. La pauvreté ne devrait-elle pas avoir droit à un linceuil? — La route de Chiaramonte à Palazzolo est horrible; c'est au milieu d'une carrière de cailloux incrustés dans la terre glaise qu'il faut faire dix-huit milles. Dans la caravane, il y a eu quatre chutes; j'y ai échappé pour cette fois. — Sans le chemin infernal, qui nous a fait rester à Palazzolo, nous n'aurions pas connu le baron, ni ses antiquités. Je le crois vraiment, comme le Dorfeuil des *Voitures Versées*, il fait arranger exprès la route pour faire verser les voyageurs.

Je suis, etc.

LETTRE XXVIII.

Au Même.

Syracuse, mercredi 16 mars 1831.

Je suis dans Syracuse : ce mot seul me transporte et me met hors de moi. La voilà cette cité si ancienne, dont l'origine se perd dans les nues, cette cité dont le nom vient se ranger à côté de ceux d'Athènes, de Rome et de Carthage rivale des trois grandes puissances du monde, elle n'a pu devenir leur égale, mais sa gloire les a fait trembler. Syracuse tantôt monarchique, tantôt démocrate, tantôt absolue, mais toujours florissante, Syracuse, belle par ses rois, illustrée même par ses tyrans, Syracuse, enfin, la patrie d'Archimède! Tous ces souvenirs m'assiègent à la fois. Je m'étonne où je suis; Rome était un grand nom, Syracuse vient de l'effacer.

Je suis, etc.

LETTRE XXIX.

Au Même.

Syracuse, mercredi 16 mars 1830.

L'ancienne Syracuse, d'une très-grande étendue, était divisée en cinq quartiers entourés de murs, et qui formaient chacun une espèce de ville. Les quatre quartiers appelés Acradina, Lica, Epipoli, Neapoli, remplissaient une plaine immense, et le cinquième, appelé Ortigia, était une île unie aux quatre autres par des ponts. Ce dernier quartier est aujourd'hui Syracuse moderne. Je commence donc par-là ; puis viendra le désert.—Ce morceau renouvelé de l'ancienne Syracuse, a peu de souvenirs, détruits qu'ils sont par la nouveauté. J'ai vu seulement deux colonnes d'un temple de Ju-

non, incrustées dans une mauvaise maison, et j'ai retrouvé Pœstum dans un temple de Minerve, auquel de barbares modernes ont ajouté des murailles pour en faire une église.—
— Un musée peu remarquable, avec une assez belle Vénus mutilée; puis enfin la célèbre fontaine d'Aréthuse. Hélas! quelle métamorphose! la fontaine est un trou bien sale, converti en lavoir, et les nymphes, vingt blanchisseuses barbotant et gesticulant dans l'eau. Leur robe, il est vrai, avait quelque chose d'antique, relevée de tous côtés par des épingles, et de manière à ne cacher aucun de leurs charmes. Je sors d'Ortigia, et c'est à ses compagnes silencieuses que je vais demander de plus touchans souvenirs. — Acradina, le quartier le plus rapproché de l'île, ne nous offre que les restes d'un amphithéâtre, dont les gradins, taillés dans le roc, sont maintenant cachés par de jolies plantations. C'est un jardin moderne, limité par un cercle d'antiquités; de plus, une piscine destinée à conserver les eaux pour l'amphithéâtre, mais beaucoup moins belle que la *Piscina-Mirabile* de Naples. — Neapoli est plus fertile, et ces excavations énormes, faites dans d'immenses rochers, nous remplissent d'étonnement : ce sont les fameuses latomies qui servaient de prisons aux malheureuses victimes de Denys. La plus célèbre est extrêmement élevée, très-profonde, et construite de manière à ce que le moindre bruit soit entendu; elle a la forme d'un S.
— Nous la parcourûmes avec un fagot allumé, et l'on nous fit juger de plusieurs manières, et par gradation, la prodigieuse répétition de l'écho. La détonation d'un petit canon au milieu de ces voûtes immenses fut effroyable; nous fimes silence, l'un de nous parla à voix basse, et ses paroles retentirent avec force; on déchira le plus doucement possible une feuille de papier, et ce bruit si faible s'entendit très-distinctement

d'un bout à l'autre. Denys-le-Tyran, soupçonneux, et voulant connaître tous les projets de ses victimes pour les punir avec plus de cruauté, avait fait tailler au-dessus de cette grotte perfide une petite chambre qui y communiquait par une mince ouverture, et d'où il pouvait tout entendre sans être vu : c'est cette cellule de l'inquisition tyrannique si fameuse sous le nom d'Oreille de Denys. — On y monte aujourd'hui par le moyen d'une chaise qu'on tire du haut du rocher avec des cordes. Elle n'a de remarquable que des milliers de noms de voyageurs. — D'autres latomies situées près de celle-ci sont d'un effet très-pittoresque, mais n'ont pour elles que l'intérêt du coup d'œil. Dans quelques années, vous leur verrez pour rivales les carrières de Montmartre. A quelques pas de là est un théâtre assez bien conservé, converti aussi en jardin. Un joli moulin couvert de lierre et de ronces est placé au milieu, et ses eaux écumantes viennent retomber en cascades sur les gradins antiques. Selon la tradition, c'est dans ce théâtre que Gélon réunissait les Syracusains pour leur rendre compte de l'administration du royaume, et que Timoléon, devenu aveugle, se faisait conduire pour donner des avis au peuple. Il reste encore, gravées sur les gradins, quelques inscriptions grecques, mais presque effacées; je n'ai pu parvenir à lire que celle-ci : Βρομι: φιλυτιδα. — L'on traverse ensuite une rue appelée la Voie sépulcrale; c'est une longue suite de tombeaux taillés dans le roc, et de différentes dimensions. Arrivé à l'extrémité, l'œil découvre tout à coup une plaine immense de bases de ruines, presque unie, et d'où seulement s'élèvent de temps en temps le reste d'un aqueduc ou le tronçon d'une colonne. Rien n'est plus triste que cette campagne toute blanche de rochers. Le temps a tout égalisé : tout est confondu ; l'on ne reconnaît plus rien

Le tombeau d'Archimède est là, presque caché sous les décombres : ce n'est plus qu'une espèce de grotte avec une petite façade à colonnes ruinées.

La plaine s'étend au loin, à plus de six milles de distance : comme c'est notre chemin pour aller à Catane, nous remettons à demain le plaisir de la parcourir, et, nous rapprochant de la mer, nous nous faisons conduire aux catacombes de Saint-Jean. Cette ancienne sépulture des Grecs est immense et plus étendue peut-être que les catacombes de Saint-Janvier à Naples. On y remarque beaucoup de tombeaux de famille formant une espèce de rotonde avec une coupole. J'ai volé là la tête d'un Grec : c'est une curiosité assez bizarre. En sortant, nous nous sommes trouvés dans l'église de Saint-Jean, qui est d'une grande antiquité. Elle est desservie par des capucins : l'un d'eux, sale à faire peur, a eu l'audace de nous demander une piastre pour sa peine. — De ce couvent, nous sommes retombés dans un autre. Je n'ai rien vu de plus comique, au moment où nous sonnâmes pour entrer, que tous les capucins sortant des fenêtres avec des avances leur tête encapuchonnée : ils ressemblaient à des pigeons huppés dont on venait de troubler le pigeonnier. Le supérieur cependant, le trousseau de clefs à la main, vint nous ouvrir la porte de son jardin, et nous nous trouvâmes transportés tout à coup dans le lieu le plus romantique et le plus délicieux. Ce sont de nouvelles latomies immenses, qui servirent autrefois de prisons à des milliers d'Athéniens; mais elles n'ont plus rien de ce sombre effrayant des premières : leur aspect est plus triste, leurs voûtes sont en partie écroulées, et quelques fragmens de rochers, comme soutenus par une main invisible, s'élèvent encore dans les airs. L'arbuste a cru à travers les crevasses que le temps y a formées : le lierre, qui grimpe jusqu'à leur sommet, retombe en guirlandes, et mille bosquets d'orangers et de citronniers, protégés par leur appui dangereux, étalent leurs fruits superbes, et répandent leurs parfums; et au-dessus, à travers ces blocs à jours suspendus, le ciel bleu, brûlant, de la Sicile, et, au milieu d'une allée solitaire, le religieux avec sa robe de bure, qui se promène lentement, rêvant l'éternité!!... Ici, l'on doit comprendre la religion et les grandes pensées.

Mais nous sommes revenus dans la moderne Syracuse, et, prenant une barque, nous sommes allés visiter l'île des Papyrus. Nous traversâmes le port, qui est immense, et qui a plus de cinq milles de circuit. — On doit se rappeler que, dans une bataille livrée entre la flotte carthaginoise et syracusaine, cent cinquante vaisseaux de guerre y entrèrent en action. C'est l'entrée de ce port que, pendant la guerre d'Athènes, les Syracusains étaient parvenus à fermer par le moyen de grosses barques attachées ensemble avec des chaînes de fer. Il y avait aussi un autre petit port qui servait d'arsenal : il est de l'autre côté de l'île. — L'île des Papyrus, située non loin du port, et qui n'en est séparée que par un petit ruisseau garni de roseaux, n'a rien de remarquable que la plante qui lui donne son nom. Le papyrus est une espèce de gros jonc à tiges élevées, terminées comme une racine de tulipes. Pour s'en servir, on en ôtait l'écorce, on le coupait en planches extrêmement fines, et, une fois ces planches sèches, on pouvait écrire. Je crois cependant, d'après les anciens manuscrits que j'ai vus, qu'il devait y avoir une autre préparation.

Ce soir, grande illumination à Syracuse pour l'arrivée du vice-roi à Palerme. A la lueur des lampions et des pots à feu, j'ai vu de bien jolis visages.

Je suis, etc.

LETTRE XXX.

Au Même.

Lentini, jeudi 17 mars 1831.

Quoique aujourd'hui, à cinq heures du matin, nous ayons quitté Syracuse, je ne lui ai vraiment fait mes adieux qu'à midi; car vous savez qu'hier nous avons laissé à voir, sur notre route, Tica et Epipoli. Nous avons retrouvé, dans ces deux quartiers, cette même plaine si triste qui nous a déjà tant frappés à Neapoli. Marchant sur les restes des voies antiques, où sont encore creusées les roues des chars, remarquant à chaque pas des puits, des aqueducs ruinés, nous sommes arrivés au fort de Labdalo, dont il ne reste de vestige qu'un souterrain très-large, par où la cavalerie pouvait faire des sorties. Nous y descendîmes, et, quoique presque comblé maintenant, l'on put nous montrer encore le lieu où il aboutissait, la plaine du camp des Romains, et la porte même de ce souterrain par laquelle Marcellus s'introduisit dans la ville, pendant que les Syracusains, plongés dans l'ivresse, célébraient la fête de leur divinité. Nous passâmes bientôt les anciennes murailles, et nous nous dirigeâmes vers le fort Euriolo, le point dominant de toute la campagne. La vue dont on y jouit est digne de rivaliser avec celle de la baie délicieuse de Naples. Je vois au loin la mer, avec les côtes méridionales de la Sicile; Syracuse et sa campagne déserte ont remplacé Pompéia, et la masse, mille fois plus imposante, de l'Etna ne laisse pas au Vésuve le droit d'une comparaison. Le monument triomphal de Marcellus est la limite de Syracuse. J'ai laissé derrière moi l'impression triste que produit cette ville morte, autrefois si peuplée et si colossale (deux millions d'habitans), et, après avoir côtoyé la mer pendant quelque temps, je suis entré au milieu d'une vallée délicieuse, où la nature a rassemblé ce qu'elle a de plus pittoresque. — Les chemins n'étaient pas tracés; nous marchions l'un derrière l'autre, et, souvent cachés par des masses de verdure et des buissons de myrte, nous étions obligés de nous appeler pour ne pas nous perdre. Une flûte champêtre nous charma et nous suivit pendant long-temps du haut de la montagne, sans que nous pussions distinguer le musicien. Le pâtre, à la poursuite de ses chèvres, sautait de rochers en rochers; et si nous n'avions pas eu devant nous la cime prodigieuse de l'Etna pour nous guider, il nous eût égarés, et, semblable aux sirènes, il nous eût fait tomber dans les précipices. Grâce à une nouvelle chute du petit Polonais, nous sommes arrivés à Lentini très-tard et par une nuit presque profonde. Des montagnes à pic, entourées de précipices, qu'il nous fallut monter et descendre, offraient, par cette obscurité, un véritable danger. Je laissai aller ma mule sans la diriger, me fiant à son intelligence, et elle me conduisit fort heureusement. Cette soirée eut cependant pour nous beaucoup de charmes. Depuis deux jours, la vue du pays désolé que nous venons de parcourir avait donné à notre âme une teinte de tristesse, et la nature, silencieuse au milieu de ces rochers, s'accordait bien avec ces souvenirs de Syracuse.

Je suis, etc.

LETTRE XXXI.

Au Même.

Catane, vendredi 18 mars 1831.

Lentini, rien de remarquable qu'une jolie église d'un monastère de femmes cloîtrées, et où je puis dire que le vin est excellent. Par le tour qui donne dans la chapelle, les douces nonnes en avaient passé pour la messe de leur aumônier, et me rappelant mon ancienne profession d'enfant de chœur et mes anciens larcins de burette, j'ai pensé que l'occasion était belle d'en faire usage. Les chères sœurs ne se doutent pas d'avoir régalé un jeune homme à moustaches.

En sortant de Lentini, nous passions sur les bords d'un petit lac tout noir de gibier, quand on nous fit arrêter pour assister à une grande pêche qui se faisait dans un moulin. C'était simplement une longue claie d'osier, attachée dans l'intérieur du moulin comme un plancher, à la hauteur de l'eau. L'eau venant passer avec violence par les ouvertures fabriquées à cet effet, le poisson est entraîné avec elle, et, pendant que l'eau passe à travers les fentes de la claie, le poisson est arrêté et se trouve à sec. Nous en vîmes prendre ainsi une quantité prodigieuse. Nos muletiers, qui volent où ils peuvent, en firent leur profit. Je ne pus m'empêcher de rire en voyant l'un d'eux surtout, qui ne pouvait contenir tranquille un malheureux poisson bien vif, et qui sortait toujours la tête de sa poche pour le dénoncer.

A la station du déjeuner, à quinze milles au moins de Catane, nous est arrivé à mulet le fils du propriétaire de l'hôtel de l'Eléphant, pour nous prier de l'honorer de notre présence. Je ne sais quel courrier nous avait annoncés : c'était courir bien loin pour d'aussi petits seigneurs! Un peu plus près de la ville, la concurrence, sur un joli petit cheval calabrois, accourut aussi tout essoufflée pour se proposer à son tour; mais il n'était plus temps, le mulet avait la préférence, et la parole était donnée. — Notre entrée triomphale à Catane a manqué d'être funeste à l'un de nous. Une mule au galop buta contre une pierre et tomba rudement par terre avec son cavalier. Je le trouve bien heureux de ne pas s'être fait mal. Le petit Polonais est ordinairement le héros de toutes les chutes; aujourd'hui, mon ami, c'était le tour de votre très-humble serviteur.

Je suis, etc.

LETTRE XXXII.

Au Même.

Catane, samedi 19 mars 1830.

En vérité l'on serait presque tenté de rendre quelquefois grâce aux tremblemens de terre : ils éteignent la vieillesse d'une ville qui tombe, et la transforme tout à coup en ce qu'il y a de plus joli et de plus moderne. Catane, détruite en 1693 et rétablie peu après sur les bases de ses ruines, est maintenant sans contredit la plus belle ville de la Sicile. Toutes les rues, tirées au cordeau, sont immenses et d'une grande largeur. Elles sont ornées de très-beaux édifices, et son ancien amphithéâtre mérite peu l'attention; ses églises et ses monastères modernes doivent passer, pour leur architecture, pour très-remarquables.—De tous les nombreux couvens de Catane, nous avons visité le plus célèbre, celui des bénédictins. Ce couvent, exclusivement consacré à la noblesse, est d'une richesse extraordinaire. Tout est vaste, grand, avec de longs corridors, ornés des marbres les plus rares; tout respire le luxe, l'opulence, et les cellules des cent religieux s'appelleraient beaucoup mieux les palais des cent princes. Leur église est aussi magnifique, garnie de tous côtés par de très-belles peintures, et leur musée, avec l'intérêt de l'antiquité, a celui d'une variété complète. — C'est un assemblage infini d'armures, de bustes antiques, de tableaux, de bronzes, de vases de toute espèce. A côté de chasubles, de croix, de chapelets en tête de mort, figurent de longs gants de femme, des éventails, des colliers, des parties anatomiques indécentes, exposées dans les plus grands détails. Enfin, c'est un composé de tout. Le guerrier, le religieux, les dévotes et les coquettes trouveraient tous de quoi se monter. C'est une fripperie antique. — Nous errâmes pendant quelque temps au milieu de toutes ces belles galeries à perte de vue, et nous eûmes le loisir d'admirer le saint recueillement des habitans de la maison. Ce n'était plus le triste et pauvre religieux de Chiaramonte, le dandy en soutane l'avait remplacé. L'on voyait ces petits abbés à la taille pincée, aux cheveux bouclés, se promener bras dessus, bras dessous en riant aux éclats. L'un se donnant le genre d'une vue basse, nous toisait complaisamment avec son lorgnon d'or, tandis que l'autre, chargé de musc, portant des manchettes brodées, répondait avec quelque chose de mielleux et un air de négligence à toutes nos questions. Nous demandâmes à voir l'appartement du supérieur et après nous avoir fait attendre pendant une demi-heure, pour mettre sans doute en ordre la petite cellule, on nous y fit entrer. Charmant salon, charmant boudoir, charmante chambre à coucher, rien n'y manque. La petite maîtresse de la Chaussée-d'Antin n'aurait pas plus de luxe ; pauvre supérieur, pour s'inspirer dans ses prières il a fait peindre au plafond de son salon les trois grâces toutes nues, en guise de saintes ; c'est pousser un peu loin le désir de la ferveur. — A deux heures a fini ma journée de citadin, et j'ai endossé le costume moutagnard. Je vais monter à l'Etna, c'est une ascension de deux jours qui mérite d'être traitée à part. J'abrège donc ma lettre, celle de demain soir sera longue et nous promet, je l'espère, de l'intérêt.

Je suis, etc.

LETTRE XXIII.

Au Même.

Catane, dimanche 20 mars 1831.

Je ne sais, en vérité, si je descends du ciel, ou si je suis monté aux bouches de l'enfer. Ce que je viens de voir est si surnaturel, qu'il ne peut être comparé à rien. J'avais une idée immense des beautés sublimes de l'Etna, et cependant sa réalité a surpassé mon attente. Je n'hésite pas à le dire, c'est la plus forte impression de ma vie. Le moindre détail de cette ascension magique est gravé dans mon âme d'une manière toute particulière.

Hier donc, à trois heures, sur nos mules, nous avons quitté Catane pour exécuter ce miraculeux voyage. Dès la sortie de la ville l'on commence à monter: cependant les douze premiers milles, jusqu'à Nicolosi (dernier village situé le plus avant sur la montagne), se font par un chemin si beau, une pente si douce, que l'on ne peut en quelque sorte les regarder comme la montagne même. Ce sont les premières marches pour arriver au bas de l'édifice. A la pyramide gigantesque, c'est un superbe piédestal orné de tous côtés de jolis villages et d'une infinité de jardins, qui forment autant de petites îles riantes sur le large et vieux fleuve de Lave, qui s'étend dans toute la campagne jusqu'au bord de la mer. — Nous sommes arrivés à sept heures du soir à Nicolosi, et là, avant de passer outre, nous avons fait une halte de quelques heures.

Semblables au soldat qui, la veille de l'assaut, a besoin de sommeil, nous avons voulu prendre un peu de repos avant de commencer notre tâche pénible et périlleuse, et, après avoir consulté sur les difficultés à vaincre et la marche à suivre le vieux juge de l'endroit, qui connaît sa montagne comme Vulcain même, nous nous sommes couchés en attendant le moment favorable. A onze heures les guides sont venus nous réveiller. Pendant le court espace de notre sommeil, le temps avait entièrement changé. Le ciel était couvert de nuages; on n'apercevait plus une seule étoile, tout était dans l'obscurité la plus complète. Que faire? Fallait-il retourner sur nos pas quand nous étions si avancés? Le ciel d'ailleurs pouvait s'éclaircir au lever du soleil. Aurions-nous été si près du but pour l'abandonner? Eh! quels auraient été nos regrets quand de Catane, le lendemain, nous aurions aperçu un beau jour. Adieu donc, sotte prudence, seulement de l'espoir et du courage. Nous laissons bien tranquillement le petit Polonais, qui craint la fatigue, et de cinq, réduits à trois (car déjà Bellanger est resté malade à Catane), l'Anglais,

Raymond et moi (1), nous prenons l'ancienne route du ciel. Nous n'avons plus, comme au Vésuve, la lumière brillante des torches pour nous éclairer, ni le bruit retentissant du canon pour exciter notre zèle; ici tout est plus triste, plus silencieux. Nous marchons au milieu d'un nuage épais sans rien distinguer, sans savoir où nous sommes; nous ne voyons qu'à la lueur d'une petite lanterne qu'un des guides porte en avant, et qui éclaire à peine les jambes de devant du premier mulet : c'est l'étoile des mages qui nous conduit. Nous avons monté ainsi pendant près de trois heures, tous trois comme effrayés du noir obscur qui nous entourait, et n'osant pas parler. Enfin, à une certaine distance de nous, à travers la vapeur, j'ai aperçu un point de feu, et ce retour inattendu d'un lieu habité m'a rendu les idées de la vie. C'était la chaumière des charbonniers de la montagne. Nous étions à notre insu, depuis plus d'une heure, au milieu d'une immense forêt, et nous étions près d'arriver à la première station, c'est-à-dire à la grotte des Chèvres. Cette grotte n'est qu'une petite cahutte pour servir de refuge aux voyageurs. Formée de quatre pans de murailles en ruines, elle est sans porte et couverte par un mauvais toit de chaume à jour de tous côtés. A peine arrivés là, les guides, qui avaient jusqu'à ce moment gardé le silence, sans doute pour ne pas nous décourager, nous déclarèrent que nous ne pourrions aller plus loin avant l'approche du jour; que, par cette obscurité, ils risquaient de se perdre, et qu'au milieu des neiges le danger était trop grand; il fallut donc prendre son parti. Nous renvoyâmes chercher du feu auprès de nos

---

(1) J'ai oublié de dire qu'à Marsala nous avons rencontré un Anglais fort aimable, et que depuis ce temps il est associé à notre caravane.

voisins hospitaliers, et, après avoir séché nos habits, tout mouillés par les nuages de pluie que nous avions traversés, enveloppés dans nos manteaux, nous nous sommes étendus bien gaîment sur les blancs lits de neige que la mauvaise toiture avait laissés se former en couches épaisses. — Jamais je n'ai si bien dormi. — Au bout de quelques heures, mes pieds, je ne sais comment, se trouvèrent dans le feu, et cette sensation un peu chaude me réveilla tout à coup. Tous étaient endormis. A travers une fumée épaisse je distinguais à peine au fond de la cabane la tête de nos mulets, que l'on avait fait entrer pour les faire participer à notre agréable abri. Près de moi, mes deux compagnons serrés l'un contre l'autre, comme pour se réchauffer, ronflaient outre mesure, le jeune guide, à moitié endormi, veillait encore sur le brasier, et, à la lueur d'un reste de flammes qui s'élevaient de temps en temps, j'apercevais aussi contre la porte son vieux père, appuyant contre son bâton sa tête, lourde de fatigue et de sommeil. Je considérai avec une sorte d'intérêt, pendant quelques instans, cette petite scène de notre vie errante; puis, apercevant le jour qui commençait à poindre, j'ai troublé le repos général pour demander le départ. — Nous voilà sortis de la grotte, le ciel est toujours nuageux; plus d'espérance pour découvrir cette vue, la plus belle de l'univers : du moins nous aurons monté jusqu'au haut de l'Etna. — Cependant le brouillard qui nous couvrait la veille nous quitte à mesure que nous montons, nous le laissons au-dessous de nous, et bientôt nous apparaît la plaine immense de neige que nous allons traverser. Nos mulets nous conduisent environ pendant trois milles, sur les langues de terre rougeâtre qui s'avancent encore sur cette mer blanche, puis nous sommes obligés de les quitter pour marcher à pied.

Vingt-quatre milles maintenant pour arriver en haut, en aurons-nous la force? Nos deux guides marchent en avant, en sondant le terrain. La neige n'est pas tout à fait gelée, on enfonce à mi-jambes à chaque pas, et ce parquet fragile a bientôt ralenti notre première ardeur. Nous nous arrêtons un instant pour reprendre haleine, et presque derrière nous sur notre droite, se déroule à nos yeux un effet admirable. La montagne de ce côté n'est pas entièrement couverte de neige, elle n'a plus ce blanc universel qui unit tout; la neige semble ne pas être tombée du ciel, mais avoir coulé à son tour en ruisseaux de lave sur la lave même. Le sol noir volcanique se détache fortement en larges raies, et formant de jolis dessins zébrés, il cache sa robe brillante sous mille vapeurs légères de nuances différentes, qui passent avec rapidité devant elle. Je n'ai rien vu de plus extraordinaire en effet de décoration; je croyais être à l'Opéra, et voir à travers la gaze briller une muraille enchantée. Emerveillés de ce spectacle magique, nous avons retrouvé tout notre courage; nous avançons avec intrépidité. La fatigue de temps en temps nous arrête; mais aussi, dans nos repos, nous admirons davantage; en marchant le seul but est d'arriver, et l'on ne voit que devant soi. Au contraire, quand on s'arrête, on regarde en arrière, on calcule ses efforts, et rien ne vous échappe. Nous gravissons une infinité de montagnes, et quand nous arrivons à la cime de celle que nous croyons la dernière, nous en découvrons encore de nouvelles : le froid devient plus vif. Nous sommes tout à fait dans la zone glaciale, à une hauteur immense ; les nuages ne peuvent plus nous atteindre ; le ciel est dans toute sa pureté, et c'est dans un fond déjà bien lointain que nous apercevons un immense nuage noir qui couvre tout, comme si la terre n'était pas. A mesure que nous montons, la difficulté devient plus grande, la pente est plus rude, plus rapide; nous fléchissons peu à peu, et nos stations se renouvellent à tout instant : les deux guides qui marchent lentement, toujours du même pas, mais qui ne s'arrêtent jamais, nous semblent impossibles à suivre. Nous désespérons d'atteindre à la maison des Anglais, située au pied du cône même; nous venons de l'apercevoir, et elle paraît si loin encore! — Cependant il n'y a plus que deux milles, et à force d'exhortations mutuelles, de courage, d'enthousiasme, nous venons tomber au pied de la muraille, exténués et morts de fatigue. Sans faire aucun mouvement, je suis resté ainsi pendant près d'un quart-d'heure; je ne pouvais parler ni respirer; je ne sentais plus la vie. L'excellent vin de l'Anglais, notre compagnon, vint à propos ranimer nos forces. Ne pouvant entrer dans la maison, dont la porte était enterrée sous la neige, nous fîmes notre déjeuner, appuyés contre la muraille et par elle abrités du vent. Le déjeuner terminé, les forces rétablies, la proposition de monter au cône même, qu'un instant auparavant j'aurais rejetée bien loin, fut acceptée sans hésitation. Nous nous levâmes tous trois inopinément, et en marche pour le cratère.

Jusque là, comme difficultés, nous ne connaissions rien, et nous étions loin de nous attendre à de nouveaux efforts aussi terribles.

Il y a quinze jours, une petite éruption ayant eu lieu, a couvert de cendres tout le cône même, de manière que sur la neige il s'en est élevé une nouvelle couche de la hauteur d'un pied. Imaginez-vous donc notre travail immense pour avancer : nous enfoncions d'abord dans cette terre toute brûlante, puis nous retrouvions au-dessous l'autre parquet, devenu encore plus fragile, fondu par la chaleur. Les bâtons, ne trouvant plus de résistance, étaient devenus inutiles ; c'était avec nos mains qu'il nous fallait travailler. Quelquefois nos jambes étaient entièrement enterrées ; et, pour compléter la souffrance, une fumée épaisse, avec une odeur horrible de soufre, sortait du cratère et des entrailles même de la terre où nous nous cramponnions. — J'arrivai ainsi, avec une peine inouïe, jusqu'aux deux tiers de la course ; là, mon courage s'éteignit tout à fait : je ne voyais, je ne distinguais plus rien ; la fumée était si forte, que je ne découvrais pas mes compagnons à cinq pas de moi. Etouffé, harassé, je me laissai enfoncer, et je tombai couché contre terre, comme pour abandonner la vie. Heureusement le guide vint à mon secours ; il me releva, m'attacha à lui, et je parvins jusqu'en haut. Raimond n'était pas encore arrivé ; il était perdu, comme moi, dans la fournaise. Nous l'envoyâmes chercher, et il fut peu de temps à nous rejoindre ; et pour ce dernier martyre, pour ce dernier triomphe, nous ne devions pas obtenir une couronne ; après la victoire, nous ne pouvions jouir de ses lauriers !.... En vain, demi-aveugles que nous étions, avons-nous cherché à distinguer l'intérieur du cratère, nous n'avons vu qu'un gouffre de fumée bien noir, et il nous a fallu partir sans avoir rempli notre but. Ce cône, que nous avions mis trois heures à monter, nous ne fûmes qu'un quart d'heure à le descendre. Il semblait que Jupiter encore voulait se venger de l'approcher de si près. Nous roulions comme les géans, précipités avec une vitesse effrayante, et sans pouvoir nous arrêter. Nous sommes revenus à *la casa dei Inglesi* (1). — Cette

(1) Elle est appelée ainsi parce qu'elle fut bâtie par des Anglais qui habitèrent Catane pendant long-temps, et qui la firent arranger par actions. — Dans un autre temps de l'année, on monte à mulets jusque là, ce qui rend alors l'ascension de l'Etna peu difficile ; mais au mois de

fois les stations ne sont plus nécessaires. nous continuons notre marche.

Pour revenir, nous avons beaucoup abrégé le chemin, le désagrément d'enfoncer étant beaucoup moins pénible pour descendre que pour monter; nous avons pris en ligne droite, nous confiant pour ainsi dire à la Providence. Les guides, étant là dans leur élément, couraient au milieu de cette plaine avec une légèreté inexplicable. Je m'imaginais voir en eux les chasseurs de chamois, ou plutôt, en apercevant à quelque distance ces hommes enveloppés dans une longue redingote à capuchon, le bâton sous le bras, et, dans le lointain, le chien courant à l'aventure sur cette surface immense, je croyais me trouver au fond de la Sibérie, au milieu des déserts glacés. Mais, ô bonheur inespéré! de même que Moïse, je devais entrevoir un instant la terre promise. Les nuages que nous avions vus long-temps autour de nous, et répandus sur tout l'horizon, s'accumulant tout à coup en une seule masse, se divisèrent et nous laissèrent saluer un instant les côtes de la Sicile. Nous jetâmes un cri de joie à cet admirable spectacle. Le panorama le plus beau se déployait à nos côtés; et pendant cet effet magnifique, une longue toile noire qui couvrait Catane, d'où sortait, de moment en moment, des lézards de feu, avec un retentissement terrible: au-dessus de nous, un ciel superbe, et la foudre à nos pieds!!!!
— Jamais rien ne me fit une pareille impression. Il me semblait que j'étais sorti de la nature, et je ne regrettais plus la plus belle vue de l'univers, puisqu'en compensation elle était

---

mars la fonte des neiges n'est pas encore effectuée, et il faut se résigner à gravir à pied. — Cette année nous sommes les premiers qui avons visité la montagne.

allée se cacher sous le rideau le plus sublime et le plus imposant. Mais bientôt l'orage a fui devant nous, et nous sommes arrivés à la grotte des Chèvres. Là nous avons repris nos mulets, qui nous attendaient, et redescendant le plus vite possible, pour nous réchauffer (car nous étions transis de froid), nous avons examiné à notre aise ce que nous avions traversé, la veille, au milieu de la nuit. — Après avoir quitté la neige, l'on se trouve au milieu d'une énorme forêt que l'on appelle *Boschetto*. Elle n'est pas épaisse, et l'œil pénètre facilement dans la profondeur. Ce sont de grands arbres immenses, aussi vieux que le monde, dispersés çà et là. C'est parmi eux que se trouve le fameux châtaignier, le plus énorme que l'on connaisse. Son tronc a 173 pieds de circonférence ; mais à peine sorti de terre, il se divise en milliers de racines qui s'élancent dans les airs et qui forment des milliers d'arbres différens. A lui seul, c'est toute une forêt ; sous sa large coupole, cent cavaliers peuvent se mettre à l'abri.

En sortant du Boscho, on se trouve au milieu d'une lave jaunâtre, à moitié couverte de mousse. Les éruptions, par leur couleur différente, se distinguent facilement, et l'on juge de leur vieillesse. Enfin nous sommes près de Nicolosi, enveloppés dans un brouillard épais, et ce n'est plus qu'un immense champ de cendres. Nous voilà au bout de la carrière ; la fatigue est oubliée, et la gloire d'avoir triomphé nous reste seule. Grâce à notre zèle, nous sommes parvenus au haut de cette montagne si célébrée par les poëtes ; avec eux notre œil a plongé dans l'atelier des Cyclopes ; à l'égal des géants, escaladant montagnes sur montagnes, nous avons failli toucher les cieux, et heureux comme Ulysse, qui, dans cette contrée, se joua de Polyphème, nous n'avons pas craint la tempête, et nous l'avons bravée.

De Nicolosi à Catane, deux petits événemens qui n'eurent pas de mauvaise suite, mais dont le commencement était fait pour effrayer. Un guide, peu content de ce que nous lui avions donné, emporta, avec une effronterie particulière, devant nous tous, le manteau de Raimond. Une heure de crainte, plainte au juge, puis, pour finir, la restitution. — L'autre événement, qui me regarde, fut la chute de mon cheval, qui s'abattit sous moi. Les portes de Catane me sont fatales. La force du coup fut telle, que j'ai perdu connaissance pendant une demi-heure. Quel fut mon étonnement, en me réveillant, de voir trois ou quatre cents personnes à mes côtés ! Une voiture m'a ramené à l'hôtel. Le malheur ne consiste qu'en une jambe foulée. Dans le moment où je suis tombé en faiblesse, pour me ranimer, on m'a apporté un verre d'eau. Jugez de toute l'hospitalité et du désintéressement sicilien : quatre seulement ont prétendu m'avoir rendu ce service, et sont venus en réclamer le paiement. J'ai payé ceux que je méprisais.

Je suis, etc.

LETTRE XXXIV.

Au Même.

Giarre, lundi 21 mars 1831.

Avant d'arriver en Sicile, l'on m'avait toujours parlé de ses habitans avec un tel enthousiasme, le Napolitain m'avait toujours été dépeint comme étant si inférieur au Sicilien, que je m'attendais, en mettant le pied dans l'île, à trouver dans les mœurs et les usages un changement complet. Je croyais rencontrer un nouveau peuple, et sortir du royaume de Naples : quel fut mon étonnement en retrouvant ce même peuple que je venais de quitter ! Mêmes cris, mêmes disputes, même avidité ; seulement, de plus, tous ces défauts dans leurs excès. Le Sicilien mendie, semble plus misérable, mais un refus vous vaut mille imprécations ; il crie, il se dispute, mais il a plus d'insolence, et il ose vous menacer ; il vole, mais c'est avec plus d'audace : à Naples, c'est la simple lâcheté ; ici, c'est une lâcheté méchante, et par conséquent plus à craindre. Voilà, dans le peuple sicilien, ce qui s'appelle courage. A Palerme, j'accusais la civilisation d'avoir corrompu son véritable caractère, et je pensais qu'en m'enfonçant davantage, je trouverais cette fierté si vantée, mêlée à la franchise, à la cordialité; mais j'ai déjà parcouru la partie la plus sauvage du pays, et si, là, je l'ai trouvé quelquefois plus brut, je ne l'ai jamais trouvé obligeant et désintéressé. Il n'est jamais content. — L'ignorance du peuple sicilien, dans l'intérieur des terres, est extrême, et il ne sait absolument rien de ce qui se passe dans les autres pays. Par exemple, la gloire de Napoléon, qui s'est étendue par tout l'univers, et qui est venue jusqu'à secouer leur barbarie, leur est parvenue; mais, après lui, ils sont retombés dans une absence totale de la vie du monde. Croiriez-vous que notre guide de l'Etna, sachant que j'étais Français, m'a demandé comment se portaient Napoléon et son épouse? — Je lui ai parlé de son vice-roi : il ne savait pas ce que c'était. — Les femmes, dans la basse classe, l'emportent aussi, surtout en corruption. C'est une brutalité dégoûtante, et dont on ne peut se faire l'idée : c'est la mère même qui force sa fille à se prostituer; et, pour satisfaire cette dégoûtante passion, elles n'ont plus besoin d'un lieu caché ; c'est dans le premier endroit public où l'occasion se présente : j'ai vu moi-même, sur la route de Trapani, une mère proposant sa fille de quinze ans à un jeune homme à cheval qui passait, et le crime s'exécutant sur la place même, devant tous les passans, le père, le frère de la fille ayant arrêté leurs voitures, et la mère étendant sa robe en éventail, comme pour le cacher. Je n'aurais jamais pu imaginer une telle ignominie. — Si nous sortons de la classe du peuple, nous trouverons une différence plus sensible. Le noble Sicilien a dans les manières quelque chose de plus affable, de plus policé, de moins commun; sa mise est plus recherchée. Le reste de son caractère est caché sous des dehors séduisans, et il n'étale que sa fierté : il se trouve honteux d'être confondu avec ses voisins, et il ne les fréquente presque jamais. J'ai connu quelques-uns d'eux, et, ôtez-leur une susceptibilité excessive, ils m'ont paru excellens. — La société sicilienne, j'ai été peu en état de la juger : il m'aurait fallu, dans chaque ville, faire un plus long séjour. Je n'en parlerai pas.

Aujourd'hui, nous avons quitté Catane. Route d'ennui, encore par la traverse. J'ai vécu de peur : les mulets butaient à chaque instant, et je me désolais d'avance sur le sort de ma seconde jambe. — Nous sommes à Giarre, petite ville à vingt milles de Catane.

Je suis, etc.

LETTRE XXXV.

Au Même.

Messine, mardi 22 mars 1831.

Par le système des compensations, le dernier jour de notre voyage en Sicile a été le plus agréable, et une route de quarante-cinq milles, quoique très-fatigante, nous parut encore trop courte. En quittant Giarre ce matin, nous avons retrouvé le grand chemin, et l'attrait de notre désert accoutume s'est trouvé remplacé par les charmes bien doux de la civilisation. Plus de cette aridité, plus de cette solitude sauvage qui nous ont accompagnés pendant une grande partie de notre route; nous rentrons dans le monde habité : de l'industrie, des maisons, des habitans; le chemin de Catane à Messine n'est en quelque sorte qu'un long faubourg qui sert de communication aux deux cités; c'est une infinité de petits villages qui se touchent, avec des jardins qui en remplissent les intervalles. La route borde la mer, tantôt suivant son rivage à son niveau, tantôt s'élevant au-dessus d'immenses rochers contre lesquels elle vient se briser. Des forts ruinés, que l'on rencontre çà et là sur les montagnes qui forment l'horizon; des vallons plantés d'oliviers, avec des cascades, des torrens; le petit village dans le lointain : c'est d'un pittoresque sans égal. — Nous sommes à Messine à neuf heures du soir. Comme il fait froid! c'est le vent du nord. Comment faire pour revenir à Naples?

Je suis, etc.

LETTRE XXXVI.

Au Même.

Messine, mercredi 23 mars 1831.

Messine a eu le même genre de mort que Catane, et est ressuscitée comme elle. Très-ancienne de nom, mais rajeunie plusieurs fois par les tremblemens de terre qui ont secoué sa vieillesse, elle n'a plus d'antiquités; mais elle est ornée de plusieurs monumens modernes très-remarquables : le palais de la Marine est digne de figurer à côté de la Bourse de Paris; le port est un ouvrage étonnant, construit sur un golfe formant un angle presque parfait, et défendu, à l'est, par le château Salvatore; la promenade aussi sur le port est délicieuse, et, en face du port, on distingue parfaitement les belles montagnes de la Calabre. — La Calabre, la mer, pour retourner à Naples; voilà le point embarrassant. Que faire? que décider? C'est aux habitans du pays qu'il faut s'en rapporter. Voyons d'abord ce que dira notre consul : « N'allez pas par « la Calabre : c'est impossible : point de communication, « point de voitures; et puis un certain boscho où vous êtes « sûrs d'être attaqués par les brigands. » — Le patron de

notre hôtel : « C'est un voyage de quinze jours ; et pas une
« auberge. Restez ici : attendez un vaisseau et le bon vent. »
— Le banquier Caillers : « Il ne vient personne de la Ca-
« labre ; je n'y ai pas de correspondans. Prenez de l'argent
« ici, et allez-vous-en par mer. Vous trouverez, il est vrai,
« les *petits vetture :* mais il n'y a pas de pont pour passer. »
— Le capitaine du *Petit Speronnare,* qui a bien envie de
se charger de nous : « Le vent est en plein nord ; mais je
« prévois le *scirocco :* vous serez en trente-six heures à Na-
« ples. » Mon Dieu, que d'avis pour m'empêcher d'aller par
la Calabre, et que d'imprudence dans ma jeune tête ! La voilà
qui raisonne, et qui se rit de toutes ces menaces. Le consul
ne pense pas, sans doute, que je suis voyageur, courant après
les aventures ; l'aubergiste veut me garder, le banquier, que
je prenne son argent ; le capitaine, que je parte avec lui : je
vois partout des intérêts ; je ne crois à rien. J'ai peur de la
mer, de la voir contraire, me laisser avec elle pendant dix
jours, et craignant le court incertain, je prends le plus long,
mais le plus sûr : demain je pars pour la Calabre ; j'embarque
tous mes bagages pour Naples, et je laisse aux brigands, pour
me voler, ma redingotte de lazzaronne.

Je suis, etc.

LETTRE XXXVII.

Au Même.

Reggio, jeudi 24 mars 183..

Notre matinée s'est passée au phare de Messine. Le phare de Messine est d'une réputation colossale, je ne sais à quel propos. J'étais très-curieux de voir ce dont on m'avait tant parlé pendant mes beaux jours d'écolier, et j'ai été fort surpris de mon peu d'étonnement. Le phare ne se trouve pas à Messine même; c'est à un petit village situé à dix milles de la ville. — Le fanal, entouré de fortifications, est peu élevé: il se trouve en face des écueils Charybde et Scylla; demain je dois y passer. — Notre consul de France, M. Vaubicourt, qui s'est intéressé à notre petite destinée avec une chaleur vraiment patriotique, a pris de nouveaux renseignemens, plus rassurans que ceux de la veille. Un peu de fatigue, du courage, et nous traverserons la Calabre; partons donc pour Reggio. — Nous retenons une barque. — Mais pourquoi ne pas nous avertir qu'il y a dans le détroit un courant, d'autant plus violent qu'il est resserré, et qui, si nous tardons un peu, nous sera très-défavorable? Nos visites d'adieux n'auraient pas été si longues. Ce diable de banquier, c'est en partie lui qui est cause de tout : il parle trop lentement. Anglais dans la force du terme, c'est un flegme à mourir de rire. Quand nous vînmes le voir aujourd'hui, il était en éperons d'argent et la cravache à la main : le prenant pour un bon écuyer, je lui demandai s'il aimait beaucoup les chevaux : « Non, me répondit-il, je ne monte pas à cheval, je monte un petit *moulet* pour ma santé. » C'est la monture du pays.

Malgré le temps contraire, nous partons, notre voile latine s'enfle et nous pousse avec vitesse ; la mer est très-agitée, les vagues enlèvent dans les airs notre petite nacelle à moitié penchée par la voile, et nous retombons dans le gouffre avec violence ; à chaque instant nous sommes couverts de l'eau salée. — Bientôt Messine est loin de nous, et nous distinguons les maisons grises de la Calabre. — Nous n'avons pu gagner Reggio même, le courant nous en a empêchés, et nous sommes allés descendre à un petit village situé à six milles de là. Nous avions voulu aborder au rivage, mais messieurs les gardes-côtes, sortis tout à coup de leur retraite, à la vue de notre esquif, s'y sont opposés et n'ont consenti à violer que pour moi seul leur consigne, grâces à mes souffrances et plus encore à la promesse de récompenser leur complaisance. — Après avoir passé au tribunal de la douane, nous nous sommes mis en route pour Reggio. Cette première petite promenade à pied nous a promis, pour le reste du voyage, de grandes jouissances. La nature nous a paru toute changée et par là plus attrayante. Les montagnes, la vallée, le rivage, semblent d'une autre couleur ; c'est triste, c'est sauvage ; tout est d'une teinte grise, voilée, qui porte à la mélancolie. Je m'arrêtai quelque temps, pénétré d'une émotion toute particulière, devant un palmier magnifique ; i s'élevait majestueusement au milieu de quelques ruines, et un enfant, enveloppé dans son petit capuchon, dormait blotti contre un reste de colonnes. Le silence entier de la nature, troublé seulement par le bruit sourd du torrent à moitié desséché, une plage blanche couverte de cailloux, des arbres çà et là déracinés, le jour qui commençait à tomber, rien n'était plus poétique. — Nous sommes arrivés à Reggio nuit fermée; il faut attendre à demain pour le connaître avec moi.

Je suis, et.

LETTRE XXXVIII.

Au Même.

Giacchio, vendredi 25 mars 1831.

Reggio, malheureuse compagne, pour les tremblemens de terre, de Messine et de Catane, est une nouvelle petite ville située au milieu d'une forêt d'orangers, très-jolie et italienne par-dessus tout; les rues sont toutes très-larges, tirées au cordeau; les maisons n'ont généralement que deux étages, sans toits, avec des terrasses alignées et de la même hauteur: c'est, en quelque sorte, la même maison. — Il y a surtout une promenade devant la mer, d'un coup d'œil très-séduisant, et qui semble une décoration. Des fontaines, des places publiques; tout est neuf, tout plaît de jeunesse et de fraîcheur.—Deux heures ont suffi pour nous faire connaître la ville et nous faire connaître à tous les habitans, et nous sommes revenus à notre hôtel pour chercher nos *vetture*. Nos *vetture*, je vous aurais donné en mille, même avec un dictionnaire italien, pour les deviner.—Hier au soir, à notre arrivée à Reggio, nous demandons s'il y a des voitures, et on nous répond que oui, mais qu'elles sont si petites qu'il nous en faut une pour chacun de nous. Cette réponse nous étonne; cependant, nous nous décidons à les prendre telles qu'elles sont. Et voilà que ce matin entre dans notre chambre le patron des *vetture*, venant prendre nos ordres. A son air niais, paysan, je commençai, je l'avoue, à me défier de son équipage. J'insiste donc pour qu'il soit possible de mettre deux personnes dans chaque voiture; mais lui constamment s'y refuse, et, pour autoriser son refus, nous prie de le juger plutôt nous-mêmes, en regardant par la fenêtre les *vetture* qui sont dans la rue à nous attendre. Je sois de mon lit, je cours à ma fenêtre, et un fou rire d'un quart d'heure fait ma seule réponse. — Quatre petits ânes maigres et débiles! — Voilà quelles étaient nos nouvelles *vetture*... Je n'eus pas alors de peine à comprendre l'impossibilité de mettre sur la même *vetture* deux personnes; une, c'était déjà trop. — Comme il n'y avait que quatre bêtes, je demandai comment suivrait le conducteur: on me répondit qu'il courait comme une chèvre. Décidemment ce pays-ci est tout différent des autres: les voitures sont les ânes, les chevaux sont des mulets, et les paysans sont des chèvres: c'est une nouvelle éducation à faire.—Nous avons donc repris avec douleur les montures de la Sicile, transfor-

mées en *vetturé*, et nous nous sommes dirigés vers Scylla.
— En sortant de Reggio, j'ai fait une première étude des mœurs du pays. Un jeune abbé, monté sur une échelle, parlait, au deuxième étage, avec une jolie fille ; comment trouvez-vous le confessionnal ? Il était assez bizarre. — De Reggio à Scylla, j'ai revu avec plaisir la route de la veille, et les quinze milles que nous avions à faire pour y arriver ont passé avec rapidité. — Scylla est dans la position la plus délicieuse et la plus pittoresque. Bâtie sur le rivage, elle est appuyée contre d'immenses rochers qui s'avancent au milieu de la mer, et qui forment ce que l'on appelait autrefois l'écueil de Scylla. Le rocher de Charybde est sur le même côté, deux ou trois cents pas avant celui de Scylla. Leur réputation si dangereuse vient de ce que l'art maritime étant peu connu, on ignorait le moyen d'éviter le courant, et qu'après avoir échappé à un écueil, le courant vous entraînait dans l'autre. — Nous ne sommes plus si fous des voyages à cheval ; aussi avons-nous accepté volontiers la proposition d'un batelier qui nous a offert de nous mener pour le soir à Giacchio. La mer était aujourd'hui aussi calme qu'hier elle était agitée. Nous côtoyâmes les bords, abrités du vent par de grands rochers ; Palmi nous apparut au loin sur la cime d'une montagne, et, après cinq heures de traversée, nous abordâmes devant Giacchio.

Giacchio n'étant pas située tout à fait sur le rivage, il nous fallut faire encore à peu près un mille à pied dans le sable. Arrivé dans ce paëse, comme l'appellent les Calabrois, composé de seize ou dix-sept maisons, la difficulté fut de trouver un gîte pour passer la nuit : point de *locanda*, et toutes les maisons particulières entièrement fermées. Heureusement je me souvins qu'à Scylla on m'avait parlé, comme d'un homme très-obligeant, d'un monsieur Giuseppe Piria, homme d'affaires du prince Gerace. Ayant connu ce dernier à Naples, je profitai de cette espèce de recommandation, et j'allai frapper à sa porte et demander l'hospitalité. Les petites formalités de la peur des brigands remplies, nos intentions demandées, après avoir, de la fenêtre, examiné nos figures, on nous a ouvert la porte. M. Piria, qui parle très-bien français, est venu lui-même nous recevoir. J'avais entendu souvent parler de l'hospitalité calabroise, mais je ne m'attendais pas à la voir poussée aussi loin : sans savoir ni nos noms, ni qui nous étions, il nous a traités, dès le premier moment, comme des amis. Il s'est empressé de nous offrir tout ce qui pouvait nous être utile, nous priant de regarder sa maison comme la nôtre. La cuisine a été pour nous toute bouleversée; le souper était presque recherché.—Nous fûmes présentés à madame, bonne et jolie Calabroise. Je fis, en italien, mon possible pour être aimable; le mari, quoique Calabrois, ne paraissait pas jaloux. Un certain neveu, seul, semblait moins endurant. Je compris que la tante était aimée de sa famille.—Le lit de l'hospitalité me semble aussi bon que le souper. Couchons-nous; pas de médisances, ce serait de l'ingratitude. Toutes mes paroles ne doivent être que des remercîmens.

Je suis, etc.

LETTRE XXXIX.

Au Même.

Monte-Leone, samedi 26 mars 1831.

A sept heures, notre excellent hôte nous fit réveiller par une tasse de café ; nous nous levâmes, et, pendant notre déjeuner, l'oncle et le neveu entrèrent pour nous demander des nouvelles de la nuit. Ils étaient déjà levés depuis long-temps et s'étaient occupés de nous. Les chevaux pour notre départ étaient retenus, et l'escorte, sous les armes, nous attendait. Que veut dire une escorte?... C'est que nous sommes arrivés au fameux Boscho dont nous a menacé le consul, et notre hôte veut nous guider, s'assurer de notre bien-être, le plus loin possible. En vain nous nous refusons à cette précaution, la croyant inutile, il le veut absolument, et il faut se soumettre. Pénétrés de reconnaissance, nous lui faisons nos adieux, et nous échangeons nos noms, avec le désir de nous revoir un jour. —J'ai chargé le neveu de présenter mes respects à madame. — Mais, ô disgrâce! nous avons passé le bois sans aventures, et il n'y a pas moyen de vous raconter une jolie histoire de brigands ; je ne pourrai pas vous faire la description d'un bois épais, de ravins, de cavernes, de rochers, et je suis même encore à chercher la possibilité d'être attaqué. Ce fameux passage dangereux est une grande route bien fréquentée, remplie de monde, et entourée de chaque côté par un taillis bien clair. Notre escorte avait l'air d'une bravoure à toute épreuve ; elle était sûre de la tranquillité des ennemis.—A moitié du bois, nous l'avons renvoyée, et pour elle seule nous avons délié les cordons de notre bourse. — A l'extrémité est situé le village de Rosaro, qui donne son nom à la forêt ; nous l'avons laissé à notre droite, et nous avons pris la route de Monte-Leone. Cette partie du chemin rappelle l'est de la France. — Nous avons rencontré plusieurs voitures attelées de bœufs, assez bizarrement construites. Elles ressemblent beaucoup aux chars des anciens ; les roues ne sont autre chose qu'un bois grossier, mal arrondi. C'est tout à fait l'enfance de l'art. — Monte-Leone est aussi pauvre en carrosses que Reggio. Nous croyions être à notre dernier jour de chevaux ; pas du tout, pour demain encore des *vetture !!!*

Je suis, etc.

LETTRE XL.

Au Même.

Les Coraches, dimanche 2 mars 1831.

Honneur soit aux petits chevaux calabrois, qui nous ont fait marcher aujourd'hui si lestement! Pleins de vigueur, de vivacité, ils nous ont fait parcourir en une journée la distance de quarante-huit milles, et cela sans broncher une seule fois. Quelle différence avec nos anciennes bêtes, si dures, si entêtées! Je ne leur ai trouvé qu'un seul défaut, c'est d'être encore trop sauvages; leur allure est peu réglée, et quelquefois, dans leur élan de force, ils vous secouent rudement. Tout est ici dans le premier état de nature, tout est vierge; j'aime ce défaut-là. — Dès notre sortie de Monte-Leone le pays a pris un aspect tout nouveau; j'ai senti plus que jamais la Calabre dans la Calabre même, et j'ai trouvé le monde neuf et sauvage. Nous avons traversé plusieurs forêts séparées, d'intervalles en intervalles, par des champs plantés d'oliviers, qui laissaient apercevoir, à travers leur feuillage si léger et si gracieux, une plaine fertile, mais toujours pittoresque. Le chalumeau du berger au loin se faisait entendre, et la corne du pâtre qui rappelait son troupeau retentissait avec force. Je voulus à l'un d'eux l'acheter, mais il s'y refusa, en me disant que ce serait avec plaisir qu'il me l'offrirait; mais que ses bêtes y étaient habituées, et qu'il ne pouvait s'en séparer, même au poids de l'or. Cette simplicité pastorale me charma; je ne lui offris plus rien, j'aurais craint de le blesser. — Ces bois que nous traversâmes, je les jugeai bien plus dignes des brigands que celui de la veille, le bois de Rosaro. Nos deux conducteurs, excellens Calabrois, nous dirent en effet qu'ils étaient à craindre; mais il en fut de ceux-là comme de l'autre, la tranquillité la plus parfaite. Du reste, ces accidens maintenant sont devenus assez rares; on n'attaque plus que des personnes isolées et sans armes; quatre ou cinq personnes réunies ne courent aucun risque. Les Français, sous Murat, ont détruit les bandes organisées, et il n'y a plus absolument que quelques vagabonds qui, chacun de leur côté, cherchent à vivre de rapines et de vols.

On ne peut, en vérité, concevoir ici la négligence du gouvernement. J'ai su, par notre hôte de Giacchio, que la plupart de ces mauvais sujets sont des paysans connus pour tels dans le pays; et il serait facile, en s'emparant de leurs femmes et enfans comme otages, de les saisir, et d'assurer par là la sûreté des routes. — A trois milles de Nicastro, la campagne devient encore plus pittoresque. Nous ne sommes plus sur la grande route; nos guides veulent abréger le chemin, et c'est par des allées naturelles d'oliviers et de chênes verts, traversées de temps en temps par le lit blanc du torrent desséché, que nous atteignons Nicastro. — Nicastro est placé en amphithéâtre sur le revers d'une montagne, dans la position la plus admirable. C'est, avec Scylla, ce que j'ai vu comme effet, de plus enchanteur, et ce sont aussi les deux villes où la Calabre offre le plus de caractère. C'est là où l'on retrouve les usages, les costumes dans leur état primitif et sans aucune altération. La beauté même y est conservée; tous les traits sont réguliers, à expression : c'est un cachet tout particulier, qui montre un peuple qui ne s'est mêlé à rien. Les hommes sont presque tous très-grands, bruns, robustes; ils portent de longs cheveux bouclés, sous un petit chapeau pointu, orné d'une infinité de rubans de velours, et dont les bords allongés cachent leurs grands yeux noirs. La veste de drap bleu galonnée, avec le collet blanc de la chemise rabattu, la culotte de velours, retenue par une large ceinture rayée blanc et bleu, la sandale attachée par des cordons autour de la jambe, forment tout leur accoutrement; quelques-uns ont le fusil et le manteau. Ils semblent, à la première vue, d'une indolence extrême; mais, en les considérant un peu, on distingue de la force et de l'audace.

Les femmes ne le cèdent en rien aux hommes pour l'originalité de leurs costumes. Elles épilent leurs cheveux sur la cîme de la tête, de manière à former une large raie qui prend depuis le front jusqu'à la nuque, et leurs cheveux, alors séparés en deux parties égales, retombent de chaque côté en tresses qu'elles relèvent près des oreilles. La coiffure grecque, c'est-à-dire une espèce de turban carré en toile blanche, dont les longs bouts pendent sur les épaules, est aussi adoptée. Leurs robes sont en soie, dont le tissu brillant est leur ouvrage; d'une grande largeur, elles sont plissées en long comme un surplis, et forment autour du corps l'effet d'un éventail qui s'ouvre et se ferme à chaque mouvement. Le corsage, de même, est en soie, mais ornée de fleurs brochées. Les robes sont aussi quelquefois ouvertes par-devant, comme des tuniques grecques; alors elles les relèvent par-derrière, pour laisser voir le jupon blanc de dessous. C'est un luxe vraiment oriental.

Nous sommes arrivés justement à Nicastro dans un jour propice aux costumes, le dimanche des Rameaux. Tous les hommes et les femmes étaient dans leurs beaux habits de fête, se promenant au milieu de la place, et faisant parade de leur élégance. Ici aussi il y avait de la coquetterie. Je me trouvais là à la découverte d'un nouveau monde. Il y avait des boutiques, un marché, beaucoup de bruit, mais rien qui pût me rappeler ce que j'avais vu ailleurs : tout y semblait autrement que partout. A la description du costume calabrois, un mot sur ses mœurs et ses usages. Le Calabrois, resté brute, barbare, sans aucune civilisation moderne, ne connaît pas l'art de tromper, et est généralement d'une grande honnêteté. Tout ce qu'il fait, c'est avec cordialité, franchise et sans aucun intérêt. L'hospitalité est pour lui un devoir sacré, et celui qui l'implore est reçu comme un ami. Fier à l'excès, il ne se plaint jamais; il vous laisse juge de la valeur d'une chose, et tel prix que vous lui donniez, quelque modique qu'il soit, il n'en demandera pas davantage. Pauvre, misérable, il aurait honte d'imiter le Napolitain ou le Sicilien qui tend la main. Vous ne le voyez pas mendier; réduit par la faim, il aime mieux voler : cela lui paraît moins ignoble. Poussé par je ne sais quel sentiment de politesse, il ne rencontrera jamais un étranger sans le saluer. A votre service, ce ne sont plus ces cris terribles des Italiens, cette insolence si lâche de leurs voisins; jamais de murmures, obéissance passive, pourvu qu'il ne soit pas blessé. C'est l'homme enfin à nu, sans art, qui est bon et qui n'a été gâté par rien. Toutes ses qualités ou ses défauts sont excessifs, modérés par aucun devoir de société : point de milieu, il vous aime, ou il vous hait à l'excès; jamais de dissimulation. On le dit aussi très-jaloux, et poursuivant sa vengeance à l'infini. Il est un proverbe, cité dans le pays, que je trouve assez vrai, et qui dépeint le royaume entier de Naples avec une concision très-exacte : Donnez un soufflet à un Napolitain, à un Sicilien, à un Calabrois; le premier vous baise la main, le second vous le rend, le troisième vous tue.

Après le déjeuner, nous nous sommes remis en route et nous avons gravi la montagne qui domine Nicastro. Nous jouîmes pendant quelque temps encore de son joli aspect; mais, arrivés à une certaine hauteur, les nuages, passant entre nous deux, nous le cachèrent, et nous perdîmes peu à peu de vue les toits en tuiles rouges dont la teinte, inaccoutumée en Italie, avait charmé nos yeux. — Jusqu'à la couchée, c'est une montée et une descente continuelle par des chemins détestables, entre des rochers, des ravins et des collines arides, accumulées les unes à côté des autres, et l'on est presque toujours obligé de marcher à pied. Près de Souveria on retrouvait la grande route; mais, voulant aller plus loin, nous avons laissé ce paëse à notre droite, et nous nous sommes enfoncés davantage dans la traverse. C'est au bas d'un précipice énorme, au milieu des bois, que nous avons été chercher notre refuge pour la nuit. Dans cet endroit si triste et si désert il n'y a qu'une seule maisonnette pour les chevaux de la poste. Il manque à notre patron un air de scélérat; c'est au contraire le bon Calabrois dans la force du terme. Nous mangeons tout ce qu'il peut nous offrir; son macaroni est détestable, mais il nous le donne avec tant de plaisir! Il faut être content.

Je suis, etc.

LETTRE XLI.

Au Même.

Spezano, lundi 28 mars 1831.

En se levant, le conseil des quatre a demandé deux hommes de bonne volonté pour aller en avant retenir une voiture à Cosenza. Bellanger et moi, nous nous sommes offerts, et laissant cheminer la petite caravane, nous sommes partis au galop. La grande route, que nous avons retrouvée depuis les *Corraches* jusqu'à Cosenza, peut plaire à l'amateur qui veut voir long-temps; mais celui qui voyage en courrier doit y perdre patience. Jamais je n'ai vu chemin faisant de telles sinuosités. Il est formé autour d'une longue chaîne de montagnes séparées par des précipices; à chaque instant l'on revient sur ses pas, et après avoir parcouru une longue distance, l'on s'aperçoit qu'on est resté sur la même ligne. Ne connaissant pas le pays, nous n'osions jamais nous hasarder dans les petits sentiers que nous apercevions à chaque instant; aussi fûmes-nous bien étonnés, après avoir, pendant deux heures, trotté comme des gens payés, de nous entendre appeler par la bande joyeuse, qui trottinait à peu de distance de nous. Elle avait conservé avec elle les deux Calabrois, qui l'avaient fait passer par la traverse, et nous étions rattrapés. Après avoir redoublé d'efforts et être repartis avec plus de vitesse, nous aurions éprouvé encore une seconde défaite, sans une singulière rencontre qui nous la fit éviter. Dans l'incertitude où nous étions toujours de la route, nous avions passé de nouveau un sentier qui l'abrégeait excessivement, quand nous vîmes s'avancer près de nous un paysan qui nous demanda, en français, si nous étions Anglais. Etonnés de sa demande, nous lui répondîmes, dans notre langue, que nous étions Français; et cet homme, de ne pouvoir contenir sa joie. Il avait retrouvé des compatriotes! Laissé blessé dans ce pays, lors des guerres de Napoléon, et sans aucune ressource, il n'avait jamais pu retourner en France, et il était là employé pour la direction de la route. Sentir tout à coup la langue de son pays fut pour lui une émotion bien douce. Après nous avoir indiqué la voie la plus courte, il nous fit ses adieux en pleurant, et nous regarda long-temps avec une espèce de désespoir. Il venait de revoir sa patrie, et nous venions de renouveler tous ses regrets! Cet ermite forcé de la Calabre me fit éprouver une impression pénible. — Avant d'arriver, nous avons passé sur un pont jeté entre deux montagnes, qui présentait l'effet le plus pittoresque. — Cosenza est une petite ville assez laide, avec des pavés détestables et des descentes à pic; les cavaliers y conduisent leurs chevaux par la main. — Nous avons ainsi traversé toute la ville, mais adieu les *vetture* : Cosenza a le mérite d'avoir un carrosse napolitain au service des voyageurs. Aussi, faute de concurrence, le carrosse est un peu cher. Le patron, pour nous prouver sa naissance de Naples, a rabattu cinquante piastres sur son premier prix; il en avait voulu quatre-vingts;

l'accord est réglé à trente. — Dieu! que c'est une bonne chose un carrosse! Nous voilà sur la route de Naples, conduits par cinq beaux chevaux noirs, avec des plumets d'ancienne garde nationale et des masses de clochettes; je suis étourdi de notre luxe : depuis long-temps nous sommes si pauvres! Nous couchons ce soir à Spezuno, à vingt milles de Cosenza.

Je suis, etc.

———

Castelluccio, *mardi 29 mars* 1831. — Le carrosse va vite sans fatiguer; la journée devient plus courte d'événemens, et le journal en pâtit. — Toujours, il est vrai, de belles montagnes avec des précipices, des rochers; mais rien à raconter : c'est un plaisir délicieux pour les yeux; mais ma plume ne sait les rendre, et n'est pas aussi fertile que la nature. — Nous avons déjeuné à Morano, limite de la Calabre. — Castelluccio, où nous venons ce soir de nous arrêter, est dans la Basse-Alicata.

LETTRE XLII.

Au Même.

Sala, mercredi 30 mars 1831.

Les architectes du pays sont vraiment bien inconcevables, et je n'ai jamais vu placer des maisons aussi haut. Figurez-vous qu'il n'y a pas une ville de la Calabre qui ne soit située sur une hauteur : les montagnes les plus hautes semblent les préférées, et c'est toujours sur le sommet même. Les maisons sont disposées en forme de gradins, et à la cime s'aperçoivent presque toujours les vieux restes d'un château des Normands. Cette manière de bâtir, qui rend toutes les communications en quelque sorte impossibles, empêche l'industrie, et retarde la civilisation. — Lago-Néro, notre première station du jour, dans une assez jolie position, semble bien moins grande ville que Cosenza : c'est de là seulement que le courrier venant de Messine se met en voiture; jusque là, il va à cheval. Sa voiture n'est qu'une simple diligence, voyageant jour et nuit, et qui ne coûte que six piastres; elle va à Naples en vingt-quatre heures. Le courrier de Naples à Messine met cinq jours; c'est beaucoup pour faire soixante lieues : je ne comprends pas, pour la poste, un service si mal organisé. — Les routes sont excessivement belles. — Notre voiturier ne marche cependant pas aussi vite que la diligence; il est plus modeste, et s'en va coucher à Sala : je n'aime pas les nuits en voiture.

— La fille du patron de notre auberge est jolie comme les amours : Raimond l'a croquée dans son album.

Je suis, etc.

LETTRE XLIII.

Au Même.

Salerne, jeudi 31 mars 1831.

Voilà le dernier jour de tout le grand voyage ; demain matin nous serons à Naples, notre patrie italienne ! Aujourd'hui, Salerne, gracieux présage de la capitale : nous connaissons déjà sa jolie situation, et nous l'admirons encore. — Mais avec quel plaisir et quel bonheur nous retrouvons le couvert d'argent ! Chacun son verre, chacun sa cuillère, chacun sa fourchette : c'est vraiment charmant pour des voyageurs de Sicile. — Quant aux milles du jour, ils ont été peu intéressans. La rencontre seulement d'une multitude de musiciens calabrois nous a frappés : ils forment des bandes de trois (deux harpes et un violon), et chaque orchestre ainsi organisé part de son pays, à un certain temps de l'année, pour se disperser dans tout le reste de l'Italie. Il y en avait une nuée sur la route, tous l'instrument sur l'épaule : il est à remarquer qu'ils n'emportent aucun effet avec eux. Pendant notre déjeuner, dans une espèce de chaumière à grande cheminée, sur une table de bois bien rustique, nous avons éprouvé leur talent. *Robin des Bois* est parvenu dans les montagnes de la Calabre. Petite scène à la Walter Scott.

Je suis, etc.

LETTRE XLIV.

Au Même.

Naples, vendredi 1er avril 1831.

ANATHÈME, anathème! s'écrie le peuple en nous rencontrant ce matin : *Zitti, zitti!* et il fuit épouvanté. En vain nous faisons avancer nos chevaux pour connaître notre crime : plus nous galopons, plus on fuit avec vitesse. Ils ne veulent rien entendre; tous se bouchent les oreilles. Imprudens que nous sommes, notre luxe nous a perdus, et nous avons manqué d'être lapidés : un vendredi saint, mettre à des chevaux des sonnettes, quelle impiété! Ces cloches ne sont donc pas chrétiennes! et ne peuvent-elles pas faire cinquante lieues pour aller recevoir le baptême à Rome? Heureusement le douanier, qui n'a peur de rien, pour exercer son état, vient de nous avertir du sacrilége, et, dès Torre-l'Annunziata, nous nous sommes mis en règle. Le *Coricolo* était bien sourd; il avait, comme nous, perdu ses attraits. Que dites-vous d'un pareil usage? — Le Christ n'est pas tout à fait mort; on a peur de le réveiller. — A midi, sans faire le moindre bruit, nous sommes entrés dans Naples, divorcée pour deux jours avec ses voitures (1). Les rues étaient remplies de monde, et semblaient avoir épousé la population: Tolède était un petit Longchamps à pied. — Jamais je ne vis tant de jolies femmes réunies.

La caravane s'est donc séparée, et chacun est rentré dans ses foyers, heureux d'avoir commencé, heureux d'avoir fini. Le plus vif intérêt, du plaisir et beaucoup de fatigues, voilà le voyage. Maintenant, mon ami, reposez-vous quelques jours. Je suis en pays de connaissance, et, si j'ai le droit de revoir ce que j'aime, je n'ai pas celui de me répéter. Ne suis-je pas déjà trop bavard?

Je suis, etc.

---

(1) Il n'est pas permis à un fiacre de se montrer pendant ces deux jours.

LETTRE XLV.

Au Même.

Naples, dimanche 3 avril 1831.

J'ai revu aujourd'hui la société de Naples dans toute sa splendeur : c'était le dernier concert des Catalani, et aucune élégante n'avait voulu y manquer. Il y avait cohue. A mes anciennes connaissances s'était mêlée une infinité de nouvelles figures arrivées de Rome, beaucoup de dandys, de jeunes fashionables : c'était un vrai raoût parisien. Du reste, les beautés napolitaines n'ont pas changé : les cruelles qu'elles sont nous quittent pour leurs *villa*. Castellamare, Portici, Ischia, Pouzzoli, deviennent Naples pendant l'été. Si je reste, il faudra donc partir aussi. — Le concert a été charmant : musique excellente, rivale de l'opéra. Mais, me direz-vous, cher ami, vous me parlez du concert Catalani ; pourquoi ne pas m'en donner plus de détails? Eh bien, écoutez-moi donc.

Il existe à Naples un avocat très en réputation et extrêmement riche, pour avoir eu beaucoup de vogue ; malheureusement, avocat sans noblesse, il n'a pu vaincre la jactance napolitaine, et, si les princes sont venus le consulter, ils n'ont pas voulu le recevoir à leur tour. Un avocat n'est jamais sans ressource et sans moyen d'adresse pour arriver à ses fins; celui-ci, voulant à toute force voir la société de Naples, a donc trouvé dans sa logique un expédient conciliatoire, et qui lui a réussi : c'est de donner, une fois par semaine, dans la journée, une espèce de concert dirigé par ses filles, très-bonnes musiciennes, et dignes de chanter à San-Carlo. La société, avide de musique, a consenti à venir s'y montrer, et elle s'est trouvée flattée d'honorer de sa présence un spectacle qui ne lui coûtait rien. Le directeur, il est vrai, n'est pas invité davantage dans les familles qui l'honorent; mais du moins il les possède une fois par semaine, et c'est assez pour sa vanité. Les chanteurs sont les acteurs de San-Carlo; les filles de la maison ont pris la place des *prima donna*, et elles la remplissent très-bien. Le maître de la fête porte sur la figure, les jours de réception, l'expression du bonheur. Assez gros, les cheveux blancs, relevés, le front saillant, les joues bien rouges, le sourire sur les lèvres, c'est l'important parvenu qui jouit de son règne. Il est toujours à la porte, dans l'antichambre, pour voir en quelque sorte ceux qui prennent des billets, et, dès qu'il entre un nouveau noble qu'on va lui présenter, il lui tend la main pour le remercier du service qu'il lui rend. Il triomphe quand la salle est remplie. On ne peut arriver à Naples, et passer pour être du bon ton, sans aller chez les Catalani; deux élégantes ne se quittent pas, le samedi, sans se dire : « Nous nous verrons demain, princesse, à l'Opéra-Catalani : n'y manquez pas, n'est-ce pas? »

Je suis, etc.

LETTRE XLVI.

Au Même.

Naples, mercredi 6 avril 1831.

Tous mes amis sont partis pour Rome, et de là s'embarquent pour la France. Je suis resté seul à Naples, retenu par ma destinée, et sans savoir ce qu'elle veut faire de moi ; peut-être irai-je encore retrouver l'amitié ; peut-être, courbé davantage sous le charme qui m'entraîne, oublierai-je ici ma patrie ? — A Naples, j'oublie de me souvenir de la France !

Je suis, etc.

LETTRE XLVII.

Au Même

Naples, vendredi 8 avril 1831.

L'EXIL est prononcé, je pars, je retourne en France. Avenir de bonheur, de plaisirs, tout est renversé. Ces parties de campagne projetées, ces fêtes magnifiques où je devais la voir, ces nuits délicieuses d'été que je devais respirer avec elle; il faut tout sacrifier et abandonner mes rêves quand ils étaient si doux!! Je pars avec un regret cuisant, j'embrasse, pour la dernière fois, la main chérie qui m'éloigne; puis, jetant un regard sur les bords délicieux que je quitte, peut-être pour toujours, je leur adresse mes adieux. Oui, je te quitte, ville enchantée, ville de délices, je vais abandonner tes bords ravissans; plus de promenades dans tes rians alentours; je ne pourrai plus venir errer sur ton gracieux rivage, je n'irai plus le matin voir jeter les filets de tes pêcheurs, ni assister à leur pêche abondante. Appuyé contre la tombe de Virgile, je ne verrai plus se coucher ton brillant soleil derrière les ruines de Pompée; je ne considérerai plus ta baie magnifique, ton golfe admirable et tes divines campagnes; le soir, je n'irai plus rêver au bruit des vagues, ni contempler le fanal éclatant de ta montagne; adieu, voluptueuse cité, où j'ai senti la vie, où mon existence a passé comme un éclair, ton souvenir me suivra toujours. Adieu, ma seconde patrie, en quittant ton beau ciel pourquoi ne pas mourir?......

Je suis, etc.

LETTRE XLVIII.

Au Même.

Rome, dimanche 10 avril 1831.

Oubli, silence sur ces deux jours de deuil ; je suis déjà bien éloigné, et je n'ose pas me l'avouer encore ; je crains d'écrire maintenant, j'ai peur de tracer mes pensées. L'homme heureux ne doit rien oublier, il doit conserver toutes ses sensations, puisqu'elles sont pleines de douceur; mais celui qui souffre devrait perdre la mémoire : il n'aurait que la peine du moment, et il ne se souviendrait plus de celle de la veille. Hélas! je n'ai rien oublié! Ces deux journées ont été terribles. Rome qui m'avait séduit, que je devais revoir avec tant de bonheur, Rome fut pour moi une ville maudite, je la détestais, puisqu'en m'en approchant, Naples s'éloignait davantage ; mais oubli, encore une fois, les jours de tristesse déplaisent dans la relation d'un voyage, et le malheureux trouve rarement qui veut l'écouter. J'ai déjà trop parlé de mes regrets. — La campagne de Rome m'a semblé cette fois plus triste et plus désolée, ma mémoire présentait à mon imagination des campagnes riantes, des bords enchantés, et la réalité du désert, de cette nature morte que j'apercevais devant moi, s'est fait sentir davantage par son contraste avec mes souvenirs. Rome même aussi que j'avais quittée encore animée par les fêtes du carnaval, n'est plus bruyante, et m'a paru beaucoup plus solitaire. Elle s'est mise, en quelque sorte, en harmonie avec mes idées, et je l'en remercie. — Pour ma première soirée, j'ai réalisé un de mes anciens projets ; je l'ai passée au Colisée. — Je ne saurais peindre l'effet que produisit en mon âme cette promenade solitaire. On sent la douceur des rêveries, mais il est impossible de bien les exprimer. La plus belle nuit, le plus beau ciel éclairait les plus belles ruines et la nature la plus tranquille. Jamais je n'avais été si seul, jamais je n'avais senti silence plus complet ; je montais sur ces gradins, je passais sous ces portiques, je traversais l'arène pour venir errer dans ces passages souterrains, et ni le moindre bruit, ni le moindre frémissement, ne se faisaient entendre. Tout était mort ; la vie semblait avoir cessé, et les pâles rayons de la lune changeant peu à peu de place, indiquaient seuls, à mes yeux, que le monde serait le lendemain. Quelquefois immobile au pied d'une croix, je regardais fixement toute cette immense enceinte ; j'espérais voir une pierre se détacher, une feuille des buissons remuée par le vent ; mais rien, le temps qui ravage tout lentement s'était endormi pour une nuit, et le zéphir n'avait pas assez de souffle pour agiter. Dans ce moment la mélancolie avait pris la place de la tristesse ; je souffrais, mais je n'aurais pas voulu échanger ma souffrance pour une consolation. J'étais bien aise d'être seul ; je m'oubliais moi-même, et quand je marchais c'était le plus doucement possible, comme si j'avais peur de m'entendre. — Dans ces deux heures de rêve, mon âme a rêvé une ombre qui se glissait sous les arcades, et qui lui disait encore adieu !!!...

Je suis, etc.

LETTRE XLIX.

Au Même.

Rome, lundi 11 avril 1831.

J'AI retrouvé mes amis, et je les ai revus comme des amis. Je suis rentré dans la communauté, et j'ai repris, avec une sorte de plaisir, mes anciennes habitudes. Le nombre maintenant des amis associés est augmenté ; de nouvelles recrues ont été faites depuis notre séparation, et, pendant ce temps, je n'ai pas été trop mal remplacé. — J'ai été présenté aux nouvelles connaissances. C'est un comte avec sa femme et son neveu. Le mari est un homme excellent, la femme, entre trente-cinq et quarante, est encore jolie et plaît ; le neveu serait spirituel s'il n'était pas niais, et serait bête s'il n'était pas spirituel. C'est avec cette intimité charmante, pour un de nous surtout (je le laisse deviner) que tout se fait, tout se voit, que l'on déjeune, que l'on dîne, que l'on se promène ; l'on ne peut plus se quitter. — Avec eux j'ai passé ma journée. Mari, femme, neveu, ami, observateur, nous nous sommes ce matin entassés tous les six dans une voiture, et nous sommes allés visiter la villa Albani et la villa Borghèse. La première n'a de bien remarquable, outre de très-beaux jardins coupés à la française, qu'une superbe galerie de la plus grande élégance ; mais la seconde est délicieuse, et, par ses jardins et sa galerie, peut lutter de beauté avec tout ce que j'ai vu en ce genre. — Ces jardins servent de promenade publique à toutes les élégantes de Rome, qui y viennent dans leur équipage, et la galerie offre aux étrangers quantité de chefs-d'œuvre à admirer. La voûte du premier salon représentant la bataille de Furius Camillus, délivrant Rome des Gaulois, par Marius Rossi, de Palerme, est sublime de composition et d'effet. Le groupe d'Apollon et de Daphné ; David, berger, par Bernini, méritent d'être cités. Je n'ai pas quitté la villa Borghèse sans remarquer des aigles de tous les côtés ; au premier abord je ne les avais pas reconnues, il leur manque une couronne !... Rentrés dans Rome, nous nous sommes faits conduire à l'Académie de France. L'Académie, c'est la France dans Rome ; elle a été achetée par Louis XIV, qui est le fondateur de cette belle institution des beaux-arts, et les murs dont elle est entourée la rendent, en quelque sorte, un quartier séparé. Horace Vernet, en sa qualité de directeur, l'habite, et en est le petit roi. Nous avons été le voir travailler dans son atelier, situé au milieu de ses jardins. Vêtu en blouse grise et le petit bonnet grec sur la tête, il nous a reçu la palette à la main, et sans que nous le dérangions, tout en causant, il a continué son ouvrage. Sa facilité, sa manière de faire, nous a surpris autant que charmés. Quoiqu'il ne soit plus jeune, il est encore plein de feu et de vivacité, et son air, sa figure, ses réparties, ses réponses fortes, à caractère, indiquent l'homme de génie. — Horace est marié ; sa femme, sa fille et son père demeurent avec lui, et sa maison est une des plus agréables de la société de Rome. Sa femme est encore jolie ; mais sa fille, qui a tout au plus dix-sept ans, est ravissante : elle n'est pas faite comme les autres femmes. C'est Horace qui l'a dessinée ; sa fille est un de ses chefs-d'œuvre. — Le père est célèbre par ses chevaux et ses calembourgs. — J'ai remarqué dans l'atelier d'Horace plusieurs portraits superbes, entre autres celui de M. Latour-Maubourg, ambassadeur à Naples, excessivement ressemblant. — Comme je demandais à son père combien son fils faisait payer un de ses portraits : dix mille francs, m'a-t-il répondu, ou bien il les donne. — En quittant l'Académie de France nous avons monté jusqu'au haut du mont Pincio, voisin de la belle place du peuple, et qui sert aussi de promenade publique ; et là, découvrant Rome dans toute sa splendeur, nous sommes restés long-temps à en considérer l'effet magnifique. — L'antique et le moderne sont unis ; de tous côtés des ruines et des palais ; des restes de murs près de s'écrouler, et mille coupoles suspendues dans les airs ; la colonne Trajane, qui s'élève seule avec majesté ; et au-dessus de toutes ces maisons étagées les unes sur les autres, en forme d'amphithéâtre, quelques pins isolés qui détachent leurs masses de verdure sur le ciel bleu foncé de l'Italie ; c'est en présence d'un spectacle aussi magnifique que l'on peut venir comprendre Rome.

Je suis, etc.

LETTRE L.

Au Même.

Rome, mardi 12 avril 1831.

Pour juger les Romaines, il ne faut pas les regarder : l'enveloppe de leurs défauts est par trop séduisante, on oublie la critique en les voyant ; et quand on veut les accuser, leurs beaux regards vous font plaider pour elles. On parle de l'influence du climat, quand peut-être il faudrait les blâmer ; on rejette tout sur la faute du pays, et on les plaint seulement d'être Italiennes. Je détourne donc les yeux pour quelques lignes de sévérité que la vérité réclame ; puis je les refixerai sur elles pour racheter, par mes louanges, ce que j'aurai critiqué. L'amour est, pour une Romaine, l'occupation de sa vie : c'est sa conversation habituelle ; le mot d'amour et de tendresse, dans la société, se prononce comme la chose la plus simple, et n'excite pas le moindre scandale.

Chaque femme mariée a son amant (sigisbée d'autrefois), et chaque jeune fille s'en prépare un pour le lendemain du mariage. Les maris, pleins de bonne volonté, se résignent facilement à un mal nécessaire, et leur réputation de jalousie est tout à fait usurpée. — Les Romaines ont peu d'instruction, et, en général, si elles ne naissaient pas musiciennes, elles n'auraient jamais rien cultivé. Savoir intriguer, toujours intriguer, c'est la seule éducation qu'une mère donne à sa fille, et sa fille en profite toujours. Enfin, je l'avouerai, en défauts comme en qualités, les Romaines l'emportent sur toutes leurs compatriotes. — C'est la reine de l'intrigue, mais aussi c'est la déesse de la beauté. — Les Romaines sont belles, très-belles; et si dans leur visage on pouvait trouver des défauts, ce serait trop de beauté. Nulle part on ne peut rencontrer des traits si réguliers : c'est le beau dans ses formes les plus correctes. Elles sont presque toutes brunes, ont de grands yeux noirs, et, n'en déplaise à M. Dupaty, des cheveux bien noirs et bien à elles (les perruques ont passé de mode). Elles n'ont peut-être pas cette gentillesse, ce joli, ce gracieux des Françaises; mais c'est une vivacité brûlante qui consume; c'est une volupté toute de feu qui vous électrise. Beauté si parfaite, elle a moins de mobilité, mais elle vous fixe de son regard amoureux et presque lascif, et ce regard vous tient. Quand je vois une Romaine, je crois toujours admirer une belle tête de Raphaël. — Le son de sa voix est aussi doué d'un charme tout particulier; il a quelque chose de sonore et de doux qui vous subjugue; ses paroles sont pour ainsi dire les roses qui vous enivrent; et quand lord Byron a dit de l'italien, qu'il découlait de la bouche des femmes comme des baisers, et qu'il résonnait comme si on l'écrivait sur du satin, sans doute c'était une Romaine qui lui avait inspiré sa pensée.

Et mon petit lutin, ce joli lutin armé d'un poignard, qui, à Capoue, m'avait menacé, je l'ai retrouvé ici jetant un charme irrésistible sur tout ce qui l'entourait. Toujours aussi brillant d'esprit, de vivacité, d'amour et de folie ; beau comme un Romain, gentil, gracieux, aimable comme un Français ; il dessine comme un ange, il danse à merveille, il chante à ravir, il raisonne, il cause, il rit et il sait aimer ; enfin c'est ce qu'il y a de plus séduisant, c'est le diable déguisé. Dans le monde, il est connu sous le nom de madame Dotwell, mais ses amis l'appellent Corinne. Qui n'envierait le sort d'Osvald ?....

Je suis, etc.

LETTRE LI.

Au Même.

Rome, mercredi 13 avril 1831.

Si vous me demandiez combien il y a de galeries de tableaux et de statues à voir à Rome, je serais presque tenté de vous répondre : autant qu'il y a de maisons. Le moindre propriétaire ne peut ici s'en passer ; c'est une chose obligée pour un seigneur romain ; et si quelquefois il est si pauvre qu'il n'a pas de quoi dîner, jamais il ne l'est assez pour ne pas avoir quelques Raphaël et quelques chefs-d'œuvre à vous montrer. C'est un luxe qui lui est plus nécessaire que le nécessaire même, et il mourrait ainsi devant ses tableaux comme l'avare devant son or. Ne croyez pas, cependant, que c'est son goût pour la peinture et les beaux-arts qui lui donne cette passion : c'est l'orgueil seul, la vanité d'étaler aux yeux des étrangers sa prétendue richesse. Jamais il ne vient visiter sa galerie; il l'afferme à son portier moyennant une certaine somme par an; et s'il allait de ce côté de son palais, ce ne serait que le jour du paiement.

Rome est pour ainsi dire peuplé de palais; mais la plupart de ces palais sont si grands qu'ils semblent déserts. On y aperçoit à peine, de temps en temps, un domestique à antique livrée qui traverse les cours ou les portiques; tout est abandonné, et ils paraîtraient n'avoir pas de maître. La mauvaise herbe croît partout; les ordures, le fumier, sont répandus çà et là, et toute cette belle et majestueuse architecture, avec ces accessoirs dégoûtans, est loin de flatter l'œil, comme nos simples, mais si jolis et si propres hôtels de la Chaussée-d'Antin. De cette accusation de saleté et de malpropreté dans leurs palais, je n'excepterai pas même les premières et les plus riches familles de Rome. Les Borghèse, les Colonnes, les Doria, les Farnèse, les Torlonia, ont tous des palais magnifiques, des galeries d'une richesse inconcevable: mais, au milieu de cette splendeur, il y a toujours quelque chose de négligé qui contraste : au milieu de ces appartemens superbes, ornés de glaces et de colonnes, on y aperçoit une infinité de détails qui jurent avec le luxe et le bon goût; et si les yeux distinguent des lambris dorés, ce n'est qu'empreignés de poussière et qu'à travers de longues toiles d'araignées : c'est le roturier revêtu d'un habit de cour, et qui laisse apercevoir, à travers son costume brodé, la grossièreté de ses manières ; c'est l'âne couvert de la peau du lion, et dont on voit passer les oreilles. Après la critique de leurs palais, je devrais peut-être, par compensation, faire le détail des nombreuses galeries qu'ils renferment ; mais, je l'avoue, la concurrence est trop grande, et mes souvenirs en sont effrayés, rien que d'y penser. Les Rembrands les Vandick, les Raphaël, les Paul Véronèse, renouvellent si souvent votre admiration, qu'on ne peut les suivre dans leurs nombreuses productions. — On se fatigue d'admirer. — Le Forum Trajan, avec sa superbe colonne, modèle d'une plus sublime encore ; ces nombreux obélisques, d'un effet si imposant, dont s'embellit chaque place de Rome ; le palais Quirinal, où se tient le conclave, avec ses deux chevaux de Phidias et de Praxitèle ; ces magnifiques fontaines ; celle de la place Navone, avec quatre statues représentant les quatre principaux fleuves de la terre ; celle de Trévi, dont l'eau sort d'un amas de rochers pour tomber dans un vaste bassin de marbre, et à laquelle préside la statue colossale de l'Océan, et tant d'autres beautés qui échappent à ma mémoire : voilà ce que je n'aurais peut-être pas connu si je ne m'étais égaré dans Rome. — Le dieu du hasard m'a bien guidé.

Je suis, etc.

LETTRE LII.

Au Même.

Rome, jeudi 14 avril 1831.

Qu'est-ce que le peuple de Rome, et en combien de classes peut-il se diviser? Quel est son gouvernment? Qui occupe les places, les emplois? Quel est son commerce, son industrie? Enfin, est-il heureux? voilà des questions auxquelles je vais tâcher peu à peu de répondre. — Le peuple de Rome peut, il me semble, se diviser en deux seules classes : le clergé et le peuple proprement dit. La noblesse qui est, en général, la classe la plus influente, ne peut ici se compter. Elle n'est rien, et ne vit que du nom de ses ancêtres. D'un côté n'étant pas faite pour servir, de l'autre exclue du pouvoir par la forme du gouvernement sous lequel elle est asservie, elle vit exilée dans sa propre patrie, et reste de l'ancienne Rome, comme elle, elle s'éteint peu à peu, spectatrice silencieuse de sa couronne usurpée. — Restent donc le clergé qui commande, et le peuple qui obéit et le sert. L'un a tout, honneurs, richesses, emplois; l'autre n'a pour lui que la servitude et la domesticité. Pour parvenir, il faut être prêtre, et le sacerdoce, par cette raison, n'est plus une vocation, mais bien un métier. L'ambitieux, sans renoncer aux femmes, renonce nécessairement au mariage, et le valet seul a droit à des enfans légitimes. Le gouvernement est régi par une cour de célibataires en soutanes, et l'homme, en se mariant, sachant, par la qualité qu'il embrasse, qu'il n'est plus apte à aucun emploi, ne recherche plus les honneurs et dépose là toute ambition. — Le gouvernement est absolu, et cependant il a plus de chance qu'un autre pour se soutenir long-temps. Les deux classes qui le composent sont si différentes l'une de l'autre, que toutes deux vivent ensemble sans se haïr. Le clergé opprime peu le peuple; il ne le craint pas parce qu'il est trop petit pour l'atteindre, et, l'employant à son service, c'est lui qui le fait vivre et qui semble son bienfaiteur. Le peuple, s'il n'aime pas d'amour le clergé, le craint, se plaît à ses cérémonies et le respecte, parce qu'il l'unit à la religion; il ne gêne en rien ses actes et se livre à sa bonne foi, tout en se réservant, dans son humilité, la vengeance qu'il trouve au bout de son poignard. Il est humble, quand il est libre, mais il est fier dans l'oppression; et la lame du couteau qu'il fait briller sans cesse aux yeux de la tyrannie, force les tyrans à le ménager. L'un plie devant un pouvoir qui excommunie, l'autre redoute avec raison le stylet d'un esclave. — La papauté est un composé de divinité, d'absolutisme, de monarchie, de démocratie; et c'est cette espèce de macédoine de tous les gouvernemens qui fait sa force et son appui. — Le pape ne pourrait soutenir sa royauté s'il n'était le représentant de Dieu, et le représentant de Dieu n'aurait plus de puissance s'il n'était roi. Sans troupes, sans armées, il commande par la superstition, et le peuple craint les foudres de l'église autant que la baïonnette du soldat. — Les rois chrétiens de l'Europe sont intéressés à soutenir le roi qui les rend légitimes (1), et l'usurpateur des empires est venu lui-même implorer le gardien des trônes, pour qu'il plaçât sa couronne de lauriers, sublime et déjà vieille par ses victoires, au milieu des couronnes pesantes et dorées des antiques monarchies. — Le pape, évêque de Rome, qui, pour faire exécuter ses décrets, aurait besoin de la permission d'un roi, est une supposition impossible. Le pape qui, pour ainsi dire, commande à tout ce qui est religieux, ne peut devenir le sujet d'un roi qu'il peut condamner; ils se contrarieraient l'un l'autre, et le pape redeviendrait roi, ou il abdiquerait la thiare. — Le pape est toujours un roi mourant, et c'est sa vieillesse qui assure la tranquillité de son règne. — Gouverne-t-il bien ou mal? le clergé attend toujours sa fin avec impatience. Tous, depuis le plus petit jusqu'au plus grand, montent un échelon de puissance, et chaque cardinal qui s'humilie aime à voir la couronne en l'air, toujours dans l'espoir qu'elle finira par tomber sur sa tête.

Le peuple, s'il aimait le pape qui meurt, s'en console par les belles cérémonies de sa mort et par l'espoir d'en retrouver un autre aussi bon ; si, au contraire, il se trouve opprimé davantage, il subit son joug avec patience, parce qu'il sait qu'il ne peut attendre long-temps pour en être délivré. — Qu'on ne croie pas que le gouvernement, parce qu'il est spirituel, gêne en rien le peuple par sa sévérité pour les mœurs et la liberté. — Le peuple est libre; il peut faire tout ce qu'il veut : tout lui est permis, excepté de conspirer contre sa sainteté. Il jouit de la liberté de la presse, et tous

---

(1) La despote Autriche vient de prouver ce que j'avance.

les journaux, défendus dans les autres parties de l'Italie, circulent à Rome librement. — La police est pour le gouvernement ; les particuliers se rendent justice eux-mêmes. — Quant aux mœurs, la ville de la religion est aussi la ville du libertinage, et une fois qu'on a assisté aux cérémonies de l'église, tout est autorisé pour le reste du jour. Cette population de célibataires forcés vient malheureusement donner l'exemple, et chacun d'eux, qui ne peut prendre une épouse, ne craint pas d'avouer des concubines. — Il n'y a pas de filles publiques à Rome, ou plutôt elles sont en si grande quantité que le nombre leur donne un droit et les font marcher sans honte. Ce n'est plus un crime pour elles, c'est une nécessité à laquelle les force leur gouvernement. La superstition même vient pour les engager ; elles sont plus sûres d'obtenir l'absolution d'un amant, et le confesseur pardonne à celle qui pèche avec lui. Le scapulaire reste suspendu à leur cou ; le collier d'indulgences est là pour les sauver. — Les théâtres, les bals sont permis au clergé ; le prélat vient sourire à une danseuse d'Opéra, et le cardinal, oubliant la dignité de son caractère, fait le tour d'une salle de bal en prodiguant la galanterie. — Le commerce et l'industrie ne sont rien : Rome n'a d'autre industrie que ses ruines pour les étrangers, et l'agriculture est entièrement négligée. Les provinces romaines nourrissent Rome indolente, et c'est chez les étrangers qu'elle reçoit, qu'elle vient acheter ce dont elle a besoin. — Rome est la ville du monde, et chaque ville de l'univers vient y apporter son tribut ; c'est l'Europe qui l'a fait vivre. — Les beaux-arts seuls reçoivent quelques hommages, et la peinture, la sculpture, les mosaïques, les camées exposent souvent des chefs-d'œuvre. — C'est l'antique qui enthousiasme encore, et qui veut se perpétuer en se faisant imiter. — Le Romain, auquel le climat fait subir l'indolence italienne, est généralement comme assoupi; mais s'il est réveillé par quelques passions, il redevient fier et courageux, et se venge à quelque prix que ce soit. Le Transteverin surtout, c'est-à-dire celui qui habite au-delà du Tibre, ne peut souffrir aucune injure. Il se dit le véritable descendant des anciens Romains, et il en conserve la fierté. —Enfin est-il heureux? Je n'en fais aucun doute. Peuple dégénéré, il n'a plus besoin de la gloire : une apparence de liberté, qui cache une servitude réelle, lui suffit; libertinage, amour, intrigues, fanatisme, superstition, voilà ce qu'il demande : le pape accorde tout, mais il conserve sa thiare.

C'est donc là ce qui reste des maîtres du monde. Des empereurs commandant à un peuple-roi, tels étaient les anciens Romains; des prêtres commandant à des valets, tels sont les Romains d'aujourd'hui ! Sous l'empire d'Auguste sept millions de citoyens; sous l'empire de la thiare cent quarante mille esclaves! Jadis un grand peuple, maintenant à peine une ombre, le nom de Romain est un souvenir, et ce souvenir est tout ce qui lui reste.

Je suis, etc.

LETTRE LIII.

Au Même.

Rome, vendredi 15 avril 1831.

Je ne devais pas vous donner aucun détail sur les galeries de Rome, et cependant celle du cardinal Fesch, que j'ai visitée aujourd'hui, m'a semblé si supérieure à toutes les autres, que, par cette raison, je me crois en droit d'une exception. — Le cardinal a la manie des tableaux, comme un bouquiniste des bouquins, et c'est un bouquiniste qui s'y connaît. Je n'ai pas vu, même dans les galeries royales, plus de chefs-d'œuvre rassemblés. Toutes les écoles y sont représentées, par ce qu'elles ont chacune de plus frappant. Les Morillo, les Corrège, Ruysdall, Tenier, Beringhem, Rembrands, Vandick s'accumulent les uns à côté des autres avec une profusion qui étonne. Dans une chambre seule, il y a jusqu'à dix Vandick. Parmi les nombreux tableaux de Raphaël, il en possède un très-intéressant ; — c'est un tableau qu'il fit à quatorze ans ; — c'est le passage de la mer Rouge. Ne connaissant pas ce que c'était que la mer, et ignorant que le mot rouge n'était que son nom, il la fit rouge. Les Egyptiens qui se noient, offrent encore plus d'originalité : de temps en temps l'on aperçoit deux pieds qui sortent bien droit de l'eau ; çà et là un bataillon de lances formant un faisceau qui apparaît comme un buisson de joncs ; puis quelques cavaliers qui sont censés noyés, et qui, peints sur la mer même, se voient tout entiers, comme s'ils étaient sur le premier plan. Dans cette composition d'enfant il y a cependant déjà beaucoup d'imagination. — Après avoir parcouru une longue file d'appartemens, tout garnis de tableaux, le cardinal, nous a dit son valet de chambre, en possède encore dix mille qui ne sont pas exposés faute de place. Où les a-t-il pris ? je veux dire où les a-t-il achetés. — Il nous fut assez difficile d'obtenir la permission de visiter la galerie ; il nous a fallu écrire au moins deux lettres à son éminence pour obtenir une réponse favorable. Ses appartemens sont sa galerie, et, presque toujours malade, il lui coûte de se déranger. — Singulier jugement d'un juge, petit Salomon du temps de Jules III. Une statue se trouva sous un mur qui séparait deux caves, et chacun des propriétaires se croyant fondé à la revendiquer, il y eut un procès entre eux. Le juge, fort embarrassé, ne pensa pas que les deux propriétaires n'avaient pas des entrailles de mère, et ordonna que la statue serait coupée en deux. La sentence allait être exécutée sans aucune opposition, quand le cardinal Capo di Ferro, ayant appris cette décision, en fit part au pape Jules III. Celui-ci s'empressa de l'acheter pour éviter la barbarie des pères plaideurs, et il en fit présent au cardinal. D'où venait donc cet acharnement de la part du propriétaire ? puisque la statue, quoique colossale, était mauvaise de proportions et sans aucune grâce. — Qui n'aurait envié de posséder la statue du grand Pompée, au pied de laquelle César est tombé assassiné ? Je suis resté long-temps devant elle, à la considérer. Ici la liberté fait mal : pour elle Brutus, parricide, immola le plus grand des héros.

Je suis, etc.

LETTRE IV.

Au Même.

Rome, samedi 16 avril 1831.

Quelle est cette enceinte entourée de murs au milieu de Rome ? Pourquoi ces murailles, ces portes, ces soldats qui en gardent les entrées ? Puis, à l'intérieur de cette nouvelle ville, que veut dire cette industrie, cette activité, ce commerce, ces marchands de toute espèce ? Où suis-je ? Je ne reconnais pas là l'indolence italienne. — Mais je me suis approché davantage, et, à ces nouvelles figures d'un caractère tout particulier, j'ai reconnu la malheureuse nation juive, qui porte toujours sur son front le sceau de sa réprobation ; que sont-elles venues faire ici, ces tristes victimes de l'opinion, dans la capitale de la religion qui a renversé la leur ? Le désir de s'enrichir les a poussés chez leur plus cruel ennemi, et leur ennemi les a faits prisonniers. Il en a enfermé huit mille dans un terrain qu'il leur a assigné ; il les fait garder comme des êtres précieux auxquels il craint de donner la contagion, et le soir on vient lui apporter la clef de son trésor. Singulier trésor, me direz-vous ; ignorant que vous êtes, rappelez-vous les prédictions. C'est pour vous qu'il les conserve ; tant qu'il les tiendra juifs, le monde ne finira pas.—Autre prison du pape que j'avais oubliée. Le fort Saint-Ange, autrefois mausolée d'Adrien, est une tour énorme, ronde et entourée de remparts. C'est la Bastille italienne. Il communique par un souterrain au Vatican, et le pape s'y réfugierait dans le cas d'une révolution. On prétend qu'un nombre immense de personnes, victimes d'intrigues et de délations injustes, y est enfermé.—La Bastille fut démolie.—Je quitte demain Rome, et je ne vous ai pas encore parlé des spectacles ; la terreur panique de la révolution les a tous suspendus. Il m'a même été impossible d'assister à une grande fête à Saint-Pierre. — Le jour de mon arrivée cependant, je ne sais en quel honneur, tous ces superbes piliers de marbre étaient couverts de draperies rouges. La décoration était de bien mauvais goût.

Je suis, etc.

LETTRE LV.

Au Même.

Civita-Vecchia, dimanche 17 avril 1831.

Pour quitter Rome aujourd'hui, je n'ai pas pris la route de Saint-Jean-de-Latran, et cependant elle est si belle!!... Mais ma destinée me pousse dans le sens opposé. J'ai traversé le Tibre, j'ai passé devant Saint-Pierre, je me suis arrêté un instant immobile, puis j'ai fait quelques pas, et Rome n'existait plus pour moi. — Maintenant à Civita-Vecchia, petit port de mer à dix-sept milles de Rome, nous attendons le bâteau à vapeur, qui part demain pour Marseille et qui s'arrêtera un jour à Livourne et à Gênes. — Je toucherai encore deux fois la terre de l'Italie. — La communauté a donc été dissoute : les uns sont restés à Rome, les autres sont partis pour Florence, et, Raimond et moi, nous nous retrouvons tout seuls comme au commencement de notre voyage. Après une absence de neuf mois, il est heureux de retrouver la France ; je quitte Naples pour bien long-temps, quand reviendra le bonheur !

Je suis, etc.

Civita-Vecchia, *mardi* 19 *avril* 1831. — Le bâteau est arrivé, nous partons à trois heures. Il faut donc s'éloigner!...

LETTRE LVI

Au Même.

Livourne, mardi 19 avril 1831.

Un voyage sur mer en bateau à vapeur n'a plus rien de bien intéressant pour vous, qui en avez tant fait avec moi : c'est toujours à peu près les mêmes détails, la même vie, et les passagers seuls en varient la monotonie. Je n'ai pas encore eu le temps de faire bien ample connaissance ; à un autre jour les petites critiques. — Nous sommes sur un bâtiment français; le langage provençal a succédé au doux langage italien. J'aime à me tromper de temps en temps, c'est une manière de prolonger mon bonheur. — La mer a été très-grosse cette nuit, et cependant, par un hasard extraordinaire, j'ai peu souffert. Raimond, au contraire, ne fut pas épargné. — Nous sommes à Livourne, que vous connaissez déjà, nous nous rappelons que c'est un port franc, et faisons une multitude d'emplettes; préparez-vous, chers douaniers de Marseille.

Je suis, etc.

LETTRE LVII.

Au Même.

A bord du *Henri-Quatre*, mercredi 20 avril 1831.

Le lazaret de Livourne est très-beau et très-curieux, c'est une multitude énorme de grands bâtimens, la plupart coupés par l'eau, et tenus avec une propreté extraordinaire. Un gardien de l'extérieur nous a conduits partout et nous a tout expliqué dans les plus grands détails. J'ai vu ces hommes arrivés des pays suspects, en quelque sorte en cagés dans des espèces de grandes volières; les peaux de chèvres, de bœufs, le coton envoyés de Tunis, exposés dans des halliers; j'ai vu ces malheureux gardiens, que leur terrible qualité met eux-mêmes en une continuelle quarantaine, enfin j'ai tout vu, mais n'ai rien touché. Qui touche ici, est puni de quarante jours de pénitence. — A six heures et demie nous étions revenus à bord, et nous n'avons plus attendu long-temps pour mettre à la voile. En rentrant dans le bateau à vapeur, je fus étonné d'y trouver une quantité de figures italiennes. C'étaient les chefs de l'insurrection bolonaise, exilés pour avoir été vaincus. Tous portaient sur leur visage l'empreinte de la tristesse et d'une résignation morne. L'un d'eux, plus âgé que les autres, grand, robuste, au teint basané, avec des yeux noirs, portant la décoration, semblait leur commander; il avait dans le regard quelque chose de fier et de résolu; ses manières étaient celles d'un homme habitué aux dignités. Il était debout sur le tillac, regardant avec une anxiété douloureuse un autre bâtiment français prêt à mettre à la voile, et chargé aussi de ses soldats et de ses compagnons. Tous ces jeunes gens, suivant leur chef dans son exil, se pressaient en foule sur le pont pour le voir s'éloigner et comme pour lui envier son bonheur de quitter plus tôt qu'eux la terre qui les avait trahis. Au milieu d'eux, j'aperçus une femme ; c'était la jeune fiancée d'un proscrit, mariée huit jours avant la révolution, et qui, fière d'appartenir à une victime de la liberté, partageait sa proscription ; elle abandonnait tout, fortune, parens, amis, pour suivre son époux, et c'est par ses talens qu'elle va subvenir aux besoins de ces malheureux bannis. C'est là de l'héroïsme!! — Lorsque nous levâmes l'ancre, et que notre vaisseau commença à s'éloigner, ils saluèrent leur chef et notre bannière par leurs cris d'enthousiasme. Alors je ne pus me défendre d'une espèce d'intérêt ; je croyais me trouver à une digne cause ; ils paraissaient si fiers de la soutenir, que j'étais prêt à la trouver légitime. — Quand nous fûmes déjà loin en pleine mer, je m'approchai de cet homme qui m'avait frappé, et je liai conversation avec lui. C'était bien leur chef ; je l'avais reconnu. — C'était un ancien colonel, couvert de blessures, et ayant fait toutes les guerres de Bonaparte. Fier de sa révolution, il en raisonnait comme de la chose la plus juste ; il s'indignait avec mépris contre ceux qui l'avaient trahi, il parlait du courage de ses braves compagnons; et sans l'accuser, il se plaignait de la France avec amertume, et de ce qu'elle l'avait abandonné. Son discours m'entraîna tout à fait. Dans sa bouche, j'avais oublié le mot de révolte, et je ne sais pourquoi, je n'ai pas osé le blâmer une seule fois.

Je suis, etc.

LETTRE LVIII.

Au Même.

Gênes, jeudi 21 avril 1831.

Je dormais ce matin, et je rêvais à ce que j'aime. J'ai ouvert les yeux, et j'ai aperçu devant moi une baie magnifique, que j'ai trouvée si belle, que j'ai cru la reconnaître et dormir encore. Mon cœur a bondi de plaisir, et cette immense forêt de mâts, cette ville superbe en amphithéâtre, ces maisons de campagne délicieuses, m'ont rendu un moment l'illusion complète. — Oui, rêver Naples en entrant à Gênes, c'est presqu'un rêve réalisé. — Gênes la superbe, digne rivale de Venise, l'emporte, comme magnificence, sur toutes les autres villes de l'Italie. C'est une ville de palais, tous brillans de richesses et d'éclat. Les uns sont entièrement de marbre; les autres, comme honteux d'être de pierre, et de ne pas être à l'égal de leurs voisins, cachent leur misère sous un rideau de peintures. Les rues de Gênes sont un musée magnifique de sculptures et de tableaux ; c'est une longue galerie, une belle décoration. Des portiques, des péristyles, des colonnes, des statues ; l'on ne sait où s'arrêter : chaque habitation vous réclame, elle a de quoi vous éblouir. Le hasard peut vous guider, partout vous pourrez admirer. — Le palais ducal étonne de majesté ; cette façade, ornée de deux longs balcons soutenus par des colonnes, et chargée de statues et de trophées, vous ravit de plaisir, et rappelle les beaux temps de la république. — L'on entre dans la petite salle du conseil, et on la prendrait pour la grande salle des doges ; on est dans la grande salle des doges, c'est une salle de rois. — Au milieu d'une infinité de colonnes étaient placées, d'intervalle en intervalle, les statues des grands hommes de Gênes : le peuple les a brisées ; et Napoléon ayant voulu donner un bal, on les remplaça par des statues formées de plâtre et de toile. Le plâtre est pour les mains, les pieds, la figure, et la toile fait la draperie : c'est d'une imitation à s'y méprendre. — Les véritables statues ont été renversées, cependant leur souvenir vit encore.

Parlerai-je des palais Durazzo, Reale, Brignoli, Balbi, Spinola, etc. ? Je retrouve là tous ceux que j'aime, les Rembrands, les Vandick, les Paul Véronèse, les Titien ; ils m'accablent, pour la dernière fois que je les vois, et ils sont en telle foule que je ne puis en distinguer aucun. — Dans deux jours la France, et je ne les retrouverai plus ! Quel brillant adieu ! Ils se font trop regretter. — Au palais Sera je m'arrête, et je ne sais si je suis encore sur la terre. C'est un salon éclatant d'or, chargé de pierres précieuses, de soie et de satin, orné de colonnes de bronze, revêtues de lapis-lazulis ; de tous côtés, mille glaces pour doubler ses richesses. Pourquoi vient on me dire que ce salon a coûté un million? J'aurais cru volontiers que ce n'était pas l'œuvre des mortels.

Un pont magnifique, appelé le pont de Carignan, qui réunit deux montagnes en s'élançant à une hauteur immense, vous conduit à la petite église du même nom. Quatre Puget qu'elle possède lui permettent de se placer en comparaison avec la cathédrale; celle-ci est toute revêtue, au-dedans et au-dehors, de panneaux de marbre blanc et noir : c'est Florence à Gênes, pour l'extérieur; c'est Pise à Gênes, pour l'intérieur; partout c'est de bien mauvais goût. — L'Annunziata, c'est un palais; on ne doit pas pouvoir prier dans une église où tout est luxe. — Je ne sais plus dans quel temple j'ai revu Michel-Ange; je ne me rappelle que lui. — Les villa de Gênes sont dignes de lui appartenir. Toujours des jardins français, il est vrai, mais la vue charmante du port et de ses alentours : vous savez qu'elle m'a rappelé la plus belle baie de l'univers. — Les hôpitaux, à Gênes, disent la bonté du roi; les hôpitaux sont encore des palais.

Je vous donne là un petit abrégé de Gênes; mais n'ayant qu'un jour et demi pour tout visiter, vous devez vous contenter de ces détails : un instant sur chaque objet; je n'ai pas plus de temps pour les voir moi-même. — Ma soirée s'est passée au spectacle. Le théâtre m'a rappelé mon rêve du matin. — Le matin, le soir, j'ai vu des Génoises, et toujours elles m'ont paru très-belles; elles portent le voile blanc. Ici l'on ne compte pas les belles femmes; on remarque celles que la beauté ne rend pas remarquables. — Le mot de Gênes exclut le mot de laideur; je suis Génoise, signifie : je suis belle.

Je suis, etc.

LETTRE LIX.

Au Même.

Gênes, vendredi 22 avril 1831.

Décidément, je suis pour les rois le choléra-morbus; je les fais tous mourir en entrant dans leurs états, ou du moins je les rends bien malades. J'étais en France, le roi de France a été chassé et envoyé en exil; j'allai à Naples, le roi François Ier mourut le lendemain de mon arrivée; j'arrivai à Rome, le pape prit à l'instant la route du ciel; je m'embarquai pour la Sicile, le vice-roi fut renvoyé; je retournai à Rome, une révolution y éclata; enfin je suis entré hier à Gênes, et le roi du Piémont vient d'expirer ce matin. Quelle fatalité! Je ne m'étonne plus si hier, pour nous permettre de débarquer, l'office de la santé nous a fait tant de difficultés : le roi était sans doute prévenu du sort terrible que ma présence jette sur les têtes couronnées. Je suis probablement un descendant de ces fantômes qui apparaissaient autrefois aux rois, soit la veille de leur mort, soit la veille de quelque grand malheur. Je me fais peur à moi-même; lord Byron m'aurait appelé un vampire royal. — Autre calamité! Une guerre civile sur notre bâtiment. Scission générale des deux sexes; les femmes contre les hommes. Et pourquoi? Pour un orage! Les femmes n'ont pas peur des hommes; mais elles tremblent devant la mer furieuse qui leur promet une tempête, et ne veuillent pas partir; les hommes ne craignent pas la mer, et ils ont peine à céder aux pleurs et aux cris de leurs féminins adversaires. Au milieu de ce tumulte, le capitaine, le roi du navire, que fera-t-il, qui l'emportera, sujets ou sujettes? Sera-t-il galant ou marin? Une heure d'indécision, et l'incertitude seule a produit des déserteurs. Toutes les femmes se jettent à l'envi dans des barques pour revenir à terre; malgré une pluie à torrens, elles entraînent leur mari avec elles, et le bâtiment devient une colonie de jeunes gens. Enfin, on nous a fait des adieux comme à des condamnés à mort, et nous sommes restés seuls!... — Mais qu'est-il donc arrivé? Le capitaine, tout en jurant, a fini par céder; nous avons laissé tomber l'orage; puis quand la mer est devenue bien calme, nous sommes retournés à terre consoler les belles affligées, et rire avec elles de leur peur et de leur comique embarcation. Elles ont promis que si, demain, il faisait beau, elles seraient d'une bravoure à toute épreuve. — Dieu! j'y pense, je suis rentré à Gênes? Je tremble pour le nouveau roi : le choléra-morbus l'a peut-être assassiné!

Je suis, etc.

LETTRE LX.

Au Même.

A bord, samedi 23 avril 1831.

Toutes les femmes sont revenues à bord à cinq heures du matin. Le ciel était pur, et elles ne craignaient plus rien. L'harmonie a reparu dans toute la communauté, et chacun a repris ses places respectives. Devineriez-vous dans quel endroit un vieux Anglais, riche milord, à la tournure la plus gauche que l'on puisse imaginer, a passé toutes ses journées, depuis notre embarquement? vous me direz : « Dans « un hamac, par terre, sur un matelas, sur le pont, sur le « tillac. » Non, rien de tout cela ; mais bien dans sa voiture, dans son coupé, dont il a fait démonter les roues, et qu'il a fait porter sur le bâtiment. Il s'y est placé en arrivant, et depuis il n'a pas encore bougé. Il est là-dedans comme dans sa chambre. Dans toutes les poches de sa voiture sont rangées une vingtaine de bouteilles de liqueurs de toute espèce ; il cause continuellement avec l'une et avec l'autre, et ses amies fidèles s'épuisent pour le rendre heureux. Un cigarre est toujours à sa bouche. C'est le favori du sérail. Une de ces

glaces seule est ouverte, et il regarde par là, comme de sa fenêtre, ceux qui se promènent sur le pont. D'un sang-froid imperturbable, il ne parle à personne, si ce n'est, de temps
en temps, à sa fille, qui vient chercher près de lui un petit
verre de rhum pour se réconforter (habitude anglaise). Ah!
qui n'aurait ri ce matin, en le voyant en fureur contre un
garçon qui lui demandait de l'argent, et l'entendant plusieurs fois de suite répéter avec colère : *Allez-vous-en,
pétre; vous êtes une grand prête !* Jamais je ne vis rien de
plus comique. Raymond l'a dessiné avec ses bouteilles, son
cigarre, sa redingotte en cotting blanc, son chapeau en-
arrière et ses petits bras courts. Excellente caricature ; je
veux vous la faire voir. — Toute la journée pleine mer ; j'ai
beaucoup dormi : aussi n'ai-je rien à vous dire.

Je suis, etc.

LETTRE LXI.

Au Même.

Marseille, dimanche 24 avril 1831.

Ah! quelle est donc la vue de sa patrie, après neuf mois
d'absence! En vain celui qui n'en aurait jamais été éloigné
chercherait à comprendre l'espèce d'impression forte qui

vous saisit en revoyant cette terre amie, cette terre qui vous a vu naître : c'est un sentiment particulier qui vous tient malgré vous. Tous les souvenirs étrangers s'effacent pour un moment ; l'on se sent pleurer de joie devant elle, quand, avant de l'apercevoir, on aurait voulu s'en éloigner ; les regrets disparaissent, et l'on oublie qu'en la touchant, tant de plaisirs vont finir ! Le beau ciel de Naples n'est plus là ; mais c'est le ciel de sa patrie ; c'est la France qui parle à un cœur français. — Marseille est devant moi, avec son port magnifique, défendu de tous côtés par la nature, et des milliers de bannières de toutes les couleurs m'annoncent le premier port marchand de la France. — Singulier hasard ! qui m'a rappelé tous mes tourmens ; le premier bâtiment qui s'est offert à moi était napolitain. — J'ai reconnu le bonnet rouge et le manteau lazzarone. — Marseille est une ville magnifique et l'une des plus belles de France ; elle rappelle l'Italie par son climat, et des rues très-larges, de grandes places, des fontaines de tous côtés, des boulevarts plantés d'arbres, font croire à une capitale. Beaucoup de bruit, du mouvement, du commerce, de l'industrie, une infinité d'étrangers de tous les pays : des Turcs, des Grecs, des Américains, des Italiens, une espèce de gaîté, de joie continuelle, tout vous indique le midi, la belle Provence si vantée, et cette vivacité vous charme et vous enchante. — Aujourd'hui toutes les promenades étaient remplies de monde, et la petite Provençale venait étaler aux yeux des étrangers son costume si joli et si original. — La belle Italienne étonne par sa perfection, la jolie Française vous fait tourner la tête. — Je ne parle pas de la salle de spectacle ; il me faudrait oublier l'Italie pour la trouver belle.

Je suis, etc.

LETTRE LXII.

Au Même.

Marseille, lundi 25 avril 1831.

Vive le hasard ! c'est quelquefois le dieu le plus original et le plus bizarre qu'il soit possible d'imaginer ; il vous étonne, il vous charme par les surprises qu'il vous cause, et vous accable d'impressions d'autant plus vives qu'elles sont inattendues. Sans le hasard je n'aurai su que vous dire de ma journée ; avec le hasard j'ai retrouvé un ami et une aventure charmante à vous raconter. Des amis, j'en ai beaucoup ; mais, de l'espèce de celui dont j'ai à vous parler, j'en ai peu. C'est un ami qui prêche la métempsycose en action, et qui vient de faire de moi un de ses plus ardens défenseurs. C'est un petit Protée moderne qui se métamorphose avec un art inouï ; que j'ai connu Français et que je retrouve Egyptien ; que j'ai vu élégant du bois de Boulogne et que je reconnais habitant du désert ; enfin, que j'ai vu laid et que je retrouve beau : à la mise recherchée de nos fashionables, a succédé le luxe oriental ; un magnifique turban orne sa tête, de superbes cachemires sont drapés avec élégance sur ses épaules, en laissant cependant apercevoir les riches broderies de son costume. Un large cimeterre pend à ses côtés, et deux poignards, couverts d'or et de pierreries, sont à sa ceinture. Ce n'est plus cette gaîté folle d'autrefois, ce visage riant, ce regard malin; ce sont de longues paupières qui se lèvent et s'abaissent lentement, d'épaisses moustaches, une longue barbe rousse qui descend sur sa poitrine, et une démarche, grave et lente, toute musulmane. D'homme léger, peu observateur, il est devenu voyageur intrépide, a visité successivement l'Italie, la Grèce, la Turquie, la Palestine, l'Egypte, etc., et je me trouve, près de lui, honteux de ma petitesse. J'ai passé aujourd'hui toute ma matinée à l'entendre raconter ses aventures et ses dangers. Il le faisait avec calme et tranquillité, et cette sorte d'indifférence sur ce que son voyage avait d'extraordinaire et de périlleux, jetait dans ses narrations un intérêt d'autant plus grand, que ce qui m'étonnait semblait pour lui l'habitude de sa vie. Jérusalem, Thèbes, Troie, Palmyre, sont des noms qu'il prononçait sans être hors de lui. Il semblait être né au milieu de ces restes sublimes de l'antiquité, et mon imagination ardente avait peine à comprendre en lui ce flegme asiatique devant d'aussi grands souvenirs ; je m'étonnais de tout ce qu'il avait vu, j'ouvrais de grands yeux devant ces brillantes descriptions, et je le voyais souvent sourire de mon enthousiasme. Cette grande continuité de merveilles n'a cependant pas refroidi son admiration, et ses impressions n'ont pas perdu de leur force pour avoir été trop multipliées ; mais il s'est, en quelque sorte, identifié avec le caractère de son costume; il y a plus de gravité dans son enthousiasme, et cette gravité ajoute encore au charme de ses récits. Il y a mêlé une foule d'anecdotes intéressantes, et j'ai frémi souvent aux tableaux, pleins de vérité, qu'il m'a faits du désert et de ses nombreux dangers. — En vérité, le hasard n'est-il pas bien original de m'envoyer d'Alexandrie un ami en turban, pour assister à mon débarquement à Marseille. Un Turc pour ami, je ne m'en serais jamais douté ! Avec le hasard, il ne faut jamais jurer de rien, pas même que ses amis ne sont pas des Turcs. — Le Turc redeviendra Français dans quelques jours ; il quittera ses monstaches, sa barbe, son air grave, et nous pourrons l'appeler, sans rire, le comte Alfred de Jaubert.

Je suis, etc.

LETTRE LXIII.

Au Même.

Toulon, mardi 26 avril 1831.

Toulon est une très-jolie petite ville pleine d'activité, de bruit, comme Marseille sa voisine, mais beaucoup moins grande qu'elle. Comme Marseille, elle a de belles rues, de belles maisons, des boulevarts ; comme elle, beaucoup de jolies femmes ; mais tout cela dans des proportions plus petites. Le costume provençal n'est plus aussi exactement adopté ; le langage n'est plus aussi universel. C'est une copie en miniature et avec des omissions. — Mais le port et la rade rachètent ce côté d'infériorité, et viennent effacer tout ce que l'on a pu voir en ce genre. Nous avons pris ce matin une barque pour en faire le tour, et nous sommes revenus dans la plus grande admiration. L'on passa d'abord par le port, proprement dit, garni de quelques bâtimens marchands et de quatre grands vaisseaux à trois ponts, construits du temps de Napoléon, mais qui ne sont pas armés, et qu'on laisse là pour la montre. Ce port, qui se ferme tous les soirs au moyen d'une chaîne, est déjà très-grand par lui-même ; mais près de la rade immense qui le suit, il semble peu considérable. En entrant dans la rade, on croit entrer dans un joli lac. L'on n'aperçoit pas l'immensité de la mer ; tout autour de soi c'est une campagne charmante garnie de forts avec des bastions et de jolis villages. La surface de l'eau est entièrement tranquille, et l'on ne sent aucun mouvement. Avancez plus avant, et déjà vous découvrez facilement la forme de la presqu'île, qui vient en avant dans la mer, et qui l'emprisonne presque tout à fait. Au fond de la presqu'île est la jolie petite ville de Sava ; puis vous remarquez au milieu de la mer les deux rochers aigus, appelés les Deux-Frères ; enfin, vous êtes à l'extrémité, et laissant à votre droite la presqu'île, vous touchez les îles d'Hières. — Cette rade est d'un effet magnifique. Là on ne peut regretter l'Italie. — L'idée m'est venue de comparer ce port à celui de Syracuse, et je ne sais vraiment auquel des deux j'aurais donné la palme. Les trois cents vaisseaux de guerre de Marcellus devaient être bien beaux ; mais les six cents vaisseaux partant pour Alger devaient aussi offrir un coup d'œil sans égal. Aujourd'hui il n'y avait dans la rade qu'une vingtaine de bâtimens de guerre et de frégates dispersés çà et là ; mais je ne sais, le hasard les avait disposés avec un art qui ajoutait encore de beaucoup à l'effet. Nous avons visité *la Provence*; maintenant *l'Alger*, le bâtiment du général Bourmont; il est magnifique. — On nous a tout expliqué dans les plus grands détails. — La dernière chose à voir à Toulon, et la plus curieuse, est l'arsenal. — Pour y parvenir, nous avons éprouvé assez de difficultés. Il a fallu aller chercher des certificats près de monsieur le maire pour constater qui nous étions. Le mot de conseiller-auditeur a levé les obstacles, et le bon maire, pas plus fort qu'un émigré de Charles X, nous a donné tous les certificats possibles. — Nous sommes à l'arsenal.

L'arsenal de Toulon a, dans ce moment, une réputation presque aussi grande que celui de Venise dans ses beaux jours. Il est immense, et il nous a fallu près de quatre heures pour le parcourir : salle d'armes, ateliers, chantiers, canons, boulets, nous avons tout examiné. — Nous avons visité avec beaucoup d'intérêt les quatre vaisseaux à trois ponts, dont j'ai déjà parlé, et qui sont les plus gros que j'aie vus jusqu'ici. — Le bagne est très-considérable; il y a quatre mille forçats. Ils sont vêtus en rouge, et diffèrent en cela des forçats italiens, qui sont en jaune. Ils nous apportèrent mille petits ouvrages en coco, et ils nous parlèrent de leurs célèbres compagnons qui les ont, à la vérité, quittés; mais dont ils ont conservé précieusement le souvenir : le comte de Sainte-Hélène, Gravier, etc. — Melon, le voleur des diamans de mademoiselle Mars, était là, et c'est un des plus habiles. J'ai parlé à l'un d'eux de Vidocq; il a reculé d'horreur à ce nom. Tant d'honnêtes gens, m'a-t-il dit, ont été enfermés ici par les dénonciations de ce coquin. C'est une horreur. Pardonnez, honnête homme, lui ai-je répondu, je n'avais pas pensé au proverbe : L'habit ne fait pas le moine. — L'honnête homme est au bagne pour la troisième fois.

Je suis, etc.

LETTRE LXIV.

Au Même.

Aix, mercredi 27 avril 1831.

Je ne sais pas pourquoi, jusqu'à ce jour, je m'étais figuré le pays de la Provence comme ce que la nature offrait de plus délicieux ; je croyais y trouver une campagne magnifique, une riante verdure, et tous mes rêves se sont dissipés en sortant de Marseille. Ce sont des plaines arides, unies et sans aucun effet, un terrain blanc, pierreux et une terre desséchée. Au lieu de ces oliviers superbes formant, comme en Calabre, d'épaisses forêts, ce sont de petits arbres nains et rabougris qui semblent sans aucune vigueur. Il est à remarquer cependant que l'huile de la Provence est préférable à toute autre ; celle de Calabre est envoyée à Marseille pour les savons, les draps, etc.; et quand, en Italie, on sert de l'huile à une table de grand seigneur, elle est toujours de Provence. Le manque d'industrie et le retard de la civilisation italienne explique ce contre-sens. — Aix, capitale de la Provence, que nous venons de traverser, me semble une assez jolie petite ville. — Notre nuit va se passer en voiture, et je dormirai sans regretter le pays.

Je suis, etc.

LETTRE LXV.

Au Même.

Pont-du-Gard, jeudi 28 avril 1831.

L'ENVIE de faire de nouvelles descriptions, de parler d'antiquités, s'était aujourd'hui réveillée en moi ; je m'imaginais être encore en Italie, et j'allais m'abandonner à tout mon enthousiasme pour ces antiques souvenirs, dont la vue m'électrise toujours, et me fait bondir le cœur, quand, tout à coup, mon ami, me rappelant votre patience à m'écouter depuis neuf mois, j'ai senti qu'il fallait mettre un frein à cette imagination qui marche avec présomption, sans savoir souvent si on veut la suivre. J'oubliais que j'allais abuser de votre aimable complaisance en m'étendant longuement sur la France, et en vous parlant de notre patrie, que vous avez sans doute parcourue bien avant moi. Je me corrige donc de cette manie de vous détailler mes pensées au hasard ; je serai maintenant aussi bref que possible, et, parcourant la carrière avec vitesse, je ne m'arrêterai plus dans ma route, que le temps nécessaire pour ne pas l'oublier. J'indiquerai seulement le sujet de mes impressions, pour vous rappeler les vôtres. — Nîmes se présente sous deux aspects délicieux, celui de l'antique et du moderne. Egayé, comme toutes les villes du midi, par une multitude d'arbres placés çà et là, avec des boulevarts et des promenades ravissantes, il joint à tous ces charmes le pittoresque des ruines ; la grandeur romaine se retrouve à chaque pas, et cette lutte, de ce qu'il y a de plus imposant avec ce qu'il y a de plus gai, produit un ensemble enchanteur. Au milieu de jardins charmans, des bains romains magnifiques, que la main de Louis XV a rétablis dans leur premier éclat, un temple de Diane, à moitié caché dans des massifs de verdure ; puis, au-dessus d'une côte plantée d'arbustes (1), la Tour-Magne, jadis un phare pour donner les signaux, aujourd'hui brillant observatoire pour admirer le panorama de Nîmes et toute sa campagne.

Plus loin, dans la ville, la Maison-Carrée, que l'on regarde comme un des monumens de l'antiquité le mieux conservé ; temple corinthien qui surpasse, par ses corniches, ses bas-reliefs, ce que le dessin offre de plus parfait. — Enfin, les Arènes, amphithéâtre magnifique, plus petit, à la vérité, que le Colisée, mais assez beau pour le rappeler. — Je sors de Nîmes, et je n'ose pas parler de ses habitans. J'aime mieux me reporter aux temps anciens, et assister, aux Arènes, à un

---

(1) Cette côte s'appelle le Mont d'Hauser, du nom du préfet qui l'a fait planter d'arbres.

combat de bêtes féroces ; leur acharnement impitoyable serait peut-être moins horrible. — C'est en admirant les deux ponts les plus extraordinaires, dans leur genre, qu'il y ait en France, que j'ai commencé et fini ma journée. Ce matin, le pont de Beaucaire, le plus long en fil de fer qui existe peut-être en Europe (434 mètres de longueur); et ce soir, le fameux pont du Gard. Ce pont, à trois rangs d'arcades, ressemble beaucoup à celui de Caserte, dont j'ai déjà parlé. Je préfère cependant ce dernier, comme effet, parce que ses trois étages sont plus réguliers en proportion. — Le vallon du Gard offre un très-joli paysage, et ce pont surprenant, qui vient unir, par un triple tour de force, deux montagnes énormes séparées par une rivière, jette du merveilleux dans la nature et complète le brillant du tableau. Quelle belle verdure ! quel air riant ! quelle soirée de bonheur ! Oh ! qu'il est beau le printemps de la France !

Je suis, etc.

LETTRE XLVI.

Au Même.

Avignon, mercredi 30 mars 1831.

Nous sommes partis hier soir pour Avignon, et nous y sommes arrivés à trois heures du matin. Notre premier soin fut de nous informer de la fontaine de Vaucluse ; et, comme nous avions été attrapés à celle d'*Aréthuse*, nous demandâmes ce qu'il y avait de remarquable. « Monsieur, répondit le domestique de l'hôtel où nous logions, avec un air au courant, c'est une fontaine superbe : on y voit Pétrarque. » Ce rêve d'un valet était bien engageant ; nous n'hésitâmes plus, et ce matin nous sommes partis pour la fontaine.

Le vallon de Vaucluse est délicieux ; son site est charmant, et sa fontaine est ce qu'il y a de plus romantique. — Cette fontaine si célèbre est tour à tour un bassin tranquille, un gouffre dont on n'a jamais pu trouver le fond, un amas de cascades bouillonnantes, un torrent furieux, enfin une jolie rivière que l'on appelle la Sorgue. Cette source extraordinaire est adossée contre des rochers d'une élévation prodigieuse, et que la nature semble avoir taillés perpendiculairement. Ces rochers forment le livre des amans : des milliers de chiffres, de vers, d'inscriptions d'amour, y sont gravés, et l'on ne peut aller à Vaucluse sans enlacer, sur ces immenses tablettes, son nom avec celui de ce qu'on aime. — Assis sur un rocher jeté à quelques pas de la source, j'en ai admiré pendant long-temps les différens effets. D'un côté, je la voyais tranquille, calme, à peine ridée par le vent ; de l'autre, ses eaux écumantes bondissaient avec fureur et retombaient avec fracas. Ici une feuille errait légère sur sa surface, balancée par le zéphir ; une pierre s'apercevait long-temps, jouant avec la profondeur, à travers ses ondes bleues et transparentes ; puis, en me retournant, un magnifique arc-en-ciel formait un long croissant de brillantes nuances sur les flots argentés du torrent ; plus bas, là où la source tranquillisée n'a plus de barrières à franchir, et où le doux murmure succède au fracas, je découvrais la maison du poète, et le souvenir de Laure et de Pétrarque, embellissant encore ces lieux qu'il immortalisa par ses chants pleins d'amour, augmentait ma rêverie, et je me trouvai dans une extase enivrante. — Ici l'on doit aimer, ici l'on est plus solitaire que partout, et l'on sent le bonheur qu'il y a d'être unis. Aucun oiseau même ne se fait entendre dans ce mystérieux séjour. Pétrarque y a chanté ! Il a dû faire retentir si souvent l'écho du nom de Laure, que j'ai craint de le répéter après lui. J'ai dit à l'écho un nom moins célèbre, mais pour moi bien plus doux, et mon confident l'a répété tout bas. Ce nom est un souvenir, et ce souvenir, c'est ma vie. — Vaucluse, adieu !

Je suis, etc.

LETTRE LXVII.

Au Même.

Lyon, dimanche 1ᵉʳ mai 1831.

Nous sommes arrivés à Lyon bien fatigués. — Un bruit continuel de cloches, des cris à vous assourdir, une confusion de voitures sans pareille, une grande quantité de marchands de soieries, des maisons hautes, des rues où l'on ne voit pas clair, du brouillard, de la boue, beaucoup de boue, voilà Paris sans ses agrémens, voilà Lyon. — J'aimerais les quais superbes de Lyon, si on les transportait ailleurs. — Ils sont si beaux qu'on ne peut les croire du pays. — Nouvelle bizarrerie du hasard. Nos charmans cicerone de Genève, qui furent si aimables pour nous à notre départ pour l'Italie, nous les trouvons ici à notre retour, qui se chargent encore du soin de nous guider. Ce soir ils nous ont mené au bal qui se donnait à la Préfecture, pour la fête du roi. — « Quoi, leur dis-je étonné, après avoir fait deux fois le tour de la salle, voilà le beau sexe de Lyon! Que veulent dire ces mannequins sans grâce que l'on a revêtus de si riches étoffes et de tissus aussi fins? — Taisez-vous, me répondirent-ils tout bas; ne savez-vous pas que la noblesse boude, et que la soie triomphe? chaque comptoir a fourni sa danseuse. — Oh ! les singuliers échantillons!!!....

Je suis, etc.

LETTRE LXVIII.

Au Même.

Châlons-sur-Saône, lundi 2 mai 1831.

Les bords de la Saône, depuis Lyon jusqu'à Châlons, sont charmans, et j'avoue que le bateau à vapeur vous entraîne avec une telle rapidité, qu'en admirant si vite vous êtes près de n'éprouver que des regrets. Des jardins délicieux, des bosquets, des prairies, des ponts, des villages, des villes, se déroulent devant vous comme par enchantement, et vous apparaissant par miracles, ils disparaissent de même sans que vous soyez revenu de votre surprise. Je ne me souviens d'aucuns détails; je sais seulement que la décoration était magnifique, et que j'ai quitté le théâtre, enchanté de la représentation. — Depuis Châlons jusqu'à Metz, je vais tâcher de dormir; la cathédrale de Dijon ne troublera pas mon sommeil, et je ne me réveillerai que pour vous faire mes adieux.

Je suis, etc.

LETTRE LXIX.

Au Même.

Metz, vendredi 6 mai 1831.

J'ai mal dormi, quel rêve affreux! est-ce le cauchemar ou la triste vérité? — C'est Metz, si je ne me trompe, ma ville natale, c'est mon quartier, c'est ma maison, c'est ma chambre, c'est mon lit. Vite, couchons-nous, et ne nous réveillons plus, si cela est possible. — Soyez indulgent pour mes souvenirs, c'est tout ce qui me reste. J'éteins ma lumière. — Bon soir. — Adieu.

Je suis, etc.

FIN DE LA SECONDE ET DERNIÈRE PARTIE.

TABLE

DES NOMS DES VILLES

CONTENUES DANS LE VOLUME.

PREMIÈRE PARTIE.

Arona....................	43	Milan, 45 à...............	57
Bâle, 4 à.................	9	Naples, 126 à.............	212
Berne....................	12	Padoue...................	66
Boulogne, 85 à...........	94	Payern...................	25
Brescia..................	59	Pietra-Mala..............	91
Brigg....................	40	Pise......................	117
Colmar...................	7	Sion......................	38
Domo d'Ossola............	41	Soleure...................	10
Florence, 96 à............	117	Treviglio.................	57
Genève, 28 à.............	37	Venise, 69 à..............	85
Interlaken, 21 à..........	25	Vérone...................	61
Lausanne.................	27	Vevay....................	37
Livourne.................	118	Vicence..................	63

DEUXIÈME PARTIE.

Aix	379	Metz	387
Alcamo	265	Messine	315
Alicata	282	Monte-Leone	325
Avignon	383	Naples, de 337 à	343
Capoue	247	Nismes	381
Carigliano	215	Palazzolo	289
Castellucio	334	Palerme, à 249	265
Castel Vetrano	271	Palma	280
Catane, 299 à	313	Reggio	319
Châlons-sur-Saône	386	Rome, 219, 247, 343, 353,	
Chiarmonte	286	358, et	360
Civita-Vecchia	362	Sala	335
Coraches (les)	327	Salerne, 337 à	343
Gênes de 366 à	369	Sciacca	272
Giacchio	321	Siculiano	274
Giarre	313	Spezano	332
Girgente, 276 à	280	Syracuse	291
Lentini	297	Terra-Nuova	284
Livourne	363	Toulon	376
Lyon	385	Trepani	267
Marsala	270	Velletri	217
Marseille, 372 à	374		

FIN.

www.ingramcontent.com/pod-product-compliance
Lightning Source LLC
Chambersburg PA
CBHW052039230426
43671CB00011B/1709